影 视 受 众 研 究 丛 书

主 编 黄会林 副主编 俞 虹

DIANSHI SHOUZHONG SHENMEI YANJIU

电视受众审美研究

胡智锋 杨乘虎 等著

北京师范大学出版集团
BEIJING NORMAL UNIVERSITY PUBLISHING GROUP
北京师范大学出版社

图书在版编目（CIP）数据

电视受众审美研究／胡智峰等著．—北京：北京师范大学出版社，2010.3
（影视受众研究丛书）
ISBN 978-7-303-10787-2

Ⅰ．①电…　Ⅱ．①胡…　Ⅲ．①电视－受众－审美分析
Ⅳ．①J901

中国版本图书馆 CIP 数据核字(2010)第 015821 号

营销中心电话　010－58802181 58808006
北师大出版社高等教育分社网　http://gaojiao.bnup.com.cn
电子信箱　beishida168@126.com

出版发行：北京师范大学出版社　www.bnup.com.cn
北京新街口外大街 19 号
邮政编码：100875
印　　刷：北京联兴盛业印刷股份有限公司
经　　销：全国新华书店
开　　本：170 mm×230 mm
印　　张：15.25
字　　数：241 千字
版　　次：2010 年 3 月第 1 版
印　　次：2010 年 3 月第 1 次印刷
定　　价：30.50 元

策划编辑：高东风　陈佳宵　　责任编辑：陶　虹
美术编辑：褚苑苑　　装帧设计：褚苑苑
责任校对：李　菡　　责任印制：李　丽

目录

导论

受众审美研究，是当前中国电视生产实践和电视美学研究领域共同面临的重要课题。

第一，在实践层面，电视审美功能的实现，对提升电视生产传播效果的品质、品位与品格，具有不容低估的重要影响力。

电视是当代社会最重要的大众传媒，人类最主要的文化娱乐方式之一，据统计，2007 年中国电视全年制作的节目时间总量达到了 255.33 万小时，播出时间合计 1454.67 万小时,① 中国电视积聚 50 年的发展所成就的地位和影响力不容置疑、不可小觑。然而，伴随着电视日播出流量的大规模攀升，电视审美文化所遭遇到的指责和诟病也是前所未有，低俗、滥情、夸饰、虚假等，均以一时风气盛行于各类节目、各家荧屏，中国电视的生产与传播在体量与质量之间出现了不同程度的失衡、失调。这种种现状，从长远看，固然只是中国电视在特定阶段的极端表象，却也十分深刻地反映出电视人对于电视艺术的生产传播规律，尤其是电视受众审美心理机制的认识与理解尚比较肤浅，还有待深入和完善。这也充分证明，在信息传播、文化娱乐、社会守望、文化遗产的诸多功能中，电视审美功能的有效实现，对于提升电视生产的内容品质、电视传播的媒介品格、电视影响的文化品位，具有重要价值与意义。国家广电主管部门“抵制低俗之风”的全国性整肃行动，是一种来自外部的强力纠偏，可谓治标；真正治本的，是各级电视机构主动对电视受众的审美心理、审美需求予以积极的审美满足与引导。这些来自外部、内部的管理与建设的意

① 国家广播电影电视总局发展研究中心编著：《2008 年中国广播电影电视发展报告》，412 ~ 413 页，北京，新华出版社，2008。

愿，离不开对电视受众审美心理机制进行广泛而深入的研究。只有进一步揭示与洞悉电视审美的创造、传播、接受规律与奥秘，才能从源头提升电视生产与传播的审美品质、审美品格与审美品位，构筑“文化化人、艺术养心”的电视审美之境。

第二，在理论层面，电视受众审美研究对于拓宽和深化电视美学的研究领域，丰富与完善电视艺术学的学科体系，提升电视受众研究的哲学思辨与艺术品格，具有重要的学术价值和学科价值。

毋庸讳言，电视受众审美研究一直是电视美学研究的薄弱地带。长期以来，关注前端，聚焦于生产层面的审美创造研究，占据着电视美学研究的中心，执掌着话语权。从电视作为现代传媒艺术的本体出发，以电视美的沉思为起点，对电视美的本质探寻与确认成为电视美学的主要任务和目标，经典美学研究中的“本质路径”在电视美学研究中得到了强有力的延续。

如今，电视美学研究的这一传统路径，正经历着当代传媒与艺术理论研究领域的两个重要转向：一方面，传播学领域中，历经大半个世纪的研究历程，效果研究充分验证并确立了电视受众对于电视生产与传播的价值和意义，以受众需求为导向的研究趋势与实践效果越来越突出；另一方面，哲学美学领域中，在现象学、阐释学、接受美学的理论推动下，艺术理论研究不断地在艺术接受主体这一极取得关键性突破。受众成为“艺术创作的起始与归宿”①。在这样两重背景推动下，电视美学将话语权移交至电视受众审美研究，是顺势而为，也是一种必然。研究重心更多地倾向后端，以受众审美研究为支点，反观电视内容生产、传播、接受的全过程，这一理论转向对于电视美学而言，不仅仅是研究视角的更新，更是研究领域的拓展与深化，是对电视艺术学学科体系的丰富与完善，有助于电视受众研究突破数理定量分析的单一路径，获得审美研究的哲学思辨与艺术品格。

来自实践和理论的双重价值与需要，构成了电视美学研究面临的新挑战与任务。本书希望从电视审美活动的界定出发，沿着这样一条路径展开我们的研究：电视审美活动的特性辨析；审美视阈中电视受众的特质；电视受众审美心理及其影响因素；电视受众审美的起点——真实与假定；电视受众的审美需求；电视类型节目的受众期待与满足；电视受众的定位与错位；电视生产对电视受众的审美回应。

① 黄会林：《受众，艺术创作的起始和归宿》，《现代传播》，42 页，2003（5）。

作为本书的开篇，第一章从“看电视”这一熟视无睹的日常行为入手，对电视审美活动与电视审美对象进行了界定，提出日常性是电视审美活动有别于其他审美活动最重要的基本特性。

如同贝尔感受到的视觉文化“不可避免地要在人类经验的整个范围中制造一种对常识知觉的歪曲。把直接、冲击、同步和轰动作为审美的——和心理的——经验方式的结果就是把每时每刻都戏剧化，把我们的紧张增加到狂热的程度”①。可以说，正是由于电视内容中美感形式与因素的普遍存在，电视受众才对电视内容有了希望得到审美愉悦的审美需求；也正由于电视化审美体验的客观存在，才进一步确认了电视内容的审美价值，如此，电视审美创造与电视审美接受形成了互动循环的有机链条，构建了富有活力的电视审美活动。

既然看电视是一种审美活动，那么电视审美活动的对象是谁？电视节目吗？事实并非如此。电视节目经由荧屏转变为电视审美对象的电视内容时，呈现出两种碎片化的拼贴性：第一种是在播出层面，电视内容成为由新闻、专题、综艺、电视剧、广告等各种节目多元混杂连续播出的一种电视拼贴文本。第二种拼贴在受众接受层面，受众根据自身的审美趣味从多元的电视内容中抽离美感因素，拼贴成一份具有个性化的电视审美文本。所以，电视审美对象并非节目，而是通过荧屏播出的电视内容。因此，电视审美活动是电视受众对电视内容进行审美观照的心理体验。

与传统审美活动，尤其是电影和戏剧不同的是，电视审美活动具有非常突出的日常性，具体表现为审美环境上的家庭性、审美内容的伴随性、审美方式的闲暇性、审美体验的日常化等基本特征。

首先，在审美环境的家庭性上，与电影和戏剧审美环境的公共性、庄重感和仪式感形成明显差异的是，家庭环境的开放、私密、舒适使得作为家庭主人的电视受众处于“以我为主”的审美接受情境之中，赋予了电视审美活动很强的随意性和自由度。

其次，在电视审美内容的伴随性上，传播时效的同步性使得电视内容可以达到“即时传真”的零时差；传播内容的连续性形成了对电视受众审美注意力的有效引导，构成了一种标准化的、可重复的审美经验；审美接受的习惯性在潜移默化中形成了定向收视的心理习惯、审美习惯与审美期待。

① ［美］丹尼斯·贝尔：《资本主义文化矛盾》，赵一凡等译，167页，北京，生活·读书·新知三联书店，1989。

再次，在电视审美方式的闲暇性上，与传统审美活动凝神专注的投入式审美方式不同，电视审美方式是一种非投入式、开放式的现代审美活动，更多地表现为游目移视、闲暇消遣，电视漫游确是电视审美方式形象的比喻。

最后，在电视审美体验的日常化上，电视高度逼真的传播优势，与现实时空同步伴随的虚拟同构，以至于受众会产生一种错觉，常常将电视的媒介现实等同于现实本身。如果说其他艺术体验是通过创造出不同于生活的艺术感受，一个与日常生活保有距离感的艺术世界、审美世界的话，那么电视审美体验构建的是一种原汁原味的“生活真实感”，形成了具有碎片化、类型化的日常化审美体验。

概言之，建立在上述特性基础上的电视审美活动，是审美主体最广泛与大众化、审美形态最丰富多元、审美方式集传统与现代于一体、审美体验最贴近日常的现代审美活动。

由此出发，本书的第二章着力对作为审美主体的电视受众特质进行了更深入的分析。

相对于文学、戏剧、绘画和摄影等传统的艺术样式，影视是一门新的艺术样态。它的审美特性既具有一切艺术所表现出的普遍性，也有属于自己的特殊性。按照接受美学的观点，影视作品在创作完成之后还只是一种静态的“第一文本”，要最终实现作品的审美价值，还必须依靠受众的参与。当受众参与到影视作品的接受活动的时候，影视作品便成为他们的审美对象，而受众自己成为审美主体，完整的审美关系开始建立，审美活动就此发生。由此可见，影视作品的审美价值正是在影视作品接受活动的过程中实现的。

影视作品的接受活动是影视受众的一种主观的、积极的、能动的、创造性的审美活动。受众在这个活动中扮演着至关重要的角色，发挥着重要的作用，他们不是被动的接受者，而是具有审美接受能力、审美创造能力和审美评价能力的“审美者”。受众通过影视艺术接受这一重要的环节，制约着影视艺术生产的实现、方式、规模、目的和动力，从而影响了创作者以及影视作品的审美取向、审美判断和审美标准等，最终影响影视作品的审美价值的实现。

审美视阈下电视受众的特质，就是作为审美主体的受众在审美接受活动中，涌现出的对审美对象的审美心理状态的总和，它包括两个方面：一是作为个体的受众对审美对象的心理接受状态；二是作为群体的受众在共同面对同一审美对象时彼此间的心理接受状态。这两种心理接受状态一般都表现为趋同性和差异性两个方面。所谓趋同性一方面指的是受众对影视作品的审美认同，即受众接受影视作品审美价值，也可以说是受众对创作者的审美认同；另一方面指的是不同受众对同一影视作品有相同的审美评价。所谓差异性指的是受众对影视作品不能产生审美认同，即受众对影视作品的审美价值不认可；另一方面指的是不同受众对相同的影视作品持不同的审美评价。但是受众审美心理的趋同性和差异性都是相对的、暂时的，没有绝对的、一成不变的趋同，也没有绝对的、永远的差异，受众在审美接受活动中总是在趋同中寻找差异，差异中又不自觉地走向趋同。

审美趋同和审美差异是影视受众在审美活动中的基本特质，但是因为影视在内容上有很大的差异性，电视受众的审美活动与电影受众的审美活动有其不同特点，这就导致电视受众在电视审美活动中表现出不同特质，那就是更加理性和个性。所谓电视受众的理性是一个相对概念，指的是受众在电视审美活动中与其在电影审美活动中相比，在审美心理上有更强的现实感、日常感和参与感，从而显得更加理性或者更加容易保持理性，但这绝不是否定受众在电视审美活动中没有感性力量的参与。所谓电视受众的个性同样是一个相对的概念，指的是受众在电视审美活动中比其在电影审美活动中，更加容易保持自己的个性特征。考察受众在电视审美活动中的特质首先必须从审美对象的内容入手，其次再从审美活动本身出发。因为审美活动是一种接受活动，因此，受众的接受环境便成为我们考察的重点；又因为影视受众的审美活动是一种互动性、参与性很强的活动，因此，受众的参与方式也成为我们要考察的要素之一。电影和电视无论在内容上、接受环境上还是参与方式上都有很大的区别，本文正是从这三个方面来分析电视受众在审美活动中凸显的理性与个性的。

对电视受众在审美活动中的特质予以辨析的基础上，第三章继续关注电视受众的审美心理机制。

电视受众的审美心理是伴随着电视受众审美接受活动的发生、发展而出现的，因此考察电视受众的审美心理，首先要从电视受众的审美接受活动入手。人类的实践活动有很多种，但不都是审美活动。电视受众的审美接受活动是电视受众在原有审美经验的基础上，经过复杂的心理过程，对审美对象（电视节目）进行情感体验，从而产生全新的审美感受，即获得美感的过程。由此可见，电视受众审美活动的整个过程都伴随着复杂的心理活动，也就是说，电视审美活动本身就是一个十分复杂的心理活动。因此，研究电视受众的审美心理首先要弄清楚电视受众审美活动是如何发生的。电视受众的审美活动属于人类体验活动中较为高级的精神心理活动，它的发生必须具备以下几个前提条件：建立审美关系，拥有审美经验，具备审美能力。

受众审美活动是一个动态的心理变化过程。从电视的美到电视受众获得美感，在时间上也许很短暂，但是这个“时间”只是物理时间概念，其实这短暂的瞬间包含了诸多心理活动环节，如审美感知、审美理解和审美想象。审美感知是审美活动的最初阶段，一般而言它更多地诉诸受众的感知能力，即感官能力和知觉能力。电视受众的审美感知即受众更多地借助于直觉，对电视作品语言感知的心理活动。审美理解是受众在审美感知的基础上，对审美对象进行更进一步的审美体验的心理活动。它是审美经验混合、提炼和再生之后所形成的结果，相对于审美感知，审美理解侧重于对审美对象内容的体验。审美想象是人类独有的一种高级的、具有能动性和创造性的心理思维活动，它是主客体的统一，情感与理智的融合。

从审美感知到审美理解，再到审美想象，审美活动步步深入，由表及里、由外到内，去粗取精、去表存真。最终实现主客相融，物我两忘的境界。但这只是审美体验活动的一种普遍意义的描述，作为受众的个体能够达到什么样的层次，获得什么样的具体的审美体验，是因人而异的。之所以如此，是因为审美体验活动是一种复杂而高级的心理活动，活动的最终完成需要经历诸多环节，并受到诸多因素的制约。这些因素大致可以分为两个方面：一是受众所处的时代、民族等外在环境，都离不开政治、经济、文化、社会、科技这五个领域。本文正是以这五种领域为视角分析影响电视受众审美心理的外在因素。二是受众个人的职业、性别、年龄、受教育程度等内在因素。外在环境是一种客观存在，基本相同，具有同一性和不可选择性，这决定了电视受众在审美心理上有很强的趋同性；而内在因素则有很强的主观性，各不相同，有很强的变化性和不确定性，这又决定了电视受众在审美心理上有很大的差异性。

电视受众的审美心理离不开电视内容的审美属性和本质特征，第四章将“真实与假定”作为电视受众审美的起点，集中展开了关于“电视真实”的讨论。

真实问题是所有艺术样式也包括电视艺术在内的核心问题，任何一种艺术样式或一部艺术作品，是否能够真实反映现实或真实地表达内心，是判定其成功与否的重要标准。

电视，无论是作为大众传播媒介还是现代视听艺术，“真实”问题在传播与接受、创作与审美中都是一个核心问题。第四章将从两个层面讨论电视传媒的真实与电视受众对真实的体验：一是从本体论角度，即电视真实的本质特征是什么；另一种则是从认识论角度，即受众如何判断、认知、把握和理解电视传媒呈现的真实。

然而，真实是什么？这个看似简单的提问，却是人类认识和实践活动中最古老、最复杂，也最本原的基本论题之一。因此我们先从“真实”这一概念入手，对“真实”进行哲学和美学的分析，回顾和梳理了“真实”这一哲学基本命题的发展和嬗变，以此为研究“电视真实”的逻辑起点。

在此基础上，通过对“电视真实”的美学特质进行了研究和分析，我们认为：电视作为影像语言和传播手段，其“真实”表现于两个层面：其一，电视作为影像艺术，具备影像语言所共有的呈现客观存在“物理真实”或说“现象真实”的特点；其二，作为大众传播媒介，其传播信息的功能使电视对客观现实存在具备认知和阐释功能，从而体现了电视揭示客观“本质真实”的特质。但与此同时，电视真实本质上又是一种“多重假定的真实”，它包含着影像语言呈现过程中的“符号的假定”，创作过程中“创作者的假定”和接受过程中的“接受者的假定”，以及节目呈现层次的“艺术假定”和“非艺术假定”。

在完成了对电视真实的第一层次的本质论的探讨后，继而进行了认识论的分析和论述，即：电视如何将这种“多重假定的真实”呈现出来，形成“真实感”，为受众所接受；电视的“真实感”又有哪些特点？我们认为，由于电视具有传媒和艺术的双重属性，使得电视的“真实感”具备了独有的特质：其一，“真中求美”，即在追求“本质真实”时，影像艺术特性赋予其“美”的表现手段，表现出影像的鲜活性、生动性；其二，“美中带真”，即在追求艺术“审美”时，大众传播特性又赋予其“真”的特质，使其富于更强烈的“生活真实感”。

最后从电视接收者的角度，电视“真实感”的独有的特质，使得受众的接受过程呈现出以下特点：在非虚构类节目中，受众满足了求真的需求，同时也获得一定程度的审美体验；在虚构类节目中，受众获得“审美”体验，并从中感受到“生活真实感”；而在大量的介于虚构与非虚构之间的节目中，受众满足了“真”与“美”的双重感受，最终达到真善美的统一。

第五章主要从感官、情感、理性等多个层面对电视受众审美需求的构成展开了全面的研究。与其他艺术形式相比，当代电视受到商业社会的竞争压力更大，因此，与其他艺术形式相比，电视更需要了解电视受众观看电视时期待视野的具体构成，明确观众“看电视”这一行为背后的内在需求。厘清作为整体的电视受众观看电视时的目的组成，以及众多目的背后的内在需求，才能够找到创作者理念与电视受众心理需求的契合点，成功地将观众引入自己要营造的艺术天地中。与人类的认识能力、审美形态相应，电视受众对电视的需求，尤其是对电视的审美需求可分作三类：感官需求、情感需求和理性需求。

电视受众的感官需求是最基础的，或者说，最低层次的需求，是需要首先被满足的需求，电视声画符号系统是满足观众感官需求的重要途径。观众对电视声画符号系统的感官需求同时有对这三种形态的需求：优美、崇高、丑或怪诞。其中，"优美"的视听感受是电视受众对电视的最基本的审美要求，"崇高"、"丑或怪诞"则是对"优美"需求的补充。无论是优美的形象、崇高的形象还是丑或怪诞的形象都能给电视受众带来不同的感官满足，都能够实现电视的审美功能。但是，人们在满足了基本需求之后才能满足高级需求（优美的感受是属于人们的基本审美需求），而崇高、丑或怪诞不属于基础性需求而属于丰富型需求，人们倾向于用这两种感官的美来平衡优美带来的日常感。但这两种美本身却难以成为吸引观众的常态的审美形态，在电视中需要被限定在一定的比例内。

观众感情需求与观众在社会收获中受到的压力相关。处于某种社会条件中的受众，根据不同的心理倾向对大众媒介产生期望，并对媒介产生接触行为，从而得到信息需求的满足。电视受众由于受到日常生活中种种压力的困扰，希望在业余时间平衡自己紧张的神经，能够在电视节目中得到休闲，在电视中得以舒缓紧张的神经，这是电视受众对待电视的基础性需求。此外，借助电视，个体获得融入无差别的整体中。因此，人们倾向于从电视中寻找自己的感情共鸣，进而希望作品能够表现出切合自己意愿的审美趣味和情感境界，期待作品表现出合乎自己理想的人生态度，期待作品流露出与自己相通的思想倾向，从而获得社会的归属感。最后，受众的需求还包括通过电视实现情感的宣泄，达到情感的净化与升华。

观众对电视的理性需求首先是希望通过电视满足自己的求知欲，其次包括受众的社会性情感需求、深层次的审美理想需求和确立自身主体地位的需求。其中，受众的主体需求的确立需要在两个层面上得到满足：第一个层面是行为参与需求，也就是直接进入电视节目的需求。第二个层面是间接进入电视节目的精神参与需求，也就是电视受众在显在意识层面抑制自己的主体参与欲望后，把主体意识从显在的意识转化为内在的需求，以精神参与的需求代替行为参与的需求。

对应着电视传播的终端——电视受众的多重审美需求，第六章主要探讨的是电视内容生产中类型节目的受众期待与满足的关系问题。

类型化是中国电视节目生产与传播的一个重要的现象和趋势。这既是电视媒体传播规律的必然要求，也是电视传播规律反向制约，甚至在一定程度决定电视节目生产的典型表现，这其中的一个核心要素就是电视受众在长期收视过程中形成了对电视节目类型化的收视需求。

从历时性考察的基础上，根据价值取向的不同，中国电视类型节目可以分为三种基本类型：资讯传播类节目、艺术传播类节目、知识传播类节目。这三种基本类型节目对应着三种本体价值取向：资讯传播类节目的时效性追求、艺术传播类节目的审美性追求、知识传播类节目的实用性追求。

受众对于电视频道的选择，实质上是一种价值为核心的选择行为。无论是固执性受众，还是随机性受众，在做出任何收视行为的时候，观众在潜意识或显意识之中都是一种对价值的追求，即这类节目对观众来说是有“用”的，这种“用处”有可能是对节目提供的信息的知晓、观点的接受、窥视欲望的满足，还有可能是娱乐、消遣、精神的放松，还有对节目传播知识的接收。

依据受众使用电视所满足的需求不同，电视观众的收视行为可以区分为以下几个类型：

①延伸型需求。人们对资讯信息的接收，实际上是人们把电视等媒介当做自身器官的一种延伸，是人类基于生存与安全需要而产生的一种超越于自身器官能力之外的延伸型需求。

②调节型需求。来自社会的各种压力，很少有人能够通过自我的调节完全实现一种心理上的平衡状态，而是更多求助于外在机制的协助进行调节。每个人都需要寻求一种解决方案。现在几乎每一个家庭都拥有的电视在一定程度上充当了这个解决方案中的一个重要部分。调节型需求是基于个人心理上的不平衡的现实，是对个人“内空间”即精神世界的一个调整和校正。

③充实型需求。为了完成个人的自我实现、人生层次的提升，人们掌握更多的科学知识与生活技能的过程，我们更多称之为“学习”，而知识学习的过程是为了实现充实自己的目的。

各式各样的资讯传播类节目的生产与传播，是以时效性作为第一追求，力求在第一时间满足人们延伸型的需求。但是现实社会中，任何资讯传播节目中都存在意识形态的控制与受众使用过程中如何进行选择的问题，所以时效性不是资讯传播类节目的唯一追求。此外还有倾向性、客观性、准确性等。

电视艺术传播类节目作为满足调节型需求的主要载体，大体上还可以分为两类：一类是将电视作为传播手段，按电视传播规律进行传播的艺术性内容，电视在很大程度上扮演着一个“再现者”的角色；一类是将电视作为创造手段，按照电视特性和规律生产并由其传播的艺术性内容，电视在很大程度上扮演着一个创造者的角色。

知识传播类节目分为以日常生活经验为内容的和以科学文化知识为内容的知识传播类节目。在现实生活中，电视作为“惠而不费”的媒介手段，充当着满足充实型需求的主要渠道，但是这种状况目前已经面临比较大的挑战。电视知识传播类节目，始终面临着社会需求与媒体供给并不一致的问题。这一问题的本质是电视被外在赋予的社会责任、媒体的自发动机与受众需求存在不一致所导致的。

正是关注到电视内容生产和电视受众需求之间不一致所导致的“定位与错位”问题，第七章重点讨论了电视受众的定位与错位现象。因为观众的需求日益多样化、电视发展的市场化趋势等原因，当代中国电视正在经历这样一个发展趋势：电视传播正由受众“信息共享”模式逐步向“信息共享＋信息分享模式”转移，媒体越来越承认受众群体、个体需求的差异性，受众不断被分化为越来越小的受众群。因此，电视媒介就更需要在明确频道或节目/栏目的属性与目标，了解与掌握其目标受众的大概范围与层面，了解目标受众的信息需求、价值及审美取向等基础上，确立恰当的经营方针与行为策略，也就是对节目进行受众定位。

一般来说，电视节目的定位是根据受众的性别、年龄、地域、文化、经济收入、社会角色等不同的标准来划分自己的受众群，根据这些受众群的特点来制定节目的内容、形式、审美风格。准确的节目定位不仅能为一两个电视节目或栏目带来成功，如果把细分受众、定位受众的观念推广到整个频道，为整个频道打造出明确的形象，能够帮助这个频道形成良好的品牌效应。与此同时，如果参考社会生活中人们的各种活动特点，也能够准确地找到节目的定位。

但是，在电视栏目、电视频道讲究受众定位的同时，也需要考虑电视受众的大众化问题。近年来，有一部分电视节目甚至电视频道尝试着以小众人群作为自己的观众定位，但事实上这些探索大多以失败告终。这说明，明确的受众定位固然能够为电视节目带来品牌、形象，赢得一部分电视受众的喜爱，但是在当前情形下，中国电视仍然是“大众”的电视，真正“小众”的电视时代尚未到来。因此，在处理电视与受众关系的时候，既要有明确的受众定位，能够吸引理想受众的关注，吸引核心受众群体并把他们发展成为稳定的受众群；同时也要明确当前中国电视仍然是大众媒介，它的目标受众群仍然是大众群，如果只有鲜明的定位而没有一定的辐射效应，将很难在当前的电视业中立足。

一个有意味的现象是，虽然当前中国各电视节目、栏目在实际的传播结果上经常有“错位”的现象发生，也就是某些电视节目、栏目或频道的实际受众并不是制作者原先预期的目标受众，其他群体成为自己的核心受众群。这种错位有时候会表现为正错位，即电视节目的受众虽然并非原先节目主要定位的目标受众，但节目却得到了另一个受众群体的广泛认同，甚至有时候这个实际的受众群体比原先定位的受众群体更庞大；当然有时表现为反错位，即实际受众不符合原先的定位设计，节目没有成功吸引影响目标受众，也没有得到其他受众的青睐，从而影响了电视节目的收视效果。很多收视率不高的节目存在着类似的反错位现象，虽然这样的节目通常也有自己的受众定位与根据定位而进行的节目设计，但是事实效果却不能切中预想中目标观众的实际需求，从而导致节目的失败。

电视接受之所以会出现各种错位，是因为电视节目提供的是一个丰富、立体的内容体系，受众对电视节目的需求除了各种审美需求（包括感官需求、感情需求、理性需求）之外，也包括各种非审美的需求，受众的实际需求与电视提供的实际内容之间的关系存在着很大的偶然性。怀着丰富、多元的需求的受众，面对具有丰富、多元内容的电视，电视接受的事实发生是电视作品表面和深层的所有内容、观念、价值判断、审美倾向、文化理念、人生理想组成的复合体与电视受众的全部需求结合并发生心灵或情感、情绪共鸣。因此，电视接受就很有可能发生以下几种情况：情况一，电视提供的主要内容被目标受众接受；情况二，电视提供的次要内容被目标受众接受；情况三，电视提供的主要内容被目标受众之外的非目标受众接受；情况四，电视提供的次要内容被目标受众之外的非目标受众接受。除了情况一是完全实现了电视节目的定位，其他三种情况事实上都是电视接受的错位。可见，这些错位现象是很容易发生的。

电视受众审美研究的根本，在于有效提高电视生产传播的艺术水平和审美价值，也就是说，只有电视生产以受众审美心理为起点和基础，遵循电视审美规律，满足受众审美需求，提升电视审美趣味，塑造电视审美品格，引领电视审美风尚，建设健康的电视审美文化。这，既是本书的旨归，也构成了本书最后一章的主要内容。

电视生产的审美回应是审美创造主体对接受主体审美期待的一种主动应答，也是审美创造主体对审美策略的精心设计和有效应用，更是审美创造主体对电视审美价值的积极引导与建构，其实践意义与应用价值在于从电视受众审美心理机制的诸多感性类型中，提纯出审美体验的本质，进而据此形成电视生产的主导路径和模式。

研究发现，电视受众的审美体验的本质是一种既日常又陌生的矛盾统一体：一方面在趋同性审美心理指引下，追求贴近性与熟悉性，构成了日常化的审美体验模式；另一方面在求异性审美心理指引下，追求新鲜、奇特、不寻常，构成了陌生化的审美体验模式。这样，电视受众的审美体验就形成了两种基本类型：日常化与陌生化。作为电视生产对电视受众的审美回应，电视生产的主导模式相应可以区分为追求日常化审美效果和陌生化审美效果两条路径。

日常化路径遵循的是求同思维，它注重节目审美体验与受众日常经验、已有收视经验的同构和对接，适应受众接受心理的归属与认同感，以通俗化的方式引导受众跨越审美体验中的接受阻力。而陌生化路径遵循的是求异思维，它注重节目审美体验与受众日常经验、已有收视体验的异构与落差，满足受众接受心理求新求变的新异感，以陌生化的方式推动和修正受众接受的收视期待，从而实现对节目审美体验创新的认同。

由于电视内容在题材、内容的属性与效果之间存在着正向或反向的差异，所以，日常化与陌生化的两条基本路径又会根据题材与效果的变化形成四种基本模板，即：日常题材——日常化效果，日常题材——陌生化效果，陌生题材——陌生化效果，陌生题材——日常化效果。

不可忽视的是，在实践日常化和陌生化效果的过程中，经常会出现审美偏差的情形。常言道“过犹不及”，审美偏差的两种情形，一种是过度日常化，在追求从物质现实到心理时空贴近生活、贴近实际、贴近受众的过程中，丧失了距离感，出现了所谓“忠实纪录”、“零距离”、“原生态”、“通俗化”问题。另一种是过度陌生化，为了争夺眼球注意力，强调娱乐化，追逐新奇等极端情形，电视生产出现了以异为美的审怪，以丑为美的审丑，以先锋为美的审新等恶性循环。

究其原因，在于电视生产与电视受众之间距离感的把握失当、失衡。电视审美体验，究其根本是一种距离化的心理体验，成功的秘密在于距离的微妙调整，在于合乎情理地将电视审美偏差控制在一个恰当的“度”内，形成“熟悉的陌生人”、“似曾相识”、“他乡遇故知”般的既陌生又熟悉的最佳状态，这恰恰就是电视生产与传播的艺术所在！

最后，需要指出的是，在本书的架构中，我们希望努力实践、体现出这样一种研究思路：那就是立足电视受众，放眼电视生产与传播的全流程，在生产与接受、传者与受众的两极之间建构起互动、呼应的格局：电视审美活动的特性——审美视阈中电视受众特质，电视受众审美心理——电视受众审美的起点，电视受众的审美需求——电视类型节目的受众期待与满足，电视受众的定位与错位——电视生产对电视受众的审美回应。电视审美创造与电视审美接受之间互动循环有机链条的形成与呼应，赋予了电视审美活动源源不绝的生命活力，这样一种健康有力的良性格局正是电视受众审美研究的重要价值与根本意义所在。

第一章

电视审美活动及其特性

“看电视是现代生活中无所不在、遍及千家万户的时代特征。然而，正因为看电视是日常生活中不可或缺的一部分，它才不那么容易被人看清楚面目。”① 对于电视收视这一日常行为的如此表述，真切地指出了现代生活中人类之于大众传媒的一种既须臾不分，又“熟视无睹”的状态。

显然，这需要对电视与审美的关系重新审视、重新思考，对电视审美活动的本质与特性予以界定，这对于我们理解和认识电视审美活动，尤其是把握受众的心理机制和嬗变规律，是必需，也是必要的。

第一节　电视与审美：电视审美活动的界定

审美活动研究，是美学研究中的基本内容。

作为人类掌握和认识世界的四种基本方式之一，审美活动是审美主体对审美客体进行审美观照、产生审美体验的心理过程。一言以蔽之，“审美是人类对世界的一种特殊体验”②。审美活动得以成立需要具备三个基本要素：审美主体、审美客体、审美体验，三者彼此互

---

① [美] 罗伯特·艾伦：《重组话语频道——电视与当代批评理论》（第二版），牟岭译，91页，北京，北京大学出版社，2008。

② 叶朗主编：《现代美学体系》（第二版），11页，北京，北京大学出版社，1999。

相依存、不可或缺。审美体验是审美活动的中介与本质，审美主体和审美客体是通过审美体验共时生成的，并不存在没有审美主体的审美客体，反之亦然。千百年来，审美活动研究的基点不停地在三者之间转换，构成了人们认识审美活动的三个重要维度。这自然也就成为我们理解与研究电视审美活动的基本路径。

沿用上述关于审美活动的一般定义，我们似乎可以对电视审美活动做一初步界定：电视审美活动指的是电视审美主体对电视审美客体进行审美观照、产生审美体验的心理过程。

但是，这种简单的套用，并不能使我们真正认识电视审美活动的本质，深入掌握电视审美活动，尤其是电视受众在审美活动中的心理机制和规律所在，也无法彰显电视审美活动的个性和特性。而对于电视审美的审美对象、审美特性、审美方式、审美体验等问题的探究，正是构成我们进行电视受众审美研究的一个基本框架与起点。

需要明确的是，以往电视美学研究中所提及的电视审美主体显然更多地指向了创作者——电视人，而以电视接受主体来指称电视受众。当然，从广义上说，电视审美活动既可以指电视人的审美创造活动，也可以指向电视受众的审美接受活动。但是，本文研究更倾向于从狭义的层面，以电视受众为研究主体，因此，本文中的电视审美活动专指电视受众的审美接受活动。

一、电视审美活动的界定

1. 电视内容的审美属性与审美价值

对于以大众媒介为主的视觉文化，美国当代著名文化学者丹尼斯·贝尔这样表达着他的理解：视觉文化“不可避免地要在人类经验的整个范围中制造一种对常识知觉的歪曲。把直接、冲击、同步和轰动作为审美的——和心理的——经验方式的结果就是把每时每刻都戏剧化，把我们的紧张增加到狂热的程度”①。

在贝尔所表述的视觉文化表征中，揭示了一种普遍的客观存在：影像传播构成了对人类经验的一种美感化变形，但是，这种变形具有天然美感属性。不论是单幅画面的构图、主体、光效，还是整体影像流的“拼贴蒙太奇”，影视语言的光影变换激活了人类审美心理中视听觉愉悦与心理愉悦之间的审美感应。从“悦耳悦目”到“悦志悦神”，

---

① ［美］丹尼斯·贝尔：《资本主义文化矛盾》，赵一凡等译，167 页，北京，生活·读书·新知三联书店，1989。

电视化美感的背后，是电视语言对人类视听经验的高度总结和发展，以严密的眼球运动与心理愉悦的对应性，为电视确立下具有审美属性的语言规则——电视语法。在这样的语法规则中，电视传播的所有内容，不论是否属于艺术类节目，都必须遵循着“满足观看”的根本原则。因此，不断地挑战、培育电视受众的视神经，不断地追求“更好地观看”，推动了电视内容从生产到传播，在每一个环节都不断地灌注并体现电视的内容美、形式美、技术美。

麦克卢汉曾经说过：“所谓媒介即是信息只不过是说：任何媒介（即人的任何延伸）对个人和社会的任何影响，都是由于新的尺度产生的；我们的任何一种延伸（或曰任何一种新的技术），都要在我们的事务中引进一种新的尺度。”①

显然，电视的出现意味着形成了表达世界的一种新的尺度、一种新思维，构成了人类视觉经验的新体验。在这一点上，我们也可以说，电视内容的审美属性与审美价值绝非空洞理念的产物，而是有着技术根基：“摄影机得到了解放，得到了完善化，它的这种协调行动，再加上用以瞄准、观察和测定事物的人的有策略的头脑，结果使得最平凡的东西都被表现得新鲜活泼和生动有趣。”② 不可否认，电视语言的美感与新鲜感，来自速度——与时间、事件同步；来自广度——无远弗界，四通八达；来自深度——微至尘埃，广至宇宙；通过影像，历史与未来得以具象，得以直观，得以想象与心灵化的呈现。在电视内容中，真实与虚拟，如此独特又天衣无缝地混合成“电视化”的影像世界和体验。

2. “电视化”的审美体验

“人们从来就不只是‘看’电视，或者像符号学家所说的，他们不单单‘读’电视。受众不是别的，而是‘感觉’电视和其他流行媒介，通常很深入。”③ “‘感觉’电视”，说明看电视不仅是受众视听觉对于电视影像和声音的感官接受，而且还会有一种“很深入”的特殊

---

①［加］马歇尔·麦克卢汉：《理解媒介——论人的延伸》，何道宽译，33页，北京，商务印书馆，2000。

②［苏］吉加·维尔托夫：《电影眼镜人：一场革命》，皇甫一川、李恒基译，1923，载于李恒基、杨远婴主编：《外国电影理论文选》（修订本上卷），221页，北京，生活·读书·新知三联书店，2006。

③［美］罗尔：《媒介、传播、文化——一个全球性的途径》，董洪川译，196页，北京，商务印书馆，2005。

心理活动参与。这种深入的心理活动实质上是审美体验，而且，带有鲜明的电视的媒介与传播属性，是“电视化”的审美体验。

那么，受众观看电视，看到了什么？感受电视，感受到了什么呢？所谓电视化的审美体验是什么呢？那就是电视受众获得了视听感官的满足，情绪的释放、情感的满足。比如2008年北京奥运会开幕式直播中，仪式盛典传递着崇高、庄严的美感；再比如各行各业的生产场面，展现着紧张有序的韵律与节奏之美；在巨浪滔天、山崩地裂、狂风大作的极端灾害与突发事件面前，受众情不自禁心生恐惧、渺小与震惊之感，体会生灵涂炭的悲怆与苍凉。谁能否认，这些情绪激荡的不是一种崇高的审美体验呢？再比如体育节目中，沸腾的直播现场总是扣人心弦：足球的临门一脚、跨栏的腾跃冲刺、跳水的空中腾挪、篮球的凌空扣篮、体操的自由舒展等，这些转瞬即逝的场面通过电视语言慢动作多机位的立体展示，呈现出一种力量之美、速度之美、曲线之美。谁能否认，这些紧张刺激的高峰体验激发的不是一种审美愉悦呢？

可以说，没有哪一种媒介像电视一样，拥有视听全息的审美手段，开辟集寰宇于方寸、抚古今于一瞬的审美视野，可以提供如此丰富多彩的审美体验，充分展示了自然之美、社会之美、艺术之美，可以如此充分地表达人类的思想、意识与情感。

电视审美体验是电视审美活动的中介与本质，电视审美主体和电视审美对象是通过电视审美体验共时生成的。正是由于电视内容中美感形式与因素的客观存在，电视受众才对电视内容有了希望得到审美愉悦的审美需求。也正由于电视收视中的审美体验主观感受的存在，才进一步确认了电视内容的审美价值，不断满足着电视受众的审美需求，从而进一步强化、培育了电视受众作为审美主体的审美能力，如此，电视审美创造与电视审美接受形成了互动循环的有机链条，构建了富有活力的电视审美活动。因此，对于电视审美活动的确认，不仅是对电视传播内容审美价值的客观存在的认可，而且也是对电视受众审美能力的肯定。

二、作为电视审美对象的电视内容

1. 电视审美对象：电视节目，还是电视内容

如前所述，既然看电视是一种审美活动，那么电视审美活动的对象显而易见就是电视节目了。看电视，看的当然是电视节目。但是，如果以电视节目作为电视审美对象，那么，人们不免发出这样的疑问：如此说来，难道收看天气预报、股市信息、新闻联播都成为审美活动

了吗？因为大家普遍能够认同的是，看电视是信息接收与文化娱乐活动。因为按照经典美学的理解，审美活动是审美主体对于艺术美的审美观照，只有艺术作品才能构成审美对象。那么，是不是只有电视艺术节目才能构成审美对象？

电视节目是一种复杂的构成：按节目功能类型分，有新闻类节目、娱乐类节目、教育类节目、服务类节目等；按节目形态分，有资讯节目、谈话节目、专题节目、综艺节目等；按受众对象分，有老年节目、青少年节目、农民节目、少数民族节目等。在每一类别中，都有大量艺术类节目，如电视剧、纪录片、音乐、舞蹈等文艺节目；也有大量看起来似乎与“艺术”不沾边的节目，如新闻报道、天气、交通等生活信息、谈话类、法制类节目等；还有介于两者之间的节目。

如果说，电视节目是审美对象，的确面临着两个现实问题：

第一，既然电视节目有艺术类节目与非艺术类节目的区分，而且在电视艺术中有可能包含着非艺术的内容，在非艺术节目中也常常能发现艺术元素或美感元素；那么，在同一个收视活动中，如何区分电视受众的审美活动与非审美活动呢？

第二，如果说电视审美对象是电视艺术节目，那为什么一些纯粹艺术类的节目没有引起受众的审美体验，而像一些新闻、法制类的非艺术类节目却引起了受众强烈的情感共鸣和审美体验呢？

其实，问题的症结在于将电视审美对象定位在“节目”上。节目，是电视生产与传播的基本单元，但是，并不是电视受众收视的基本单元，电视受众收视行为整合的是由个人喜好所拼接而成的电视内容。也就是说，电视审美对象是电视内容。

正所谓“美因人而彰”，电视内容能否构成电视审美对象，更多地取决于电视审美主体是否产生了审美体验。如果暂时放下节目的艺术属性划分，而是从内容出发，我们不难发现，按照传统理解“不足以”构成审美对象的“非艺术内容”，其实包含着极为丰富的审美价值和美感因素，而且比比皆是。因此，我们认为，仅仅将电视审美对象局限在电视艺术节目的范畴内，势必将电视内容中的相当大比例节目排除在电视审美活动之外，而这显然是与电视审美活动的实际相悖的。

现象学美学的代表人物杜夫海纳对于审美对象有着深刻的理解：“所谓对象，一般指两种含义的统一：一、客观存在的对象；二、被主体意识到的对象。”① 对于作为电视生产和播出的基本单元的电视节目而言，一方面是作为“电视台各种播出内容的最终组织和播出形式”②的客观电视节目，是潜在的审美对象；另一方面是被电视受众作为审美对象纳入到审美感知，进而产生审美体验的主观电视节目，是显现的审美对象。应该说，完整意义上的审美对象是客观电视节目与主观电视节目的统一。“对象如何对他来说成为他的对象，这取决于对象的性质以及与之相适应的本质力量的性质”③，所谓“对象的性质”，指的是客观节目本身所潜在的美感属性；而“与之相适应的本质力量”，则是指电视受众作为审美主体的发现、感知能力。“任何一个对象对我的意义（它只是对那个与它相适应的感觉来说才有意义）都以我的感觉所及的程度为限。”④ 正是受众的审美感知决定了电视节目能否从潜在的审美对象转换为显现的审美对象。如同马克思所说，对于没有音乐感的耳朵来说，最美的音乐也毫无意义；对于没有审美能力的电视受众来说，即使是艺术性很强的电视艺术节目，也不足以构成电视审美对象。对于电视审美对象这种辩证全面的理解，既肯定了电视节目本身的美感属性，又突出了电视受众作为审美主体的审美态度与审美能力。

2. 电视内容的审美特征

一般来说，传统意义上的审美对象，不论是山形变化、河海气象，鬼斧神工的自然之美，还是文学、绘画、音乐、戏剧、电影等的艺术之美，在丰富多样的审美形态之下，有着一个共同特点：艺术作品是以独立完整的审美对象进入受众审美活动中的。可以说，在内容与形式上的独立性与完整性是传统艺术审美对象的基本特征之一。

那么，作为电视审美对象的电视内容呢？我们发现，在电视节目的采编制作的生产环节中，电视人是将电视节目作为一个独立审美对象进行审美创造的。也就是说，在播出线上的电视节目具有相对完整的内容与形式构造，合适恰当的美感要素组合，包括节奏格调的营造，如同一出完整的电影和戏剧。

---

① 司有仑主编：《当代西方美学新范畴辞典》，437 页，北京，中国人民大学出版社，1996。

② 赵玉明、王福顺：《广播电视辞典》，220 页，北京，北京广播学院出版社，1999。

③ 马克思：《1844 年经济学哲学手稿》，载于纪怀民等编著：《马克思主义文艺论著选讲》，2 页，北京，中国人民大学出版社，1982。

④ 同③。

但是从电视受众的接受层面来看，电视节目经由荧屏呈现，转变为电视受众可感知的电视内容时，出现了两种碎片化的拼贴性。这正是作为审美对象的电视内容极为突出的重要特征。

第一种拼贴在播出层面，电视节目虽然是按照不同制作标准组成的丰富多样节目序列，但是这些功能不同、形态各异的节目却是通过一个荧屏呈现与传播。这样，电视内容就成为由新闻、专题、综艺、电视剧、广告等各种节目多元混杂连续播出的一种电视拼贴文本。电视内容作为审美对象的独立性便受到了频道编码规则的制约、整合与调整，上下时段的连接节目，中间插播的频道广告，既无序又有机地构成了可供电视受众收视的“频道内容”。如同蒙太奇效应，在内容播出连续不断的特定序列中，完整独立的节目转化成一个个“碎片化”的时间片段，镶嵌在频道的节目流中。

第二种拼贴在受众接受层面。对于电视受众来说，播出层面碎片拼贴的电视内容依然只是一种客观对象的存在，在接受与审美过程中，电视受众必然会对电视内容文本进行新的拼贴。在多频道的电视传播时代，电视节目总量浩如烟海，一个中国的城市电视观众，基本上会拥有 100 多个频道的挑选权。在各个频道间，面对着纷繁复杂的电视拼贴文本，电视受众总是，也必然是根据自身的收视习惯、兴趣偏好和收视规律，倾向性地选择性收看，自行组织节目。在一段相对完整的收视时间里，很少有受众只收看到一种内容，平均 3 秒的频道切换频率使得受众处于一种频道漫游和冲浪的状态。“不断切换频道可使观看者产生对片段的观看体验，这是后现代主义的形象拼贴艺术，其快乐在于这些形象的不连续性、它们的拼凑以及它们的矛盾。这是推至极限的片段手法，使电视成为最开放的生产者式文本，因为它避开了所有的封闭企图……电视文本是由一系列经过压缩的、快速移动的生动片段所组成。”① 打个比方，如果说传统审美活动是套餐，吃什么，先吃什么与后吃什么的程序都是事先预设的，不能由审美主体操控的；那么电视审美活动则更像自助餐，如何荤素搭配，受众拥有较大的自主权，他们会根据自身的审美趣味拼贴成一份具有个性化的电视审美文本，因为，遥控器掌握在他们手里。

可以说，电视内容碎片化的拼贴性赋予了电视审美主体一种前所未有的自由状态，更加凸显以我为主的审美心态。

---

①［美］约翰·菲斯克：《电视文化》，祁阿红等译，150 页，北京，商务印书馆，2005。

第二节 电视审美活动特性辨析

在对电视审美活动、电视审美对象予以界定后，我们将进而探究一个更深的本质问题：与一般的、传统的审美活动相比，电视审美活动的特性是什么？如何体现？

电视审美活动脱离不开电视媒介属性的河床，所以如果要从本质上认识把握电视审美活动的特性，依然要回到电视，以电视的媒介属性为起点，来探寻电视审美本质属性的独特所在。

多年的研究，电视的媒介特性已经获得了较为一致的认识：

电视传播的主要特点——“以电子科技进步为依托，直接性、直观性和现场性，将人际传播引入大众传播，内容、形式的广泛兼容性，连续定期的编播方式”①；电视特性——“传播的及时性，形象的纪实性，观众的参与性，节目的综合性”②；电视传播的特性——“电视的兼容性，电视节目的现场性，观众的介入性，参与性”③；电视艺术的审美特性：“兼容性、参与性、即时性、日常性接受。”④

可以看出，上述这些具有代表性的界定大同小异，都是以电视传播的技术特性与传播优势作为基点，提炼出“综合性/兼容性、逼真性/直观性”等媒介特性。那么，是不是电视审美的特性就是“综合性/兼容性、逼真性/直观性”呢？问题并非那么简单。源自技术决定论的认识与理解虽然区分了电视审美与一般审美活动的差异，但是并没有在电影和电视之间有所区分，彰显电视审美活动的独特个性。

首先，就语言本体构成而言，电影和电视在“综合性/兼容性”上并没有本质区别，都是对以往时间与空间媒介与艺术元素的优势吸纳与整合。其次，就技术呈现的“逼真性”而言，这一技术接力棒，从照相本体论开始，曾历经摄影术、电影，如今交到了电视手中。但是也非电视一家独有，在数字技术迅猛发展的今天，电影和电视在对主观世界和客观世界的逼真性表现方面已经很难有绝对的差异。所以，我们认为，综合性/兼容性、逼真性应该更多地归为影视共有的审美

① 朱羽君：《中国应用电视学》，64～67页，北京，北京师范大学出版社，1993。

② 高鑫：《电视艺术美学》，7～8页，北京，文化艺术出版社，2005。

③ 任远：《论电视传播的特性》，载于叶家铮编著《电视媒介研究》，49～55页，北京，北京广播学院出版社，1997。

④ 彭吉象：《影视美学》，300～314页，北京，北京大学出版社，2002。

"基本属性"，至少不能称之为"电视审美特性"。可能也正因此，影视合流、分流的争论才起起伏伏，绵绵不息。这说明，探寻电视审美特性只是从传播技术出发还不够，还需要结合电视受众接收的支点，在从传播的技术基础上，结合传受两个方面来共同分析认识电视审美的特性。

"我们进入剧院时，用比喻的说法，我们的日常生活之线就被戏票剪断了，于是我们暂时生活在一个理想世界里。"① 理想世界揭示了电影、戏剧审美具有的典型仪式性，以封闭的现实空间为支点，依靠封闭空间相对连续的时间产生群体审美体验的仪式感。尽管影院空间、戏剧舞台不断在探索突破第四堵墙，但是其营造的审美世界依然是以仪式感为主，有意识地回避日常性，强调非日常性。所以，巴赫金的狂欢理论，以及伽达默尔的节日论，都是在强调审美活动超越日常生活的仪式性。

与传统审美活动相比，尤其是与电影和戏剧相比，电视审美活动体现出典型的日常性，表现为审美环境上的家庭性、审美内容的伴随性、审美方式的闲暇性、审美体验的日常化等基本特征。"电视艺术的日常性接受方式，也成为电视艺术与电影艺术之间在审美特性上的本质区别。这种日常性审美方式，不但是电视艺术重要的审美特征之一，甚至在一定程度上也代表着后工业时代与高科技时代所特有的一种审美方式。"②

一、电视审美环境：家庭性

一直以来，电视始终被研究者们界定为"家庭媒体"。有意思的是，在电视之前走进人们生活的报纸、广播都没有如此头衔。家庭，道出了电视收视活动的物理空间，也指出了电视审美活动特定的审美环境。

1. 电视对家庭物理空间与心理空间的改造与重建

从物质载体来说，以家用电器名义走入家庭的电视机，对于家庭环境的改造是其他任何家用电器所不能企及的：

其一，电视改变了家庭物理空间格局与功能设定。一个不容忽视的现实是，以电视机作为中心来安排空间和功能布局已经成为现代居室装饰的一条黄金定律，电视机的位置决定了客厅——家庭物理空间

① 朱光潜：《悲剧心理学》，45页，合肥，安徽教育出版社，2006。

② 彭吉象：《影视美学》，314页，北京，北京大学出版社，2002。

中最重要的一个公共场所的布局。随着家庭拥有电视机数量的增加，越来越多的人希望在家庭的每一个空间，卧室、餐厅、厨房甚至浴室，都能随时随地看到电视。电视的出现，电视机的存在，改变着家庭的空间格局与功能。其二，电视建立了家庭与外部世界的联系。如同有人曾将电视机比喻为客厅通向世界的窗户，通过它，家庭的小小空间与外部的广阔世界建立起了现实的联系。其三，电视确立了家庭文化娱乐的中心。虽然家庭娱乐方式正日趋多元化，但是，以电视为核心来安排家庭文化娱乐活动仍然是一种普遍状态。晚饭后全家人一起看电视，在全球依然是一种常见的家庭集体行为。电视，在凝结着家庭成员之间的情感和心意，连接着个体和世界的关系，这种影响力使得人们如此依赖电视，信赖电视。电视，一直在持续有力地建构着一个家庭的心理空间。

电视受众个体拥有的家庭物质空间与电视化的心理空间，无疑对电视审美活动产生着重要的影响力。

2. 家庭环境对电视审美活动的影响

虽然电影、戏剧、电视的审美活动，在某一点上都是“集体共时接受”，但是，由于审美环境的限制性因素，电影、戏剧和电视的审美心理发生了显著的变化。

尽管现在听音乐会、看戏剧、看电影都已经成为大众文化消费的常规形式，但是作为审美活动，公共文化场所的特定环境在人们心中依然拥有一种庄重和仪式感。这首先体现在外在的着装、礼仪，需要正襟危坐，有时还要盛装出席；在观看过程中，交头接耳、悄声谈论、吃东西都会被视为不雅之举；甚至何时鼓掌与叫好，掌声的频率都有一些规定。其次，“剧院感知是一种浓缩性的感知……当剧场感知的浓缩性成为一种约定俗成的习惯，观众在进入剧场之时就自然地更换了感知预期”①，这种约定俗成的习惯意味着一种审美经验的仪式化规则，一种与之相适应的审美心理期待。再次，受众的审美体验常常是内省的，被电影屏幕和舞台控制的，“在电影院里，个人的反应——其总和及观众的群体反应——从一开始就最深地受制于他置身其中的群体化。个人的反应被表达的同时，又在自我监督”。② 这种审美活动，是一种典型的“以他为主”的审美接受。

① 余秋雨：《观众心理学》，80～81页，上海，上海教育出版社，2005。

② ［德］瓦尔特·本雅明：《经验和贫乏》，王炳均等译，281～282页，天津，百花文艺出版社，1999。

尽管早期的电视还曾被比喻为家庭中的小电影，但是，回归本体属性后的电视受众审美活动就完全不同了，处于自由放松的状态。作为一种闲暇行为，家庭的私密环境赋予了电视审美活动很强的随意性和自由度。其一，作为家庭的主人，受众可以随意起居，不用一本正经，即使蓬头垢面也不必担心受人侧目。其二，受众可以随意挑选节目，快速浏览和换台，电视受众就像在一个影像的超市中“电视漫游”，在各种节目间浏览，挑选自己喜爱的节目稍作停留，没有强制性的对象性指向。其三，受众收视时常常进行着其他事务：做家务、打电话、吃饭、聊天，收视过程时断时续，不断地被打断，然后再接续。其四，不论是家庭成员集体观看，还是个人独处欣赏，受众的审美体验与情感表达可以不受约束，呈现为开放式的，看到愤慨处可以放声斥责，或骂或怒；激动处可以涕泗交流，或笑或泣，个人的情感表达和评价不受禁忌，不必隐藏。可见，电视受众的审美活动，是典型的“以我为主”的审美接受。

最能直观体现影视接受差异的典型例子就是电影的电视化收看。不论是作为电视内容的电影节目，还是通过电视机观赏电影DVD碟片，受众的审美接受与影院完全不同。同样一部电影作品，受众尽管也可以聚精会神，但是完全没有影院收视环境和欣赏规则的制约，电视化的收视方式显得随意和放松，受众完全可以像看电视一样去欣赏影片，吃东西、接电话、上厕所，甚至可以快进、慢放、检索收看。一部完整的艺术作品，完全成为电视受众可以操控的对象。

通过这种比较，我们可以说，如果电影和戏剧脱离了具有公共文化场域性质的剧院空间，就失去了其审美活动的梦幻感和吸引力；同样，如果电视脱离了具有个体色彩与私密性质的家庭审美环境，其审美活动也就失去了它给予人的自由度、宽容度。所以，尽管随着数字技术的发展，电视已经可以从固定接收终端发展成为移动接收终端，车载电视、手机电视、网络电视，意味着电视不一定在家庭环境中收看了。但是，迄今为止，电视仍然被认为是一个最适合在家庭环境中收看的电子媒体，适应现代工作与生活节奏的移动电视收视方式只是家庭收视的补充和辅助手段。

二、电视审美内容：伴随性

曾经有一句电视广告语“伴您成长”，令很多人印象深刻，因为在很多人的记忆中，尤其是独生子女家庭的孩子们，几乎就是在电视的陪伴下成长起来的。电视是生活的伙伴，在欧美国家，家庭主妇的电视机整天处于开机状态，成为日常生活的伴音。伴随性，是其他媒介不具备的电视媒介特性。所以，电视审美内容的伴随性，不仅仅是电视播出时间量的填充，更是电视传播特性与审美特性的功能体现，具体体现为传播时效的同步性、传播内容的连续性、审美接受的习惯性。

1. 传播的同步性

电视传播技术最大的特点就在于"即时传真"，凭借着现代传播技术的优势，电视内容传播在时效性上完全可以达到与生活同步、与时间同步。这种传播的同步性包含了两个层面的时间概念：一个是整个日常生活的自然时间流程，根据受众普遍的生活规律安排设置节目，对时播出。时段划分就是最好的证明，从早间、上午、午间、下午、晚间、深夜，六大时段分割的是电视受众的收视资源，接续的是电视受众日常生活一整天的方方面面。另一个是特定时刻的同步。为了在时间上保持最大可能的与事件同步，电视生产不断在时效上贴近电视直播的"零距离现在播报"，这种零时差的同步性构建了电视化的生活原生态。

2. 内容的连续性

与电视内容传播的同步性相对应的，是电视内容的连续性。一方面，无论是日播节目，还是周播节目，电视内容依据自然时间的连续性播出形成了对电视受众审美注意力的有效引导。应该说，电视的审美注意是包裹在日常注意中的，外连内断，外部具有较强的连续性，内部则是间断性收视，具有非独立性；而电影则是外断内连，相对隔绝的特定时空里，故事本身追求连续性，具有独立性。另一方面，电视内容的连续性构成了一种标准化的、可重复的审美经验，在固定周期内的固定时间，一种可被重复的体验会引起受众的审美期待。随着收视分析中对受众卷入程度的细化和量化分析，受众对节目感知的一般性规律正在被固化为一种生产策略，通过节目的连续播出，有效地引导和叙事策略的采用，不断地重复和强化受众在某一方面的审美感知，形成习惯性的审美指向。

3. 接收的习惯性

传播上的同步性，内容上的连续性，形成了电视对受众收视时间和收视心理的精确把握，促进了电视受众收视习惯的形成。这种习惯性体现在：

其一，电视化的生活习惯。看电视已经成为当代人普遍的日常行为之一，如同衣食住行，"它使起坐间变成娱乐中心，并使我们不想到别的地方去寻求娱乐。它减少了我们的社会生活、旅行和我们闲聊的时间。它使我们睡眠的时间减少了。它创造了一系列‘媒介假日’的事情……它们在我们不知不觉中重新安排了我们的生活”。[①] 收看电视已经成为大多数现代人的一种生活习惯。用施拉姆的说法，电视属于冷媒介，需要受众更主动地参与和投入。对那些收视频繁、依赖性较强的受众而言，电视就是家庭的时钟，何时看新闻，何时看电视剧，节目时间表成为家庭生活的时间坐标，标志着家庭生活的节奏。在中国的很多地方，最典型的就是每天的19点《新闻联播》成为大多数中国人晚餐的钟声，这是电视收视习惯的典型写照。

其二，定向收视的心理习惯。收视心理习惯代表着一种对节目或栏目的忠诚度与心理依赖。出于个人对于某一类电视内容的偏好，对某一位主持人的喜欢等，电视受众普遍会形成各自的收视习惯，会在固定时间，甚至会和固定伙伴一起收看节目。当电视收视的习惯性形成一种强烈的心理依赖时，电视受众就成为了“电视迷”。

4. 审美习惯与审美期待

在积极意义上，电视接收的习惯性有助于培养电视受众富有个性特色的审美趣味，作为“主体的审美偏爱、审美标准、审美理想的总和，它像一个参照框架，对审美直觉感兴力所获得的种种效应进行测量与权衡”[②]。受众在长期的电视审美活动中将审美经验和审美惯性积淀形成了审美心理定势，这种定势所构成的电视审美期待，会不断促进电视审美主体的审美需求。

瑞士心理学家皮亚杰在认识发生论的层面提出了个体适应客体环境的两种主要机能：同化和顺应。“刺激输入的过滤或改变叫做同化；内部图式的改变，以适应现实叫做顺应。”[③] 显然，同化是个体顺势接纳外部刺激的一种常规状态，接受者心理图式或状态并没有发生质的变化，只是感受程度或规模的扩容与量变。而顺应则不同，当个体原有的心理图式或状态不能适应、涵盖新的外部刺激时，主体会适度地调整和改变自身，甚至创建新的图式，以便能理解、接纳、适应新的感知，显然，顺应引发的是个体心理图式的质变。皮亚杰以同化和顺应的机能平衡概括了人类接受信息的普遍规律：“主体在认识中每遇到

① [美] 威尔伯·施拉姆，威廉·波特：《传播学概论》，陈亮等译，254页，北京，新华出版社，1984。

② 叶朗主编：《现代美学体系》，266页，北京，北京大学出版社，1999。

③ [瑞] J. 皮亚杰等：《儿童心理学》，吴福元译，7页，北京，商务印书馆，1981。

新的客体，总是先试图用原有图式去同化该客体，如获成功，便获得暂时的机能平衡；如同化不了，便调整原有图式或创建新图式以顺应该客体，直至它能被纳入新图式之中，方始达到新的暂时平衡。”①

心理学的同化和顺应之间动态平衡，为接受美学提供了心理学的来源，期待视野正是由此而来。审美期待既是一种定势，具有稳定性，同时也是一种充满活力的结构，具有审美驱动力，吸引着主体去寻找和对应。喜爱的电视连续剧播出，主持人或者节目的来临，这种期待常常伴随着一种“不确定的紧张力”②，令人焦灼不安，面对着没完没了的广告，巴不得时间快些流逝，一旦节目的片头音乐响起，熟悉的主持人亮相问好，我们心中的紧张就像水库提闸放水，进入到一种缓缓流淌的状态。

作为一种审美经验的心理积淀，“审美经验似乎并不是在它自己的领域里‘有机地’发展的，而是靠介入现实的经验来不断扩大和保持自身的意义领域的”③，因此，期待视野的不断发展和完善构成了电视受众主体的心理驱动力。也就是说，期待视野并不是一个封闭的自足系统，而是开放的，一方面需要在电视审美内容的伴随中不断地接受、积淀；另一方面需要电视受众不断地从现实生活中获取经验，审美经验与现实经验的互动与生发，才会赋予电视受众期待视野的不断更新与发展。

三、电视审美方式：消遣性

审美方式，也称审美态度，是审美主体对审美对象进行审美观照的态度与心态。电视审美方式的特性，是在与传统审美方式进行比较的基础上得以明确和彰显的。这也就意味着，只有充分认识了传统审美方式的基本特征，我们才能深刻地认识电视审美方式这一现代审美方式的基本特性。

1. 中西方传统审美方式的差异

回溯传统审美方式，可以鲜明地看到中西方在审美方式上存在的显著差异。

第一，在审美方式的总体原则上，中西方虽然都以“无功利”作

① 朱立元：《接受美学导论》，199页，合肥，安徽教育出版社，2004。

② 滕守尧：《审美心理描述》，308页，成都，四川人民出版社，1998。

③ ［德］汉斯·罗伯特·姚斯：《审美经验与文学解释学》，顾建光等译，137页，上海，上海译文出版社，2006。

为审美追求，但是路径却各有不同：中国古典美学更突出审美主体的体验，追求物我两忘的境界："在审美过程中，中国要求主体虚心澄怀，去情去我以体会对象的神韵，西方主张通过放纵情欲而净化自己。"① 中国古典美学强调"虚静"的审美心胸：从老子的"涤除玄鉴"开始，到庄子的"心斋"、"坐忘"，宗炳的"澄怀味象"，再到刘勰的"陶钧文思，贵在虚静"、郭熙的"林泉之心"……一脉流传，"虚静"的审美态度贯穿了中国古典美学的整个脉络，成为主掌审美方式的内核。正是因为有了虚静的心怀、心胸、心境，才能"疏瀹五脏，澡雪精神"，接纳、品悟审美意象，以至"登山则情满于山，观海则意溢于海"，终而达到"澄怀观道"的审美理想。

相比之下，西方古典美学则强调审美主体对审美对象的超越性把握，净化与提升。从西方古典美学的始祖亚里士多德开始，"净化"论同样绵延数千年，在这条主脉上，以弗洛伊德的"力比多"宣泄论到达高峰，"他会把自己认同于那些角色，放纵他自己的被激发起来的情感，并为这种激情的宣泄而感到愉悦，就好像他经历了一次净化"②。不论是悲剧、喜剧，还是崇高、荒诞，情欲激发与情感宣泄凸显了审美主体通过审美净化自身的需求。

第二，在审美方式的基本类型方面，根据审美主体对审美对象的投入程度，基本上形成了两条路径。如同尼采对于音乐、戏剧、绘画、舞蹈等经典艺术形态的两种基本审美方式的界定：一种是酒神狄俄尼索斯式的审美方式，比如音乐、舞蹈，带来的是迷狂忘我、沉浸其中的审美体验；另一种是日神阿波罗式的审美方式，比如绘画、雕刻，产生的是冷静旁观、置身其外的审美体验。两种不同的审美体验对应了审美主体在审美活动中扮演的不同角色，这就是德国美学家佛莱因斐尔斯所区分的"分享者"和"旁观者"③。"一旦当他自愿或不自愿地采取旁观者的审美态度时，任何角色的严肃性就即刻化为游戏。"④ 本雅明感受到机械复制时代审美价值发生的重大变化，对应着经典艺术与复制艺术，他总结了艺术品的两种审美价值："一种侧重于艺术品

---

① 张法：《中西美学与文化精神》，288页，北京，北京大学出版社，1994。

② ［德］汉斯·罗伯特·姚斯：《审美经验与文学解释学》，顾建光等译，25页，上海，上海译文出版社，2006。

③ 朱光潜：《文艺心理学》，44页，上海，复旦大学出版社，2009。

④ ［德］汉斯·罗伯特·姚斯：《审美经验与文学解释学》，顾建光等译，5页，上海，上海译文出版社，2006。

的膜拜价值，另一种侧重于艺术品的展示价值。”① 由此对应着两种不同的审美方式：凝神专注式和消遣性接受式。凝神专注式接受侧重的是艺术作品的膜拜价值，消遣性接受式侧重的是艺术作品的展示价值。本雅明感叹展示价值所追求的“震惊效果”，感慨膜拜价值之“灵韵”的消逝，抒发了对于古典艺术的怅惘。在传播学研究中，有学者将受众的收视活动分为叙事收视与批判性收视②。从其指向来看，叙事收视对应的就是凝神专注式，批判性收视对应的是消遣性接受。

第三，在具体的观照方式上，“中国采取仰观俯察、远近往返的散点游目，西方运用的是选一最佳范围，典型地显示对象的焦点透视”③。所谓仰观俯察，源自《周易》所言的“仰则观象于天，俯则观法于地”、“近取诸身，远取诸物”。作为中国古典美学中审美观照的典型方式，仰观俯察、远近游目勾画了审美主体“游目”审美对象的基本方式。

如果以审美主体和审美对象的关系来看待上述比较与区分，可以归纳为两种基本方式：一种是投入式的审美方式，审美主体较深入地投入到艺术品构建的审美世界中，形成共鸣关系；另一种是非投入式的审美方式，审美主体对审美对象保持着距离，是间离式的审美方式。就传统而言，其重心仍然是立足于审美主体对审美对象的深度介入，更倾向于“聚精会神”式审美体验。“我们在欣赏一件艺术作品的时候，并不需要从生活中带进来任何东西。我们不需要把有关生活观念和事物的知识带入到艺术作品中，也不需要熟谙生活中的各种情感。艺术使我们走出活动着的世界，进入到一个审美的世界中，在某些片刻，我们与人的利益相隔绝，我们的愿望和记忆为艺术而凝滞，我们被拔升到生活的河流之上。”④ 所以，传统意义上独立的审美活动是对现实生活的一种隔绝和中断。

2. 电视审美方式的消遣性、非投入式特征

现在，我们将电视的审美方式与以上结论比照，会发现，电视审

---

①［德］瓦尔特·本雅明：《机械复制时代的艺术作品》，王才勇译，59～60页，杭州，浙江摄影出版社，1993。

②［美］隆·莱博：《思考电视》，葛忠明译，255页，北京，中华书局，2005。

③ 朱光潜：《文艺心理学》，44页，上海，复旦大学出版社，2009。

④［英］克莱夫·贝尔：《艺术》，薛华译，14页，南京，江苏教育出版社，2005。

美方式走向了传统的对立面，确立了一种以消遣接受为主的、非投入式的现代审美方式。

第一，在“凝神专注”的基础上，电视审美更多体现为“消遣接受”审美方式。

电视审美活动中，电视受众虽然可以作为分享者，聚精会神、凝神专注地移情到电视审美世界中，处于一种同悲同喜的共鸣与净化的审美体验状态，但是，这种状态却没有其他类似电影或戏剧那样连续持久，由于不断被外在事物介入，所以电视审美方式更多地采用“非投入式”。电视受众更多的时候是作为旁观者置身其外，消遣性地品评电视审美世界，处于一种冷静客观的审美间离状态。

但是，这并不意味着电视审美方式中完全摒绝了投入式审美方式，有意味的是，在电视审美活动中，凝神专注式的审美方式与消遣接受式的审美方式之间并没有明显的边界，电视受众无须事先的铺垫和准备，可以自由转换。虽然电视受众在不断地进入一个个“美的场景、美的瞬间”，但是如果不是格外注意，我们可能并不会时刻意识到自己处于何种审美状态，没有边界，自由转换。电视审美，恰恰就在这两种审美方式之间游移，时而停留于凝神专注，时而停留于消遣接受，有时两种接收方式兼而有之。而且，彼此之间的边界存在着游移和相互转化，电视受众在电视节目和频道之间漫游，时而进入，时而游出，“进行消遣的大众则超然于艺术品而沉浸在自我中，他们对艺术品一会儿随便冲击，一会儿洪流般地蜂拥而上”①。在这种电视漫游过程中，电视受众都在不断地选择性进入，选择性退出。选择性进入时，“人们可以更为关注参与叙事传统的某种具体细节，他们可能对情节、行动的场景或剧中人物感兴趣”②。受众的投入状态可能很深入，以至于深陷其中，不能自拔；“甚至在极端的情况下，人们会如此的投入到故事、行动或角色中去，以至于节目的刻画对他们来说似乎是真的，让他们感觉到它们就在那儿，就在他们的周围，构成正在发生着的事物的一部分”③。而一旦被周围的现实世界所扰乱，或故事告一段落，受

① [德] 瓦尔特·本雅明：《机械复制时代的艺术作品》，王才勇译，40页，杭州，浙江摄影出版社，1993。

② [美] 隆·莱博：《思考电视》，葛忠明译，128页，北京，中华书局，2005。

③ [美] 隆·莱博：《思考电视》，葛忠明译，129页，北京，中华书局，2005。

众立刻就会在选择性退出时，恢复到漫不经心的浏览状态，冷眼旁观。

第二，在“焦点透视”的同时，电视审美更倾向于“游目移视”的审美方式。

在电视语言本体层面，摄影机的影像生成功能从一种技术功能上升为焦点透视的审美方式，确立了“以观者为中心”的权威地位；但是，真正展示电视语言魅力的，并不是焦点透视的技术本能，而是在于蒙太奇镜头组接语汇序所组接出的“游目移视”。可以说，在影视出现以前，没有任何一种媒介与艺术的审美方式，可以如此有机地将中国古典审美方式“仰观俯察、远近游目”的多视点立体透视与西方焦点透视的古典艺术法则结合起来，创造了一种现代审美方式。郭熙曾提出过著名的观山“三远”说——高远、平远、深远，这种“山形步步移”、“山形面面看”① 的移步换景审美方式恰恰就是电视审美方式的准确表述。

“审美活动有两种基本存在形式，一是非独立的形式，它渗透在人类的其他实践活动之中……二是独立的形式。”② 与传统审美活动，包括电影、戏剧的投入式审美方式不同，电视审美活动是一种非投入式、开放式的现代审美活动，电视审美方式是独立与非独立的统一体，投入式与非投入式的结合，凝神专注与消遣接受的有机构成，形成了“不是欣赏的欣赏，不是审美的审美，不是艺术享受的艺术享受”③的独特魅力。

四、电视审美体验：日常化

审美环境的家庭性，审美方式的闲暇性，审美内容的伴随性，都是从外部界定了电视审美活动的特性；如果从审美体验的本质来看，“体验本身的本质不仅意味着体验是意识，而且是对什么的意识，并在某种确定的或不确定的意义上是意识”④。应该说，所有的审美体验都是一种对特定对象的意向性把握。电视审美体验与戏剧、电影等其他艺术形态最大的不同在于，它是一种日常化的体验。

---

① 叶朗：《中国美学史大纲》，281 页，上海，上海人民出版社，1985。

② 胡经之：《文艺美学》，34 页，北京，北京大学出版社，1989。

③ 高鑫：《电视艺术美学》，369 页，北京，文化艺术出版社，2004。

④［德］胡塞尔：《纯粹现象学通论》，李幼蒸译，51 页，北京，中国人民大学出版社，2004。

1. 生活真实感：电视审美体验

我们不妨先来对比一下受众在观看戏剧和电影时的审美体验是一种什么状态。

观看戏剧时，“观众似乎处于一种强烈的紧张状态中，所有的肌肉都绷得紧紧的，虽极度疲倦，亦毫不松弛。他们互相之间几乎毫无交往，像一群睡眠的人相聚在一起，而且是些心神不安地做梦的人，像民间对做噩梦的人说的那样”①。

观看电影时，走进影院的观众对于电影的收视体验已有期待和约定，“观众觉得自己完全处于孤独之中，而这种感觉恰恰是观赏电影特有的愉悦之一……观众的状况近似于独自沉思默想，他仿佛在观看什么人的梦境……他希望自己旁若无人，单独与电影默默交流，暂时变成聋哑人”②。

可以看出，无论是戏剧，还是电影，它们的审美体验都体现出一种非日常化，一种白日梦的状态。这是因为戏剧、电影的生产与创作遵循的“戏剧化”原则，主要通过假定性、夸张性拉开与生活的距离，借助舞台世界和银幕世界，构造一个疏离日常生活的审美世界。所以传统艺术的审美体验主要是强调与生活的隔绝与疏离：“审美体验不仅是一种与其他体验相并列的体验，而且代表了一般体验的本质类型。正如作为这种体验的艺术作品是一个自为的世界一样，作为体验的审美经历物也抛开了一切与现实的联系。”③ 保持审美距离，正是传统艺术的艺术真理与法则。在观影时相对中断的时间之流中，呈现在眼前的尽管可能像极了生活，非常逼真，比如很多纪实风格的影片，观众心中依然很清楚，这只是故事，只是梦幻。

那么，看电视时呢？在家庭熟悉舒适的环境中，可以一边做着其他事情，一边时不时地浏览着不同频道的节目，按照自己的收视习惯随意收看，似乎不那么专注；但是，由于电视具有的这种高度逼真的传播优势，与现实时空同步伴随的虚拟同构，以至于受众会产生一种错觉，常常将电视的媒介现实等同于现实本身。“通过即时传真的现场

---

①［德］贝·布莱希特：《布莱希特论戏剧》，丁扬忠等译，15 页，北京，中国戏剧出版社，1990。

②［俄］埃亨鲍姆：《电影修辞问题》，载于李恒基等主编：《外国电影理论文选》（修订本）上卷，105 页，北京，生活·读书·新知三联书店，2006。

③［德］汉斯-格奥尔塔·伽达默尔：《真理与方法》，洪汉鼎译，101 页，北京，商务印书馆，2007。

感，电视艺术营造了一种同以往艺术门类很不相同的‘现实生活的幻象’。”①

布洛克在《美学新解》中所表达的对于真实的理解：“世界并不存在我们感知的所谓未加变化和解释的真实，我们感知到的真实永远（必然是）要经历主体的解释和变换，用艺术的专门术语来说，我们看不到真实本身，我们真实看到的是某个人提供给我们的某种关于真实的解释。”② 电视的“高度逼真性”，虽然只是向生活原生态真实行进过程中的一种“阶段性真实”，一种关于真实的解释，但是已经达到了前所未有的尺度。如果说其他艺术体验是通过创造出不同于生活的艺术感受，一个与日常生活保有距离感的艺术世界、审美世界的话，那么电视审美体验构建的是一种原汁原味的“生活真实感”。

其实，这种生活真实感也是一种假定。所谓假定性，“一般是指通过艺术媒介对客观环境的非原样的表现”③。实际上，所有的艺术与媒介都是以其特有的手段和方式去假定现实。但是电视的假定性却有着复杂的构成，既有艺术假定，也有非艺术假定。艺术假定通过表现性手段，主观创造与虚构，引起受众的想象性，通过艺术真实间接地达到生活真实感；非艺术假定：逼真性再现，客观原生态、非虚构，直接的生活真实形成生活真实感。“如果戏剧、电影等媒介中的‘艺术假定’，是为了通过‘艺术的真实’来唤起观众对于生活真实的‘幻觉’，那么，电视的‘假定’则有唤起观众对于生活真实‘幻觉’的一面，又有直接产生‘生活真实感’的一面。”④ 正是艺术假定与非艺术假定的混合存在，所以电视的收视体验具有真幻合一的独特性，“通过电视的‘艺术假定’或‘非艺术假定’，所带来的电视观众对直接的‘生活真实感’的追求，是电视美和审美的独有的特征”⑤。

其实，电视受众对“生活真实感”的追求和对“日常化”认同中，表征着电视受众对于切实把握世界、确认自身生存的现实心理需

---

① 苗棣：《解读电视——苗棣自选集》，16页，北京，北京广播学院出版社，2004。

② 转引自章柏青、张卫：《电影观众学》，201页，北京，中国电影出版社，1994。

③ 彭吉象：《影视美学》，261页，北京，北京大学出版社，2002。

④ 胡智锋：《电视美学大纲》，16页，北京，北京广播学院出版社，2003。

⑤ 转引自章柏青、张卫：《电影观众学》，201页，北京，中国电影出版社，1994。

求，“他们在不断寻找那些在某些方面能与他们的世界中的日常生活体验相通的节目；这个世界指的是他们与别的家庭、朋友、同事所共有的一个世界”①。对应着这种需求，电视生产的重心自然就不会满足于制造梦幻，而是关注当下，关注现实，“它注重每天发生了什么，亦即那些惯常、重复和习以为常的经验、信仰和实践……它强调现在，沉浸于当下的体验与行动的即刻性当中……它强调制度领域之外或其空当之中，自发的共同行为包含着一种非个体性的同在一起的体验感；这强调的是一种共同的愉悦感，在嬉笑游戏的社会交往中与别人同在一起”②。

2. 日常生活审美化语境下的“日常化”

随着景观社会，消费文化时代的到来，视觉文化、图像传播日益成为人类传播的语言，成为认识世界、社会的最主要方式。在今天，电视成为审美活动日常化的典型表征，一方面，构成了当今审美文化的主导形态，给普遍意义上的大众以审美体验的感知，感性化的生活；另一方面，电视审美，对受众的审美意识、审美思维、审美能力构成了深刻的影响。

在这种语境下，电视审美体验的日常化，呈现出了两个主要特点：

（1）审美体验的碎片化。不同于其他艺术审美，强调通过阻滞获得审美愉悦，电视审美感知具有直觉性，比较快速，因为观众的随意性收看，它更强调瞬间收视的视听审美快感——从而获得即刻的审美愉悦。因而，电视审美体验常常是碎片式的、拼贴感强烈的现代审美体验。

（2）审美体验的类型化。电视生产采取的是一种高度类型化形式，不同栏目之间依靠类型加以区分；同时，以栏目的方式对节目主题、形式设计、版式风格，包括主持人的语言风格和讲述方式等予以固定，并在固定时段、固定时长连续播出，从而形成了高度“电子复制”式的类型化审美体验。在收视经验的不断积累下，受众对于不同审美体验类型的编码方式形成了默契和约定。调动不同的审美能力：比如科学探索类节目，主要是传播未知神秘的陌生化体验。类型化使得受众可以自动分类，面对电视剧、综艺节目、新闻、纪录片等不同类型，

① ［美］隆·莱博：《思考电视》，葛忠明译，207页，北京，中华书局，2005。

② ［英］迈克·费瑟斯通：《消解文化——全球化、后现代主义与认同》，杨渝东译，77页，北京，北京大学出版社，2009。

受众或停留于视听的愉悦，或停留于故事与情节的讲述，或感受思想的震荡。

至此，我们可以对电视审美活动及其特性做出一个相对完整的界定：电视审美活动是电视受众对电视内容进行审美观照的心理体验，它具有审美环境的家庭性、审美内容的伴随性、审美方式的闲暇性、审美体验的日常化等基本特性。

也许，与经典艺术所对应的传统审美活动相比，电视审美活动似乎不具有“纯粹性”，或者“经典性”。但是，我们认为，电视审美活动，其审美主体是最广泛与大众化的，审美形态是最丰富多元的，审美方式是集传统与现代于一体的，审美体验是最贴近日常的现代审美活动。

第二章

审美视阈中电视受众的特质

受众在影视审美活动中扮演着十分重要的角色，在影视作品审美价值实现过程中起到了非常关键的作用。整体上看，受众在影视审美活动中呈现出趋同性和差异性两种基本特质。但由于电影和电视在内容、接受环境、参与方式等方面有很大的差异，因此，电视受众与电影受众相比较，在审美活动中又更加富于理性和个性。

第一节　受众在影视审美活动中的作用

相对于文学、戏剧、绘画和摄影等传统的艺术样式，影视是一门新的艺术样态。影视的审美特性既具有一切艺术所表现出的普遍性，也有属于自己的特殊性。按照接受美学的观点，影视作品在创作完成之后还只是一种静态的“第一文本”，要最终实现作品的审美价值，还必须依靠受众的参与；由此可见，受众在影视作品审美价值实现过程中的作用很重要。那么，受众在影视审美活动中是如何发挥作用的，又将呈现出何种特质呢？

一、影视作品的审美价值

影视作品不仅能够以识育人，提高人们的认知能力；还能以理服人，给人以智慧上的启迪；而且还能够以情动人，给人以美的享受。这种从情绪情感上打动受众、感染受众，给受众带来美的享受的功能就是影视作品的审美价值。之所以说影视作品具有审美价值是因为以下几个原因。

第一，影视作品渗透着人类共同的情感。“没有无缘无故的爱，也没有无缘无故的恨”，影视创作同其他艺术创作一样，创作者灵感的迸发绝对不是毫无缘由的，一定是社会生活中某件事或某个人激起了他的创作欲望和创作冲动；其次，一旦创作人员，包括策划、导演、编剧、演员、摄像等投入到具体的影视创作当中，他们在社会生活当中的个人情感也一定会自觉不自觉地投射到作品当中，包括他们的喜怒哀乐的情绪、情感认知态度以及情感价值判断标准等。这些情感集中表现在作品的艺术形象身上，可能是某个人物角色，也可能是某个物件，还有可能是某件事。“一件艺术品就是一件表现性的形式，这种创造出来的形式是供我们的感官去知觉或供我们去想象的，而它所表现的东西就是人类的情感。当然这里的情感是指广义上的情感。亦即任何可以被感受到的东西——从一般的肌肉觉、疼痛觉、舒适觉、躁动觉和平静觉到那些最复杂的情绪和思想紧张程度，还包括人类意识中的那些稳定的情调。”① 因此，一旦受众对影视作品进行“感知”、“想象”，就可能会被创作者投入到作品中的“人类情感”所感染，发生情绪反应，可能欢呼雀跃、手舞足蹈，激动不已、快乐忘怀，也可能泪流满面、捶胸顿足、悲伤不已、痛苦万分。

影视作品中既有对国家情、民族情等“公共情感”的抒发，也有对亲情、爱情、友情等“私人情感”的描述。总之，以情动人，用情感人，充分挖掘情感的力量是影视艺术创作的重要手段之一。

近几年，中国电视大片创作进入了一个繁荣的时期，如《故宫》《再说长江》《大国崛起》《迁徙的人》等。这些纪录片之所以称之为“大片”，原因之一就是这些片子总是蕴涵着深厚的、历史的“公共情感”。以《再说长江》为例，该片在情感的把握上十分成功。比如三峡移民那集，创作者很巧妙地把移民者发自内心的情感，对故乡，对家园，对家族，以及对一种地域文化的留恋，和延伸出来的对国家、对民族的一种情感交织在一起，把三峡移民那种错综复杂的情感状态和内心的矛盾充分表现出来，展现出了他们舍家为国、大义凛然的气魄和气度。

2008 年的中国电视荧屏上，一批以纪念改革开放三十年为主题的各类电视节目隆重推出，形成了一道浓墨重彩的亮丽风景。在众多此

① ［美］苏珊·朗格：《艺术问题》，滕守尧译，18 页，南京，南京出版社，2006。

类节目中，由中央电视台《半边天》栏目策划推出的20集系列片《繁花——打工妹三十年实录》，以其细腻、质朴而又颇具力度的笔触，描摹了三十年来一个庞大而又时常被人忽略的重要群体——打工妹鲜为人知的生活与心路历程，成为改革开放三十年纪念宣传热潮中一道别致独特的风景。该片选择了三十年来发生在打工妹这一群体最为典型、最具说服力、感染力和影响力的人物、故事、事件，从改革开放初期第一个外资企业招聘的第一批打工妹到近年来最新一批打工妹；从这一群体最集中的深圳到北方的若干大中城市；从脚踏实地的一线工人到浪漫多情的民工诗人、画家；从她们的日常生活到她们丰富多彩的业余生活；从她们的磨难到她们的维权；从恋爱、婚姻到她们的社会网络，跨度之大，人物类型之多，涉及领域之广，都是以往电视荧屏上少有的。此片无论是从创意还是构思都紧紧围绕一个“人”字，尤其注重表现她们的情感变化，相当深入地触及了这一群体拼搏奋斗、悲欢离合的个人情感心路历程，表达了主创者对打工妹生存状态及命运变迁的深切关注与同情。

第二，影视作品的形式本身具有审美价值。形式就是对内容内在结构的把握，是由一定的语言材料和艺术手段（类型、题材、结构、表现形式）呈现出的外在形态。关于形式与内容之间的关系问题，一直就存在两种不同观念和理论：一种是重内容轻形式；一种是轻形式重内容，即形式主义。我们认为，“内容和完全适合内容的形式达到独立完整的统一，因而形成一种自由的整体，这就是艺术的中心”①。即形式是内容的形式，内容是形式的内容，形式与内容不是简单的对立关系，也非简单的厚此薄彼、孰轻孰重的问题，而应该有机完整地统一在艺术作品之中。但这丝毫不能说形式的作用不重要，形式对内容有巨大的能动作用，表现在三个方面：一是恰当的形式有利于内容得到充分的表现；二是完美的形式能够使内容得到深化或升华；三是形式本身具有独立的审美价值。关于艺术形式，克莱夫·贝尔曾经提出艺术作品的基本性质就是“有意味的形式”。这里有两层含义：一是艺术作品各个部分、各个要素以一种独有的方式组合起来决定了作品的呈现形态；二是这种形态能够召唤起人们的“意味”，即审美情感。“形式”之所以有“意味”，是因为它们蓄积着社会历史内容和人类的审美情感。②

---

① ［德］黑格尔：《美学》第2卷，157页，北京，商务印书馆，1979。

② 童庆炳：《文学理论教程》，154、155页，北京，高等教育出版社，1998。

长期以来，影视创作者一直都在孜孜不倦地追求更加丰富新颖的艺术形式，其原因主要有以下两个方面：一方面这是创作本身的需要，因为丰富形式的表现手段，开拓形式的表现空间，是影视艺术本身发展的内在动力；另一方面这又是为了不断满足受众的审美需求，因为观众在影视作品的欣赏上总是永不满足，渴望新奇，渴望创新。下面简单举例说明近些年影视作品在形式探索上的一些成果。

首先在语言形式上，从人类早期的结绳记事等符号语言到延续至今的文字语言；从静态的摄影语言到动态的影视语言，从单一的视觉语言、听觉语言到声画结合的视听综合语言，影视语言实现了人类语言功能的综合化，也使得人类语言表现力获得最大化，更加直观、更加通俗，更加易于接受、乐于接受。近些年来，在中国的影视创作上，无论是电影还是电视纪录片，都在走“大片”之路，前者像《英雄》《无极》《满城尽带黄金甲》《赤壁》等影片，后者像《再说长江》《大国崛起》《故宫》《复兴之路》等，它们不惜重金使用大场面、大调度、航拍、特技、特效、快节奏，就是为受众制造一个个感觉奇观、一场场视听盛宴。

其次在叙事上，传统的以按时间先后顺序叙事的手法被一些导演弃用，取而代之的是一些全新的叙事手法。如被誉为“鬼才导演”的昆汀塔伦蒂诺，在他的影片中，采用的是一种循环中嵌套倒叙、多线并进的精巧结构。其代表作《低俗小说》就是运用这种结构把“文森特和马沙的妻子”、“金表”、“邦妮的处境”三个故事以及影片首尾的序幕和尾声五个彼此独立而又紧密相连的部分，巧妙地结合在一起，讲得趣味十足，引人入胜。

第三，影视作品为受众提供审美栖息的场所。影视作品的艺术价值最根本之处还在于它为受众提供了一个审美栖息的处所，因为影视作品刻画的世界既源于现实又远离现实。受众进入审美体验状态之后，就到了一个无功利的审美世界。之所以说是“无功利”，是因为受众与现实以及影视作品保持了适当的“距离”。与现实保持距离，就是指受众不自觉地从现实世界“逃脱”，日常生活中的功利之事完全被抛在脑后；与影视作品保持距离，就是指受众是以一种审美体验者的角色与影视作品中的人物相识相知，而不是“当事人”。正如朱光潜所说：“戏剧也曾使我迷恋，剧中全是表现我的痛苦的形象和激起我的欲望之火的形象。没有谁愿意遭受苦难，但为什么人们又喜欢观看悲惨的场面呢？他们喜欢作为观众对这种场面感到悲悯，而且正是这种悲悯构成他们的快感。这不是可悲的疯狂又是什么？因为一个人愈是受到悲惨情节的感染，就愈难摆脱这类情节的控制。”①

影视作品所提供的审美栖息场所是远离现实而进入到一种诗情幻化的哲学境界，并在其中领悟到人生的真谛和宇宙的奥妙，从而得到自我的超越和人格的提升。受众与现实以及作品保持距离，不代表就进入了审美栖息场所，要到达这片“世外桃源”还需要经过一个复杂的心理过程：首先是受众与创作者、影视作品中的人物之间，产生思想与情感上的共鸣；其次是受众在读解影视作品形式基础上，进入到一个自由广阔的想象空间，使情感得以净化；最后才是受众通过对作品的感悟和理解，要么对现实世界暂时忘怀，从而获得一种精神上和心灵上的愉悦和解放感，进入到超脱于现实社会生活的自由世界；要么意识到现实社会生活与艺术世界社会生活的巨大差距而感到翻然醒悟、豁然开朗，从而得到一种振聋发聩、耳目一新的审美快感。

综上，影视作品具有审美价值，这种审美价值不仅体现在作品对人类共同情感的表达上，也体现在影视作品的形式本身和内容上。但一部影视作品完成之后，还不意味着它的审美价值就能实现，作为一个静态的“文本”，它只是拥有了具备审美价值的“潜质”，但要最终实现它，还必须由受众参与才能完成。这就是受众在影视审美活动中的作用。

二、受众在影视审美活动中的作用

依据马克思关于社会化大生产的一般原理，广义的生产包括狭义的生产、流通、分配和消费四个环节。与此相适应，广义的影视艺术生产基本上可以用创作、传播和接受三个环节来概括。

“生产直接是消费，消费直接是生产，每一方直接是对方。可是同时在两者之间存在着一种媒介运动。生产媒介着消费，他创造出消费的材料，没有生产，消费就没有对象。但是消费也媒介着生产，因为正是消费替产品创造了主体，产品对这个主体才是产品，产品在消费中才得到最后完成。”② 影视艺术生产与影视艺术接受一样存在着这种辩证互动的关系：影视艺术生产决定了影视艺术接受的对象、影响着影视艺术接受的方式和需求；影视艺术接受又反作用于影视艺术创作。

① 参见朱光潜：《悲剧心理学》，第264页，合肥，安徽教育出版社，1996。

② 马克思：《〈政治经济学批判〉导言》，见《马克思恩格斯选集》第2卷，93~94页，北京，人民出版社，1975；转引自：童庆炳：《文学理论教程》，273页，北京，高等教育出版社，1998。

而受众就是影视艺术接受活动的主体，他们正是通过这种反作用来影响作品审美价值的实现的。

第一，受众接受标志着影视艺术生产的完成。完整意义上的影视艺术生产并非以创作者创作完成一部作品作为结束。一部影视作品无论其在语言形式上多么优美，结构上多么新颖，内容上多么丰富，主题上多么深刻，没有在影院放映或者电视台播出，没有受众接受之前，它的审美价值也就无从谈起。

艺术作品的审美价值只有在受众的审美接受活动之中才有可能显现，影视作品更不例外，而且相对于其他艺术作品来讲，影视作品似乎更需要受众的参与，因为影视作品的参与性更强，这一点我们在后面会详细阐释。当影视作品成为审美对象，受众成为审美主体，完整的审美关系建立，审美活动才可能发生，影视作品的审美价值正是在审美活动的过程中实现的。受众在影视审美活动中扮演着至关重要的角色，发挥着重要的作用，他不是被动的接受者，而是具有审美接受能力、审美创造能力和审美评价能力的“审美者”。①

因此，影视作品在创作的时候就考虑到发行这个重要的环节。以中国的电视剧生产为例，中国电视剧是制播分离做得最成功的节目类型之一。随着近些年电视剧市场的放开，民营资本、海外资本进入到了电视剧市场，电视剧的年产量也是节节升高，但是播出平台的增加却十分有限，因此出现了供大于求的矛盾。“目前中国每年生产电视剧大约在12000部集左右，实际上电视台需要的也就六七千集。”② 这就意味着一些电视剧拍摄完之后就进入了库房，除了制作方知道有这部片子之外，电视观众根本就没有欣赏接受这部片子的机会，那么片子的审美价值也就无法得以实现。

第二，受众需求制约着影视艺术生产。影视受众的实际需求决定了影视艺术生产的规模，即决定了影视艺术生产多少的问题。这是影视艺术创作的基本规律，也是影视产业发展的基本规律。这点在中国影视产业逐步市场化的过程当中体现得十分明显。以电视节目为例，随着电视传媒市场化程度不断加深，电视市场竞争的加剧，电视制作者、创作者以及播出方的受众意识越来越强，因此过去那种“我播你看”的高高在上的“单行主义”思维已经悄然改变。相反的是，电视

① 童庆炳：《文学理论教程》，284页，北京，高等教育出版社，1998。

② 国家广播电影电视总局发展研究中心：《2007年中国广播电影电视发展报告》，82页，北京，新华出版社，2007。

的内容与市场、与观众的收视日益紧密地结合在一起，受众的需求越来越被重视，受众需求就成为节目生产制作的核心指标。频道专业化就是在这种背景下出现的，所谓专业化频道就是以特定专业性的内容、面对特定服务对象所组合成的频道。由此可见，专业化频道就是受众需求专业化、分众化的产物。如果频道建设、节目内容生产还无视电视受众的实际需求，追求大而全、小而全，全面撒网的话，其结果必将会丧失一批电视受众。

每一个专业化频道都有它非常鲜明的风格和它主打的内容，形成统一性、个性和独特性。① 如女性频道、生活频道、法制频道、旅游频道、读书频道，等等。近几年来，中央电视台、各省、区、市等电视台纷纷向频道专业化方向发展。在不断的调整中，各个频道更加突出专业化特色，使节目编排得更加合理、有序，更利于不同群体观众收视。如中央电视台科教频道以"教育品格、科学品质、文化品位"为宗旨，以开掘人的知识、智慧、能力为己任，以传播先进的文化和实现社会的文明进步为目标的文化品格，和追求真、善、美的审美品格，在众多频道中脱颖而出，体现很强的号召力；② 省级台在频道专业化的步伐上走得也很快，一方面开办贴近百姓生活的都市频道、生活频道、娱乐频道、音乐频道、外语频道等专业化频道，同时省级卫视还根据自己的资源优势进行特色定位，如湖南卫视定位于大众娱乐、重庆卫视定位于故事、江苏卫视定位于情感、安徽卫视定位于电视剧等；省级地面频道中被誉为"地面频道四小龙"的浙江教育科技频道、江苏城市频道、湖南经视台、山东齐鲁台本身也是专业化探索的成功案例。③ 随着数字化进程的加快，电视频道的专业化程度将更加细化，例如动作电影频道、钓鱼频道、高尔夫频道、老故事频道，等等。

如果脱离了受众的需求，影视艺术生产将失去目的和意义。受众还在一定程度上左右着影视艺术扩大再生产的能力，如果没有受众的接受，影视艺术生产将无法回收成本，影视艺术的扩大再生产将不可能实现；而如果受众需求旺盛的话，相关的影视资源，如资金、人才等将会因势而动，合理调配到这些需求旺盛的节目类型、题材和内容

---

① 彭吉象、杨乘虎：《中国电视频道化生存的理论构想及其营销策略——访北京大学艺术学院副院长彭吉象教授》，《现代传播》，2006（3）。

② 胡智锋、赵帆：《创建科教频道的意义和价值》，《电视研究》，2001（7）。

③ 赵德全、李岭涛、罗霆：《地面突围：中国电视省级地面频道四小龙》，序言第1页，北京，中国广播电视出版社，2007。

上，从而决定了影视艺术生产的方向。

影视艺术的接受活动是影视受众的一种主观的、积极的、能动的、创造性的审美活动。受众通过影视艺术接受这一重要的环节，制约着影视艺术生产的实现、方式、规模、目的和动力，从而影响了创作者以及影视作品的审美取向、审美判断和审美标准等，最终影响影视作品的审美价值的实现。那么，受众在影视作品的审美活动中又将呈现出何种特质呢？

第二节　受众在影视审美活动中的一般特质

受众在影视审美活动中的特质指的是受众作为审美主体，在审美接受活动中表现出的对审美对象的审美心理状态的总和。它包括两个方面：一是作为个体的受众对审美对象的心理接受状态；二是作为群体的受众在共同面对同一审美对象时彼此间的心理接受状态。这两种心理接受状态一般都可以概括为趋同性和差异性两个方面。所谓趋同性，一方面指的是受众对影视作品的审美认同，即受众接受影视作品审美价值，也可以说是受众对创作者的审美认同；另一方面指的是不同受众对同一影视作品有相同的审美评价。所谓差异性指的是受众对影视作品不能产生审美认同，即受众对影视作品的审美价值不认可；另一方面指的是不同受众对相同的影视作品持不同的审美评价。但是受众审美心理的趋同性和差异性都是相对的、暂时的，没有绝对的、一成不变的趋同，也没有绝对的、永远的差异，受众在审美接受活动中总是在趋同中寻找差异，差异中又不自觉地走向趋同。

一、影视受众审美趋同的原因

为何影视作品的美能够被受众接受？受众与影视创作者，以及不同的受众之间能够产生共鸣呢？首先应该从美是什么这个原命题说起。美的本质应该具有普遍性、稳定性和常态性，它不会简单地因为一时一地一人的不同而产生很大的变化，创作者认为是美的，受众也可能会认为是美的；其次从价值层面说，影视作品归根结底都有自己的主题思想，这其中包括了审美价值，而审美价值是人类的普世性价值，受众一般都会接受，因此审美趋同也就不足为奇；再从审美的过程考察，审美过程是一个复杂的心理情感过程，而人类的情感结构又具有相似性；与一切艺术活动一样，影视审美活动也具有其不可超越的民族性、时代性和地域性，因为任何创作者、受众都是特定时代的产物，他们的创作活动以及审美接受活动同样逃避不了这种客观“限制”。

第一，美具有普遍性、稳定性和常态性。关于美的定义，古今中外的理论家运用不同的理论，并从不同的视角进行探索、阐释和论证，形成了众多的派别。但概括起来不外乎客观说、主观说和主客统一说。客观说又可以分为两派，一派认为美是对象形式规律或自然属性，如古希腊就讲美的各种比例、对称、和谐和数学规律；还有一派认为美在于对象体现某种理式、理念和精神等。主观说也有很多流派，但都不外乎认为美在于对象表现人的情感、意志、意识和意愿等。所谓的主客统一说又可以划在这两大派别之内。① 总之，关于什么是美，美的本质是什么，截至目前还没有最终统一的标准。这是一个终极命题，关于这个问题的探讨还将持续下去。

尽管如此，但对于美的认识和理解也不是没有认同可言，否则我们无法解释为什么一件艺术珍品、一部影视作品、一支乐曲舞蹈可以在世界范围内流传多年，能够得到不同民族、不同文化、不同政治理念、不同宗教信仰的受众的欢迎、欣赏和一致好评。一些经典影片如《人鬼情未了》《乱世佳人》《魂断蓝桥》《罗马假日》《坦泰尼克号》《廊桥遗梦》《卡萨布兰卡》《西雅图夜未眠》《阿甘正传》不仅深受西方人喜爱，同样流行于世界其他国家；不仅征服了当时的电影受众，也感动了当代电影受众；不仅有大量的年轻粉丝，还有大量的中老年影迷。由此可见，美的艺术作品是超越时间、空间和文化的，具有普遍性和永恒性。

第二，审美价值是一种普世性价值。影视艺术作品都有自己明显的价值倾向，无论是电影还是电视剧，无论是现实题材还是历史题材，无论是哪个国家的影视作品，它们要表现的主题可能不同，但归根结底都离不开人类世世代代普遍关心的话题，例如爱情、婚姻、战争、和平等；而不论种族、肤色不同还是地域各异所公认的那些艺术作品，其宣扬的总不外乎是人类千百年来被奉为金科玉律的永恒主题，例如褒奖真善美、鞭笞假恶丑，赞美自由、鞭笞独裁，歌颂和平、反对战争。

第三，人的情感结构具有同一性。人的情感结构指的是情感发生的机理和模式，这种结构尽管看不见摸不着但有它的共性特征，因为它是一定历史积淀起来的产物。具有相同的情感结构在情感的发生时

① 李泽厚：《美学三书》，429 页，天津，天津社会科学出版社，2003。

才可能达到情感共识。人类的情感共识指的是人类在对事物评价中，尤其是情感评价中存在着相当的一致性，这种一致性继而成为人类思维中共有的潜在意识。也就是说，当某种相似情感和相同经验无数次在人们的心理上重复后，便会沉淀在人们心灵深处的潜意识层面里，这种潜意识被荣格称为“集体潜意识”。荣格提出审美经验和艺术创造取决于人类的集体潜意识，即美感来源于艺术幻想。而幻想源于人类集体潜意识中的神话原型和意向，源于人类心灵深处的某些陌生的东西，它们像是来自人类史前时代的原始经验，通过遗传存在于个人的潜意识最深层。一旦审美对象的某些特征符合审美主体深藏的集体潜意识的原始经验和意象时，受众就可能获得强大持久的美感。“每一种原始意象都是关于人类精神和人类命运的一块碎石，都包含着我们祖先的历史中重复了无数次的悲哀的残余，并且总的说来始终遵循着同样的路线生成。它就像心理深层中一道道深深开凿过的河床，生命之流在这条河床中突然奔腾成一条大江，而不是像从前那样，在漫无边际而肤浅的溪流中向前流淌。”①

第四，审美具有鲜明的民族性。“人是社会关系的总和”，作为每一个个人都有属于自己的集体、组织，而民族就是一个最稳定、最集中，特色最鲜明的集体或组织。每一个民族都有着共同的地域、自然环境、社会环境、生活方式和风土人情，有着统一的语言、文化和大体相同的心理状态、思维习惯。这些因素综合起来构成了受众审美接受心理的鲜明的民族性或者叫民族风格。中华民族在审美心理方面具有某些区别于西方国家的共同的特质。中国传统审美文化中所提倡的文以载道、天人合一、刚柔相济、美善统一、情理统一、重义轻利等，长期以来深深扎根于每一个炎黄子孙的心灵深处，构成了我们审美接受心理的独特个性。

首先反映在民族语言上。由汉字组成的语言系统有别于其他语系，有其高度的概括力和表现力，在结构上追求韵律、对称的形式美。这种语言习惯还影响和决定着受众的思维习惯和心理习惯，进而是审美倾向和审美习惯。

其次是在民族文化上。中华民族历史悠久、源远流长，这不是一句空话，五千多年的历史文化确实为我们的影视创作提供了取之不尽、用之不竭的素材资源，例如流传甚广的神话传说、世代传唱的英雄传

① [瑞] 荣格：《心理学与文学》，第 121 页，见《荣格文集》第 15 卷，北京，生活·读书·新知三联书店，1989。

奇、数不胜数的历史人物。无论是《功夫熊猫》还是《花木兰》在中国都收获了骄人的票房，其成功原因之一就是影片透着浓浓的中国文化气息，以《功夫熊猫》为例，它在短短三天内就取得3800万票房。影片除了熊猫和功夫是两大最具中国特色的文化元素之外，像阿宝（熊猫）家的传统手推车与面馆，和平村的四人轿、鞭炮、针灸与传统庙会，人物角色的服饰、汉字、毛笔字、筷子以及村民们的生活习惯也很符合中国古代特点。在建筑风格方面，飞檐斗拱、红墙绿瓦，而寺庙中更是装点了许多山水画、瓷器，室内的墙壁、柱子、桌椅绘制都颇具中国特色，这些都给中国观众带来了强烈的文化认同感和吸引力。

还有就是在民族精神上。好莱坞电影或明或暗都在宣扬美国人的精神——英雄主义，大至整个宇宙星球，小至一个国家、地区，美国人始终都在扮演着拯救者的角色。像灾难片、战争片、反恐片绝大多数都在讲述同样的主题，那就是美国人的拯救神话。以上提到的文以载道、情理统一、天人合一、美善统一、刚柔相济、重义轻利等，是中华民族的文化观、艺术观、自然观、伦理观、行为观、处世观的表现。

进入现代社会，随着工业化、信息化的开展和深入，人类社会的交流更加频繁，相互之间的影响也越来越多，世界的距离越来越小，地球也越来越成为“地球村”（麦克卢汉语），信息传播的手段更加先进、快捷，效率更高。全球化最大限度地打破了流行的区域限制，使流行时尚第一时间遍及全球，形成一股强有力的时尚浪潮。为了追求经济效益，更快占领国际市场，现在很多影片的首映采取的都是全球同步首映。

尽管世界经济、信息全球化的程度越来越高，文化全球化的口号也在不断被提起，但是我们发现，文化全球化的背后则是文化“本土化”、“民族化”的呼声被不断提起。各个国家的政府都在为保护自己的文化传统而努力。我们同样如此，我们有几千年灿烂悠久的历史文化，这是我们影视创作取之不尽用之不竭的源泉。因此，中国影视创作一定要符合中国受众的语言习惯、文化生活习惯以及民族精神，坚定地走“本土化”特色之路。

第五，审美具有鲜明的时代性。美是一种发展的文化共识，它不是静止的，而是富有朝气的动态变化。因此，美的感知也是伴随人类实践的发展而不断变化发展的。人类思想在不断演变，人类审美文化共识的标准也随之改变。美与审美活动都具有鲜明的时代标志性。① 以文学为例，每个时代流行的文学体裁样式各不相同。先秦散文、汉赋、唐诗、宋词、元曲、明清小说分别在各自的时代占据着艺术的最高峰，取得了巨大的艺术成就，也引领着受众的审美风向；从人物画上看，唐朝流行丰腴之美，到了宋朝就变成了以瘦为美。表面上看，这是艺术发展的规律所致，但也反映了受众审美取向的时代变化。

受众总是一定时代的人，受一定时代的社会生活、哲学思潮、美学观念、艺术思潮的制约和影响，具有明显的“时代局限性”（历史局限性）。影视是一种高度综合的艺术样式，它吸取百家之长，如文学、戏剧、绘画、摄影、舞蹈、建筑等，但同时也受其他艺术的历史发展的影响，同样无法摆脱其时代性。受众的时代性和影视作品的时代性是一个问题的两个方面，都是时代性特征在大的影视生产中的反映。

以电影为例，在这短短的百余年的历史中，电影的美学思潮经过了几个大的阶段的变化。②

一是早期发展期（电影诞生到第一次世界大战）的三大流派，以电影之父路易·卢米埃尔为代表的电影纪实派，以梅里埃为代表的电影戏剧派，以格里菲斯为代表的电影综合派。三种流派的探索对电影的发展意义重大，开启了电影美学探索的先河。

二是电影美学的探索期（第一次世界大战到 20 世纪 60 年代中期）。这一时期的电影大概可以分为“诗化电影”阶段（无声电影阶段）、“散文化”电影阶段、意大利新现实主义和法国新浪潮。这一时期的电影充分展示自己的综合特性，向诗歌、散文、戏剧、小说等艺术样式学习。

三是电影有机结合期。这一时期的电影以关注现实生活，尤其是普通人的生活为主，通过小人物的悲欢离合来打动观众。在美学思潮上趋向多元化、哲理化、纪实化、心理化和综合化。③

中国影视文化建设同样具有时代特征，自新中国成立以来，经历了创建期（1949—1978）、繁荣期（1978 年至 20 世纪 80 年代末）、转型期（20 世纪 80 年代末至今）三个大的历史阶段。“转型期”的中国影视文化建设又经历了四次反响较大的浪潮，即娱乐化、纪实主义、

① 彭玲：《影视心理学》，154 页，上海，上海交通大学出版社，2007。

② 参见胡经之：《文艺美学》，345 页，北京，北京大学出版社，1999。

③ 参见罗慧生：《世界电影美学思潮史纲》，18 ~ 21 章，太原，山西人民出版社，1985。

新英雄主义、平民化。这些浪潮有的是阶段性的影响，有的是持久性的影响，不管其影响的程度如何，但的确体现了中国影视文化在“转型期”阶段最突出、最独特、最鲜明的一些特征，并为未来新世纪中国影视文化建设打下了扎实的基础。①

第六，审美具有鲜明的地域性。在同一个时代和同一民族的不同地域中，由于自然环境、社会环境以及人文环境的差异，受众的审美心理也会不同。中国幅员辽阔，民族众多，长期的历史形成了不同的地域文化，大一点说有南北文化的差异，南方稍显婉约，北方略显粗犷；小一点有海派文化、京派文化、岭南文化等之分。这些文化特征在各种艺术风格上都有体现，包括建筑风格、曲艺风格、文学风格、服饰风格、绘画风格、音乐风格等，深深地影响着受众的日常社会生活，包括受众的审美接受心理。

这种地域性一方面是文化多样性和丰富性的体现，符合我们“百家争鸣、百家齐放”的文化政策，也有利于保持文化的活力和创造力。近些年来，这种地域性的影视题材深受欢迎，以电视剧为例，东北的乡村题材电视剧在央视和地方卫视纷纷热播，如《刘老根》《马大帅》《插树岭》《希望的田野》《乡村爱情》《福喜临门》等等，有的还因为收视效果好，接着拍续集。这种地域性体现在以下几个方面：

一是富有特色的地方方言。东北方言不讲平仄，语气、语调都极具个性特征，而且幽默、滑稽，有戏谑色彩。例如《乡村爱情》中的经典台词“老好了”、“咋这样呢”、“长痛不如短痛，短痛不如不痛，当然，不痛是不可能的”等被观众和网友争相模仿。

二是富有个性的人物性格。不管男女老少，东北人的性格都以爽朗、幽默、豪迈著称。《乡村爱情》中塑造了一个农村中年妇女形象“谢大脚”，有典型的东北人物个性，给观众留下了深刻的印象，从她的语言、一颦一笑这些小的细节到她的爱情婚姻生活，无不体现着一个乐观豁达、热爱生活、追求幸福、爱恨分明的鲜明性格。

三是富有特色的文化。东北二人转随着在春晚的亮相而家喻户晓，俨然已经成为东北文化的象征。东北题材的电视剧起用的演员大多都是演二人转出身的，他们把这种二人转的幽默轻松、诙谐搞笑的文化融入进了电视剧中，把一部部乡村戏演得有声有色。

① 胡智锋：《转型期中国影视文化建设的四个浪潮》，《新华文摘》，2002(2)。

二、影视受众审美差异的原因

一部好的影视作品，主创人员认为十分好，但是受众却不买账；或者是一部分受众叫好，其他受众却不以为然。这就是受众审美的差异性，具体说有这样几个原因。首先，美是客观的、不变的、唯一的，但是审美活动却是主观的、是相对的，从美到受众的美感不是简单的传递，而是复杂的传播和接受过程，正是因为这个过程中有诸多环节和中介，所以导致美最终形成不了受众的美感，或者是达不到预想的效果；其次，从受众角度考虑，审美接受活动说到底是受众的个人行为，即便是处于同一环境，每个受众的所思所想不尽相同，因为受众的审美能力千差万别；再从审美接受活动的角度考察，审美接受是一种高级的心理活动，它需要一定的环境作为支撑，但是作为影视接受活动来讲，它的接受环境有很大的随机性和不可控性。

第一，审美标准不统一，具有相对性。对于美而言，一个民族认为是美的事物，另一个民族不一定认为其美，或者认为美的程度不一；一个地区流行的东西，在另一个区域就不一定有市场；即使是相同的事物在此时此地被广泛推崇，而在彼时彼地就不一定被受众接受；同一个受众在不同年龄段甚至是不同的接受心境中对同一部作品持有不同评价。影视作品同样如此，中国的很多影视作品之所以在国际上没有很高的声誉就是明证，中国的电影与好莱坞的相比，中国的电视剧与韩剧、美剧、日剧相比在国际上还没有什么市场；冯小刚的贺岁片在内地的票房可谓是鹤立鸡群，绝对的票房保证，但是“冯氏幽默”却不被香港观众青睐。20 世纪 90 年代的电视连续剧《渴望》，现在播出就没有当时那个效果；对于中国受众来讲，小时候几乎都会对老版的《西游记》如痴如醉，但成年之后再收看的话就没有那么心驰神往。

第二，受众的审美能力不同。受众因审美能力有别，从而导致他们在审美体验时所达到的审美层次不同，所体会的审美愉悦程度也就不同。影响受众的审美能力强弱的因素很多，例如受教育程度、文化水平、社会经验等。一般来讲，受教育程度越高、文化水平越高、社会经验越丰富，他们可能对审美对象的认知活动就会越容易，审美活动的开展也可能就越顺利；相反因为对受众的不熟悉可能导致审美活动中的“误读”；但是受众也会因为对审美对象不熟悉而对审美活动更加专注，因为这种陌生感时常会激发受众的审美情趣。审美注意不说明受众活动的完成，要得到完整的审美体验，还需要更加复杂的审美理解活动。而审美理解活动是更为深层次的审美心理活动，它恰恰需要调动受众的想象能力、联想能力。如果受众的审美能力达不到艺术作品要求的水平，受众就很难获得完整的审美体验。

第三，受众的审美期待不同。在审美接受活动中，作为审美接受主体的受众，基于个人和社会复杂的原因，心理上往往会有一个既成的结构图示。这种结构图示就是受众的审美期待。通常，审美期待是受众一种积极主动并富有活力的心理状态，而且有较强的不确定性，会依据审美者自身不同的审美需求对审美对象产生不同的期待。①

影视受众的审美期待包括对创作者的期待、人物形象的期待、主题的期待等。影视作品不同于传统的艺术创作，它是集体智慧的结晶。因此，影视受众对创作者的审美期待包括对导演、演员、摄像，甚至是策划人和制作人等的期待。尤其是对一些知名的导演、演员的审美期待更为明显，因为他们在以往作品中的表现已经给受众留下了深刻的印象，在受众心中形成了思维定式。这些已有的审美经验都构成了他们的审美期待，影响他们的审美体验。例如，“突迷”（热衷于《士兵突击》的粉丝）对《我的团长我的团》就有十分强烈的审美期待，因为《我的团长我的团》是《士兵突击》原班人马打造的。所谓的明星效应就是运用受众对著名演员的审美期待来吸引受众来欣赏他们的作品的。很多电视台就是利用这个来编排节目，以达到收视效果的最大化，例如重庆卫视趁着《潜伏》的热播立即播出《落地请开手机》。就收视效果和作品本身的质量来讲，《落地请开手机》与《潜伏》相比还是有相当大的差距的，但是因为孙红雷在《潜伏》里的精彩表演就吸引了一部分受众去重新认知或者接受他主演的作品。

第四，受众的审美接受环境不同。瑞士心理学家爱德华·布洛在《作为一个艺术因素与审美原则》一文中提出了审美心理距离理论，所谓心理距离理论就是审美主体（受众）在心理上要与审美对象保持一定的距离，过远、过近都难以产生美感，因为过远会使审美主体很难到达审美状态，不能进入到审美对象中去体验其中的美感；过近的话又使受众将现实世界与艺术作品中的世界混淆等同；受众只有与审美对象保持适度的距离才能体会其中的美感。

现实情况是这种适度的距离很难获得，人们在现实生活中总是会有一种实际的、功利的目的和态度，但是审美活动则要求受众放弃实际利益，摆脱现实困扰。从现实世界迅速过渡到审美世界需要一定的

① 彭玲：《影视心理学》，144 页，上海，上海交通大学出版社，2007。

"功力"。影视作品的欣赏有其特殊性，纯粹的"静坐"状态都不可能发生，尤其是现在社会通信技术十分发达，即便是在电影院还能听见一些人小声接电话，或者是偷偷看短信；电视剧更是随意性十足，由于是家庭伴随式接受状态，所以收看电视的行为一般伴随着聊天甚至是干家务，这种环境下要想保持接受距离的适度很难。正因为如此，有的受众有了相对"虚静"的接受环境，他的审美接受的效果可能就会好；但是这种接受环境具有十分复杂的随机性和变动性，不以个人的意志为转移，也很难预计。因此，影视接受环境的差异性相当难以避免，这也是导致受众在影视的审美活动中保持着差异性的原因。

综上，影视受众的审美趋同是普遍性、共性，而审美差异是特殊性、个性，但没有绝对的趋同，也没有绝对的差异。审美趋同中总是蕴涵着审美差异，审美差异中又包含着趋同。趋同和差异相互存在、相互影响，并相互转化，大致可以分为四种模式，即同中求同，同中求异，异中求异，异中求同。

所谓同中求同，就是指受众审美的趋同性。当受众的这种趋同心理占据上风时，影视创作就会形成一股潮流或者是趋势，但是这种审美趋同也应该有度，不能一味的求同。我们发现在影视的创作中，这种潮流或者是趋势持续的时间越来越短，只能"各领风骚数几年"。其原因有：从艺术本身的发展规律考虑，一味的趋同会导致艺术"独裁"，其结果是艺术的发展动力不足，衰竭消失，这显然违背了艺术多样性的规律；从受众角度考虑，一味的趋同会导致"审美疲劳"。

所谓的同中求异，就是指受众审美的差异性，这是对"同中求同"的否定。这就是我们经常在分析某种潮流或者是趋势时，必须补充和注意的，因为"萝卜白菜各有所爱"，所谓的潮流或趋势也有其相对性，常常一种潮流的流行已经暗含着另一种趋势的兴起，或者是两种潮流杂糅在一起界限十分模糊。

所谓的异中求异，就是指一味的差异，是审美差异化的极端。这种情况基本上不可能存在。因为如果一部作品得不到任何受众的认可的话，那么很显然，这部影视作品也就不具备审美价值。但是这不能说明这种审美心理的不存在或者是毫无价值，因为求异的心是永不停歇的、永远发展的。

所谓的异中求同，就是对异中求异的否定。艺术创作最终要为了实现自己的审美价值，必须要符合受众的审美需求，作为影视艺术更是以追求受众的大众化为目标。因此，如何考虑受众接受，符合受众的审美心理是任何创作者首要考虑的问题。

在影视受众的审美接受活动中，没有永恒的趋同，也不会有永恒的差异。所谓的趋同和差异是一种动态的、变化的，趋同到一定的程度必然会有差异，差异到一定的程度又会产生趋同，这就是哲学上的否极泰来、物极必反。趋同和差异作为影视受众审美接受的基本特质，永远不停地运动着，影响着影视创作，也影响着影视接受。从根本上说，审美的趋同和差异就是艺术辩证法的体现，是艺术发展的内在规律和动力。

第三节　电视受众在审美活动中的特质

审美趋同和审美差异是影视受众在审美活动中的基本特质。但是因为影视在内容上有很大的差异性，电视受众的审美活动与电影受众的审美活动也有其不同特点，这就导致电视受众在电视审美活动中表现出不同特质，那就是更加理性和个性。

所谓电视受众的理性是一个相对概念，指的是受众在电视审美活动中与其在电影审美活动中相比，在审美心理上有更强的现实感、日常感和参与感，从而显得更加理性或者更加容易保持理性，但这绝不是否定受众在电视审美活动中没有感性力量的参与。

所谓电视受众的个性同样是一个相对的概念，指的是受众在电视审美活动中比其在电影审美活动中，更加容易保持自己的个性特征。

考察受众在审美活动中的特性首先必须从审美对象的内容入手，其次再从审美活动本身出发。因为审美活动是一种接受活动，因此，受众的接收环境便成为我们考察的重点；又因为影视受众的审美活动是一种互动性、参与性很强的活动，因此，受众的参与方式也成为我们要考察的要素之一。电影和电视无论在内容上、接受环境上还是参与方式上都有很大的区别，下面就从这三个方面来分析电视受众在审美活动中的理性与个性。

一、受众审美接受的内容

电视节目提供的内容现实感较强，而电影内容相对来说却更为梦幻。面对现实性的内容，受众体会更多的是真实感、亲切感，因此更加容易保持理性，并找到个性的契合点；而面对虚幻性内容，受众感受到最多的是陌生感、距离感，因此更加产生感性的冲动，这种情况下，受众也容易失去自己的个性。

第一，电视内容的现实性使电视受众更容易保持理性。在内容上，尽管影视都是时间的艺术，但电影更多的侧重于“过去时”和“将来时”，而电视则侧重于“现在时”。

电影是造梦的艺术，一个梦工厂，它远离现实，追求间离效果，追求视听语言的刺激，奇观性、震撼性很强，陌生感、距离感更足。例如，电影在景别的选择上多用远大全，即远景、大景、全景，这样的景别一方面制造视觉冲击力，易于吸引观众的注意；另一方面也通过制造奇观效应，给观众带来陌生感，因为这种景别通常是超出人正常的视觉观察范围的。另外，由于电影受时长的限制，必须在短时间内讲完一个完整的故事，因此这就要求电影在叙事的节奏上要快于电视，因此电影的时间是浓缩的时间、情感的时间，与日常生活中的时间有很大的区别。

“电影产生一种全然是浪漫幻觉的梦境……它提供的是最具魔力的消费品，即梦幻。”① 这就是电影的陌生化处理，即便一些很现实的题材，它也故意制造一些陌生感，让观众投入其中。一些电影总是不远万里在一些渺无人烟的地方取景，这样做的目的之一，就是让观众进入一个奇幻的世界、陌生的世界，从而更好地让观众进入到故事中去。尤其是一些科幻片、魔幻片，它讲述的故事内容可谓天马行空。

例如，在票房和获奖上都创过纪录的魔幻史诗巨作《魔戒》三部曲②展示给我们的就是一个神奇的、陌生的世界：美丽的矮人王国、犹如仙境的精灵王国、恐怖阴森的魔都，这些都是超出观众日常生活体验的。因此，观众在欣赏影片时，很容易对这些陌生的世界产生兴趣

① ［加］马歇尔·麦克卢汉：《理解媒介》，何道宽译，74 页，北京，商务印书馆，2000。

② 笔者注：三部电影都进入全球影史最卖座的 10 部电影（截至 2006 年），《魔戒首部曲：魔戒现身》全球票房 8.71 亿，名列全球影史第 10 位；《魔戒二部曲：双塔奇兵》全球票房 9.26 亿，名列全球影史第 5 位；《魔戒三部曲：王者归来》全球票房更是惊人地达到了 11.19 亿，名列影史第 2 位，仅次于《泰坦尼克号》。三部电影的全球累计票房近 30 亿。在奥斯卡颁奖典礼上，《魔戒》三部曲也毫不逊色，三部电影都被提名奥斯卡最佳影片，最终《魔戒三部曲：王者归来》获奥斯卡最佳影片奖。《魔戒首部曲：魔戒现身》在第 74 届奥斯卡颁奖典礼上获包括最佳视觉效果、最佳原创配乐、最佳摄影、最佳化妆 4 项大奖，《魔戒二部曲：双塔奇兵》在第 75 届奥斯卡颁奖典礼上获最佳音效剪辑、最佳视觉效果 2 项大奖，而《魔戒三部曲：王者归来》荣获第 76 届奥斯卡包括最佳影片、最佳视觉效果在内的 11 项大奖，彼得也第一次问鼎奥斯卡最佳导演。三部电影共获 17 项奥斯卡奖。

而跟着剧情进入这个魔幻的世界，并享受每一刻的刺激。

电视内容的伴随性、贴近性很强，亲近感、现实感很足。电视在景别上更多的采用中景和近景，这也是为了符合人们正常的视觉范围，让受众对节目内容产生真实感和信任感；在叙事上由于它没有太严格的时长限制，像电视连续剧、日常性的栏目，天天跟观众见面，它的节奏跟受众日常生活的节奏相吻合，尤其是电视节目的播出有其固定的时间段。因此，受众与电视节目之间很容易就产生一种伴随感、依赖感、相约感和亲近感，某个时间点收看某个电视节目或者是某部电视剧已经成为了人们生活的一部分，电视对于受众来说不再是一种冰冷的机器，而是有感情的朋友。

“不论电视的样式、方式、形态等有多少新奇怪异的组合，电视内容作为传媒的本质永远是第一位的，而这一传媒本质又集中地体现在一个‘时’字上。由于电视内容的播出完全按照人们日常生活的自然时间流程进行设置和编排，因此电视内容与生俱来地拥有了作为人们日常生活伴生物的独特传媒性质，不论是非虚构类还是虚构类内容都无法脱离‘日常生活伴生物’的电视传媒本质：所谓‘即时性’或‘时效性’，不仅仅是对信息类的新闻节目而言，从广阔的意义上来看，所有的电视内容都应当把握和体现日常生活伴生物的‘即时性’和‘时效性’。具体说来，电视内容的现实感主要体现在以下五个方面：

①时代感：时代是电视内容所发生的最宏大的背景，如果电视内容能够体现足够的时代感和时代特色，它就会为人们所关注、所记忆。不论是多么动人、感人和有深度的内容，如果不能体现我们时代最富普遍意义的价值取向、精神气质和心理状态、情感状态，电视内容就很难成为观众的宠儿。

②时尚感：时尚更多关注的是一个时期比较前沿、比较新锐的一种潮流和取向，由于电视内容不仅仅是传统意义上的宣传与创作，而是与电视媒体的产业和市场开发紧紧结合在一起的。因此是否具有时尚特质，往往意味着是否引领大众消费，进而吸引大众的关注，形成相关的产业链，所以不管我们喜欢不喜欢，电视产业和市场开发的客观需求都要求电视内容具有时尚特质。

③时下感：至少从电视内容的叙事层面来看，关注时下、关注当下，从现在进行时的问题、现象和状态切入，是电视内容相当明显的叙事特征。我们发现，同样的内容如果按照从‘盘古开天地’说起的方式展开叙事，往往会远离现在的观众，而从当下切入，从时下观众普遍熟悉甚至现在发生的某些现象、动态、问题切入则完全不同，更

能抓住观众的注意力。

④时机性：这里主要指的是播出时机。电视内容传播效果如何，恰当的播出时机的选择常常是关键性因素。若能准确地判断来自政治、市场、文化、社会心理等诸多方面的趋势，选择最合适的播出时机，来满足观众最迫切、最期待、最需求的时机播出，往往会产生事半功倍的良好效果；反之，轻则事倍功半，重则出现偏差，甚至影响电视媒体的形象、生产与发展。

⑤时段性：同样的电视内容选择什么样的时段进行播出大有讲究，特定电视内容与特定时段大多有着普遍的、规律性的对应关系，一般说来，常规工作的早间、日间、午间、晚间和深夜，每个时段观众收视大体都有相似的普遍需求，比如早间时段以信息总汇、高频度、短资讯、大信息量和一定服务功能为主要特点的内容，可能适合大多数电视观众尤其是上班族的需求；而深夜时段，心理访谈、情感谈话类内容或者深度新闻评论性节目更受欢迎，而日间时段故事性的电视连续剧也许是一般观众普遍的需求。当然，由于国家与地区、特定地域、特定年龄段以及职业、性别、生活方式等所带来的差异也是显而易见的，因此不同媒体、不同内容的不同时段的设计将是电视内容实现传播效果最大化极其重要的因素。”①

由此可见，电视受众和电影受众所接受的内容有很大的不同，在现实内容面前，受众的理性当然更容易保持；在梦幻内容面前，受众更多的是联想、想象，神思多于慎思，感性多于理性。

第二，电视内容的现实感是电视受众个性实现的前提条件。电影在内容上强调梦幻的陌生感，电影受众欣赏电影，总是心向往之，试图在电影中迷失自己，忘记生活，逃避现实，从而获得快感。因此，受众也就不太关心影片中的内容是否符合自己的现实个性需求。

而电视在内容上侧重于追求现实认同感，电视中的人和事对于受众来讲，就是“最熟悉的陌生人和事”，尽管不认识，但是却很了解。电视受众总是试图从节目中找到适合自己的或者是从中汲取对自己有用的经验。非虚构类的电视节目自不必说，如新闻类节目、纪实类节目等，这些节目都是现实生活中发生的真人真事，节目中出现的人和事对于电视受众来说是再熟悉不过的；对于虚构类的电视节目，如电视剧等同样是如此，现实题材电视剧所讲述的故事对电视受众来说同

① 胡智锋、顾亚奇：《中国电视内容生产的潮流与趋势》，《中国广播电视学刊》，2006（1），《新华文摘》，2006（6）。

样不陌生，即便是历史题材电视剧，也大多采取的是“现代化”的处理方式，要么用历史的外衣包裹现代人的故事，要么对历史以现代人的方式进行处理。

因此，电视受众不是逃避现实，而是观察现实、关注现实，并试图在电视中“寻找自己”，因为电视中出现的人和发生的事情，仿佛就在自己的身边。例如深受观众喜欢的电视剧《金婚》，没有曲折离奇的爱情，也没有天马行空、悬念重生的情节，就是中国家庭中司空见惯的爱情、婚姻和日常生活。而这些经历恰恰是每位观众都或多或少、或直接或间接地获得过这方面的经历或者是经验。

> 故事从1956年佟志和文丽相识、相知到相爱，再到结婚开始，一直讲到2005年两人的金婚时刻。贯穿这50年的就是夫妻俩无休止的争吵：
>
> 1956年春节，佟志在朋友大庄婚礼上认识了年轻漂亮的小学数学教师文丽，认识是故事的开始，也是争吵的开始。两人因为大庄的婚事，彼此立场不同，一见面就火药味儿十足，彼此有很深成见，文丽指责佟志包庇朋友大庄，欺骗自己表妹梅梅，有道德问题，佟志非常冤枉，也认为文丽非常主观，不了解情况乱扣帽子。
>
> ……
>
> 2005年，俩人的金婚之年，文丽对小保姆兰兰要求苛刻，佟志则对兰兰太客气，老两口为此经常拌嘴，一气之下分房居住。金婚之日来临，小辈们决定大办一下，文丽想穿婚纱，佟志反对，俩人闹别扭。

所有这些情节和故事对于中国电视观众来说都不陌生，这就是中国人最典型的、最普通的婚姻生活。但它却吸引了无数的观众，这就是因为电视受众的个性在剧中找到了印证，或者可以说剧中的生活就是大家真实生活的写照，受众与剧中的人产生共鸣，找到契合点。这就是电视的真实性、贴近性和相关性的体现。

二、受众审美接受的环境

接受环境的不同导致受众的审美感受也不同。电影的观赏是在一个相对封闭的场所进行的。当观众走进电影院放映厅的时候，就进入了一个独立的、与外界隔断的（手机信号被屏蔽或者是静音）漆黑环境。由于接受环境的封闭和安静，电影受众的审美接受过程也是相对封闭的，观众只有跟影片交流，而不能跟附近的观众交流，这就迅速将受众与现实社会生活拉开了距离，因此电影受众更容易对影片产生神圣感和仪式感。

电视受众是一种开放性的、家庭式的接受环境，尤其是随着技术的发达，车载电视、公交电视、户外大屏、移动传播、楼宇电视等不同的电视形态不一而足，这让电视受众的收看行为更加便捷和随意，电视接收完全是一种日常伴随式的接受。由于收视环境的开放性和随意性，在电视节目播出的过程当中，电视受众的意见和建议就会及时出现，而其受众之间可以相互交流，甚至直接反馈给电视节目播出方。那么，电视受众就没有了那种神圣感和仪式感，取而代之的是熟悉感，因此更容易保持日常生活的理性。电视受众接受的随意性体现在以下几个方面。

①没有目的限制。收看电视一般没有太强的计划性，不受某种目的限制：观众可能是为了获取一些资讯，例如收看新闻节目、天气预报等信息类节目；也有可能是获得知识，例如收看一些知识传播类的节目，如一些讲坛类、探秘类的节目；也有可能是为了娱乐，例如收看一些娱乐选秀节目、电视剧等；也有的纯粹就是为了消磨时间，打发无聊，随便看看。但是收看电影则不同，观众在确定去电影院之前一般都已经有了某种特定的目标，专门为了某部影片而去的。

②没有对象限制。当某个观众在某个时间段来到某个影院的时候，上映那部电影事先已经被确定好，观众只有选择看与不看的权利，没有选择哪部片子的权利。因此，电影观众收看电影都是“有备而来”，就是为了看某部影片才在某个时间点来到某个影院的。而电视节目的可选择性很强，中国目前有电视频道3000多家，电视栏目上万个，电视剧年产量10000多部集，再加上境外电视台的落地、引进剧的播出，中国电视观众有太大的收视选择空间。电视受众手握遥控器随时可以更换频道，选择自己喜欢的节目。

③没有环境限制。收看电视的环境相对来说是轻松自由的，受众可能一边收看电视一边干其他的活儿，也可能随时和身边的观众点评正在收看的节目；而且收视行为也是不固定的，可能会被现实生活中突如其来的事情干扰、打断，此时受众的视线立即会从电视机转移到现实生活中。但是在电影院收看电影，受众彼此之间、受众与外界之间都要受环境的制约，保持安静，受众的行为有高度的一致性，都是聚精会神地欣赏影片。

电视审美接受环境的随意性和开放性有利于电视受众审美理性和个性特征的保持。

第一，电视受众审美接受环境的随意性有利于受众保持理性。电视受众在相对开放、随意的氛围中，与日常生活保持着密切的接触，因此更容易保持理性；而电影观众在相对封闭、严肃的环境中，与日常生活有间离感，情感更集中、投入，因此更加容易失去理性。

第二，电视受众审美接受环境的随意性为电视受众个性的实现提供了空间。电视受众是遥控器的主宰，看哪个节目，看多长时间是由观众说了算，因此电视受众对于电视节目有很强的自主性和主观性。被选中的电视节目一定符合受众的某种个性化的需求，比方说他的兴趣、爱好、专业知识背景等。也正因为此，电视越来越注重满足受众个性化的要求，朝着分众化、专业化方向发展。

三、受众审美接受的参与方式

在参与方式上，电影受众是一种外在参与、被动的参与，相对而言电视受众更多的是内在参与和主动参与。所谓外在参与和被动参与，是因为电影内容相对封闭，受众的参与只能是在赏玩之后进行，也就是说电影的批评有滞后性；所谓内在参与和主动参与指的是电视受众对电视节目是一种高度的介入，伴随性的参与，受众的参与甚至成为电视节目十分重要的组成部分。

第一，电视受众参与方式使电视受众更加容易保持理性。电影观众只有等影片欣赏完毕才会有相应的评价，而欣赏完毕也意味着一个电影故事讲述的完结，如果再根据观众的意见进行加工改造这几乎是不可能的。相对于电影受众的参与方式，电视受众的参与显得更加主动、积极，介入程度更深。电视节目的播出有自己的周期，有连续性。例如电视连续剧、电视栏目等，它可以让电视受众的意见及时在下集或者是下期节目里得到反馈。例如，热播的电视连续剧《潜伏》，因为电视观众对结局不甚满意，所以四家卫视对其结尾做了修改，用略显圆满和充满希望的结局来回应“潜艇”（电视剧《潜伏》粉丝的称谓）们的要求。而美剧的生产播出对受众的意见更为重视，剧中角色的命运、剧中情节的发展都掌握在电视受众的手中，甚至电视剧的命运也掌控在电视受众的手中，因为决定电视剧是否继续拍摄制作不由编剧和制作方决定，而取决于电视受众的意见。

电视受众参与节目的方式有如下几种类型：

①作为现场嘉宾参与其中。这种情况经常见于两类节目，一类是

时政性节目，嘉宾被作为专家邀请进节目录制现场与电视主持人对话交流，参与节目当中，解析重大时事发生的背景、原因，并对事件的影响做出专业性的评价，如《今日关注》《今日观察》等。以《今日关注》为例：它是中文国际频道（CCTV－4）的时事述评栏目，紧密跟踪国内外重大新闻事件、新闻话题，梳理新闻来龙去脉，分析新闻背后的新闻，评论新闻事件的影响和发展趋势。栏目采用演播室直播的方式，邀请国内外一流的专家学者和高级官员展开讨论。

另一类节目是专业性很强的电视节目。如财经类、法律类的节目，如果没有相关研究背景的专家学者做客演播室给受众解读相应的政策、分析相关的现象，受众难以信服，节目也将丧失其权威性和公信力。以《今日说法》为例：它采取以案说法、大众参与、专家评说的节目样式。每期节目都有法律教授、律师做专业性的案件分析和法律知识的解读。

②作为现场观众参与其中。这在一些对话类、访谈类、辩论类节目中表现的尤为明显，如《一虎一席谈》《对话》《BOSS堂》等。

以凤凰卫视的《一虎一席谈》为例，它将“这里不是一言堂，所有的意见都备受尊重”作为节目的宣传语和制作理念。每期节目都将萃取社会、文化方面的焦点和热点，主持人胡一虎与当事人、各界学者及专家一起各抒己见，发表精辟见解。它以讨论的形式，让多元思想代表现场针锋相对，实话实说，直话直说，献上一场热热闹闹的思想交锋。“所提供的话语空间是我们现代社会的普罗大众和媒体话语空间的高度拓宽”（凤凰卫视董事局主席刘长乐语），为新闻谈话节目群口时代的到来揭开了隆重的序幕。节目中呈现的是主持人、嘉宾、观众三足鼎立的场面。

例如关于范美忠那期节目，现场共有六位嘉宾，围绕着范美忠在地震发生时的行为以及随后发表的一篇博客，分别提出了自己的观点，有评论员、心理咨询师、范美忠的同事及其校长（电话采访）、学者及相关专家。基本上可以分为正反两方，围绕着范美忠的行为以及随后的言行进行激烈的辩论。不仅如此，现场的观众被邀请参与其中，对这种行为和言行发表看法。在整个节目当中，嘉宾和现场观众的言论无疑都是节目的重要内容。

③作为场外观众参与其中。随着通信技术的发展、网络的普及，观众参与节目的方式也越来越多，例如手机短信、博客、电话等。尤其是在一些现场感很强的节目中，如体育赛事直播、选秀类、竞猜类游戏节目等都会吸引无数观众的参与互动。因为姚明是火箭队的核心

队员，中央电视台体育频道每次转播火箭队的比赛，都可以收到众多球迷的短信和网络留言，有表示支持的，有献计献策的，也有向主持人和解说嘉宾提出问题的。球迷的言论成为主持人和解说嘉宾评球的意见之一，抽取获奖留言观众名单更是节目的重要环节。曾经火爆一时的《超级女声》《加油！好男儿》《我型我秀》《梦想中国》等选秀节目仅依靠手机短信费用就为节目带来丰厚的收入。

由于在各个赛区决选时，三甲的冠亚季军最终是由各选手的手机短信支持票数来决定的，因此，观众在进行全国总冠军的预测时，首先便是从每场比赛选手的手机短信支持票数来考虑的。超女决赛每场的手机短信互动参与人数超过100万，还创下了一场决赛引来800多万条手机短信的纪录。

不管是作为哪种身份或者角色参与到电视节目中，电视受众依然还是保持着现实生活中的身份，比如专家、学者和观众，那么他们代表的立场、所发表的言论依然是从现实生活实际出发，从其本身的社会角色出发。电视受众之所以会"主动出击"一定是对节目有所思，也就是说，电视受众参与节目，更多的是出于"改造"的目的而不是感悟的目的。可以简单地概括，电视受众在电视节目面前就是一个冷静的"旁观者"，即便参与其中，也带有很强的理性色彩。

第二，电视受众的参与方式为电视受众个性的实现提供了路径。正是因为电视受众有参与节目的机会，这使得电视节目在某些程度上打上了受众的个性特征。电视受众的观点、态度、情绪、兴趣、爱好直接影响电视节目的生产制作和播出，这点体现最为明显的就是娱乐选秀类节目。以曾经火爆荧屏的《超级女声》为例，电视受众不仅是欣赏者、参与者，而且还是决策者，因为决定"超女"最终命运的不仅在于现场评委，同时也受制于场外观众的投票，尤其是到了晋级赛阶段。下面是《超级女声2006》的晋级赛之后的赛程设置及整个赛制规则。

1. 赛程设置

晋级赛：分为20进10、10进7、7进5、5进3，共四场比赛。在这四场比赛中，将以选手的场外观众支持数为主，评委和大众评委为辅的评分方式。

年度决赛：年度总决选先从各分唱区亚军和季军组成的团队中淘汰一半选手，再将剩下的选手与各分赛区的冠军选手一起组成团队比赛。规则类似于晋级赛。年度总决选的前三甲排名，由观众的短信投票数多少排名。一个手机可以投15票。

2. 赛制规则

专家评委：专家评审一般由华语流行乐坛的歌手、资深电视人或者其他明星担任，负责海选和复赛的评判工作，并为选手们给出适当的建议。在海选中，他们给选手打分，并可以现场颁发通过卡，允许选手参加下一轮比赛。在晋级赛中，他们要提名选手参加 PK 赛，并且在很多场次能直接让选手晋级。在分赛区和总决选前三甲排名上，他们没有发言权。

大众评委：由落选的选手和/或其他各行各业的民众组成的评委团，负责在除总决赛外的晋级赛中的 PK 赛上，投票决定选手的去留，人数大约在 30 人到 40 人。

短信投票：电视观众可以在比赛间歇的时候，为选手投票。一般在分赛区 20 强以上的晋级赛上，获得选票最低的选手会被选中进入 PK 赛，由大众评委决定去留。分赛区和总决赛的前三名直接由短信票数决定。

PK 赛：当赛程需要淘汰一名选手时，会由专家评委选出一名表现较差的选手和观众短信投票率最低的选手进行 PK 赛。进行 PK 赛时，每人发表一番谈话，并清唱一首歌曲的片段，然后由大众评委进行投票，得票低的一位将被淘汰。

由此可见，电视观众在"超女"的选秀过程当中扮演着重要的角色。值得注意的是，2006 年的"超女"十进八的比赛刚刚结束，主办方就宣布从 9 月 2 日 0：00 开始，暂时取消联通短信和小灵通短信的投票方式，而采用固话、移动梦网和 QQ 投票等方式进行。之所以如此，是因为短信投票的方式在技术上存在恶意做票的可能性，并已发现了有人企图利用这个技术漏洞恶意做票。① 这也从一个侧面证实了电视观众在这类选秀节目中的重要地位。

① 周昭：超女暂时取消短信投票，《信息时报》，2006-09-03。

第三章

电视受众的审美心理

电视受众的审美心理是伴随着电视受众审美活动的发生、发展而出现的，因此考察电视受众的审美心理首先要从电视受众的审美接受活动入手。先考察电视受众审美接受活动发生的条件，然后在具体的审美接受活动中分析电视受众审美心理的发生过程，以及影响电视受众审美心理的原因。

第一节 电视受众审美活动发生的条件

人类的实践活动有很多种，但不都是审美活动。电视受众的审美活动是电视受众在原有审美经验的基础上，经过复杂的心理过程，对审美对象（电视节目）进行情感体验，从而产生全新的审美感受，即获得美感的过程。由此可见，电视受众审美活动的整个过程都伴随着复杂的心理活动，也就是说，电视审美活动本身就是一个十分复杂的心理活动。因此，研究电视受众的审美心理首先要弄清楚电视受众审美活动是如何发生的。电视受众的审美活动属于人类体验活动中较为高级的精神心理活动，它的发生必须具备以下几个前提条件。

一、建立审美关系

从电视的美到电视受众的美感，需要一个转换的过程，这个过程就是受众的审美体验。审美体验的前提就是审美关系的建立，在受众与接受对象没有建立审美关系之前，受众就是受众，接受对象就是接受对象，二者之间没有必然联系，自然也就没有审美接受主体和审美对象之分。例如，一部电视剧制作完成之后，并没有在电视台播出，而是被存储于库房，那么它充其量只是一个电视完成品，一个等待解读的“文本”，而不能称之为审美对象；如果这部电视剧有播出机构播出，但不是每个电视观众都可以收看到，那么对于这些没有收看到的观众来说，这部电视剧也不是审美对象。由此可见，审美接受主体与审美对象是相互依存，不可分割的，审美接受主体是审美关系中的主体，审美对象是审美关系中的对象。

必须指出的是，审美关系不是一般的对象与对象之间建立的关系。现实社会生活中，人与人、人与物、物与物之间存在着各种各样复杂的关系，但是审美关系最大的不同就在于这种关系的能动性、非功利性。所谓能动性，就是审美接受主体对审美对象不是被动的接受，而是主动的、创造性的、评价性的接受；所谓无功利性，就是审美接受主体对审美对象是一种情感的、超然的非利害关系，这点在下文还将阐述。

二、拥有审美经验

“一般地说，审美经验的意义较为宽泛，大体包括一切过去和当下的审美感受的全部经验的总和。”“审美经验有积淀性、被动性和接受性特点，更重历史积淀性，更多普遍认同性，是相对静止的、一般性的。”审美经验是审美体验的基础，是审美主体必须具备的发生审美体验的主观条件之一。这是因为“审美体验的瞬间感受凝聚着社会和个人的审美心理史，是审美直觉与理性熔为一炉，生理快适和心理愉悦的完美结合。”①

例如，在电视节目的受众调查中，常常可以发现这样有趣的现象，一些老人十分喜欢儿童节目，这可能与俗话说的“老小孩”有关，意思就是人到暮年如同孩子一般，都有一颗天真烂漫的心。但是我们很少听说，有孩子喜欢老年节目的。即便是老人和小孩在某些心理方面有相似之处（导致这种结果是因为老人更多是返璞归真，而儿童更多的是因为天真无邪），但是儿童不喜欢老人的节目，原因之一就是他们不具备这种审美经验。反过来，老人为什么喜欢儿童节目，却恰恰是因为他有了这种审美经验，而且从心理来说，老人是十分渴望重新体

① 胡经之：《文艺美学》，56～57页，北京，北京大学出版社，1999。

验自己的童年的。

当然，受众的体验不只是审美体验，受众的经验也不只是审美经验。其他社会体验积累起来的经验对于受众的审美活动来说也是很重要的，如宗教体验、道德体验、哲学体验、科学体验等，有利于受众对电视节目更好地理解和把握。这点对于电视受众来说尤为重要，因为电视艺术是一种高度综合的艺术样式，欣赏电视节目需要受众有多方面的社会经验去理解创作者的意图和寓意。

三、具备审美能力

审美活动不是客观被动的接受，而是带有很强的主观能动性色彩的、具有创造性的活动。这种创造性的活动需要审美接受主体具备一定的能力，诸如审美感受力、审美理解力、审美想象力、审美情感以及审美需求和审美心境等，这些必备的能力和要素我们统称为审美能力。

审美能力有高低之分，与受众的天赋高低有关，也与受众审美经验的多少有关。审美能力和审美经验共同构成受众的审美心理结构。“从人类历史的发展角度看，审美心理结构是人类漫长历史积淀的成果，是人类集体的某种深层结构。”审美心理结构又分为群体审美心理结构和个人审美心理结构。“个人审美心理结构是审美主体发生审美体验的重要条件。当他面对审美对象时，就能唤起自己审美表象和想象，通过体验来建立一个独立的审美世界，达到审美情感与审美认识的统一。”①

当电视受众具备了一定审美能力，并拥有相当的审美经验的时候，就意味着他已经具备了完整的审美接受心理结构，一旦具有审美特征、富于美的魅力，且能激发他的审美趣味，符合他审美需求的对象出现时，审美关系就将建立起来，他的审美活动也随之发生。

下面以电视剧《中国往事》为例，分析受众审美接受活动是如何发生的。《中国往事》是一部具有极高审美价值的电视剧，以突出的传奇性、宏阔的史诗性和精美的艺术性，为我们描摹了近代中国广阔的历史生活图景，形象地展示了中国走向现代化艰难曲折的路程。一旦有受众被它吸引，审美关系就开始建立，那么，受众就在他原有的审美经验的基础上，领会作品中的传奇性、史诗性和艺术性，获得美的

---

① 胡经之：《文艺美学》，64页，北京，北京大学出版社，1999。

享受。

首先是看该剧的传奇性。它至少体现为以下几点：

其一是情节的传奇性。该剧以曹家的兴衰为主线，牵连了相关的几个家族，其间，家族之间和家族内部的恩恩怨怨、生离死别，情节之离奇令人惊叹。曹家家长曹如器永远在熬着千奇百怪的各种汤药，太太在没完没了的念经和“禁语”，太太与长工的私生子耳朵被老爷无数次地以各种各样的方式谋杀而不死；大少爷两房姨太太同一天分娩，娶青楼女子并生下曹家的长孙；二少爷光汉与太太玉楠是在火车上发生奇遇；玉楠长兄玉松与蓝巾会及官府的曹千总扑朔迷离的“三角”关系，甚至与曹家相交甚好的瑞典人马神甫竟然与光汉从国外带回的机械师路卡斯是瑞典同乡……这些错综复杂的情节，巧合至极、离奇至极，使全剧整体情节在传奇性上罕有企及者。

其二是人物的传奇性。《中国往事》里的人物大多主角性格不仅鲜明独特，而且相当多的人物性情近乎古怪。曹家老爷多智多谋而同时又多疑多忌，一方面他非常的传统保守，恪守着传统士人的为人处世之道；另一方面又开放包容、容忍太太与长工生下的儿子耳朵并搁在自己的身边，与外国神甫关系甚好，接受大少爷带着青楼女子进家门，而在这保守与包容之中，他日复一日将各种奇异的小动物熬成汤药，其行为非常古怪；太太小珍出身名门竟然与长工私通；二少爷光汉留洋回国，竟在家里建厂做火柴，却不知其目的何在；郑家大少爷玉松私通蓝巾会却又放过追杀蓝巾会的曹千总；尤其是耳朵这一人物形象小小年纪却八面玲珑，被算命先生算为金土鳖命，受尽屈辱与迫害，却奇迹般的九死一生。这些人物性格各异，但其共性则是相当怪诞，令人捉摸不透，是以往电视荧屏上罕见的人物形象。

其三是艺术表现的传奇性。该剧不论是场景的设计，如阴森的大宅院和官府、牢房，还是火柴公社、教堂与大码头，都笼罩在一种奇异诡秘的氛围之中，而各种道具器物的细节同样体现了这种氛围。尤其是该剧的叙事和表演，更使传奇性表现得淋漓尽致，每个人物、每个角色都时刻笼罩在充满对立、反差和冲突的情绪之中。每一部集都有突如其来、意想不到、峰回路转等叙事设计，这使得该剧的传奇性大大增强。

其次是史诗性。从剧名上看，《中国往事》气魄宏大，以中国来命名，显示了主创者对深厚历史意蕴的一种追求，以及对这种追求的自信。跨越几十年，《中国往事》给我们展示的是近代中国千姿百态、层面丰富的历史生活画卷，在一个家族命运变迁的历史追溯中，触及了近代中国政治、经济、文化、社会各个领域，触及了日常生活、家族关系、伦理道德和更深层次的价值追求等各个层面，更涉及上至皇亲国戚下至平民百姓不同社会阶层的生活图景。在戏剧化的叙事中展现出极具概括力和全面性的近代中国形象，尤其将家族命运的跌宕起伏和国家民族命运的沉浮沧桑紧密而有机地结合起来，获得了具有史诗性意义的说服力和震撼力。

最后是艺术性，表现在以下三点：

其一是结构精巧。如此恢宏而庞大的生活容量被浓缩在40多集的篇幅之中，错综复杂的人物关系、时代背景和情节故事，能够有条不紊地展开而鲜有破绽，这不得不说首先归功于该剧精巧的结构。从曹家“闹鬼”的开篇切入，以曹家复杂的家庭内部关系为主线，最精巧之处在于以耳朵为核心跳进跳出，这个关键人物的设计勾连了曹家与其他家族的联系，勾连了曹家与各社会阶层的紧密联系，耳朵这一人物的设计是该剧精巧结构的集中体现，耳朵在剧中既作为参与者又作为旁观者的特殊身份，使全局纷乱的故事获得了巧妙的缝合串接，这远比编年体的串接方式和单纯的第三者的旁观的客观叙事高明了许多。

其二是制作精美。该剧的影像设计既充满了浓郁的历史感又有强烈的时代感，古老的深宅大院，壮观的火柴公社，青绿的山林，喧嚣的码头，每一个场景都透露着创作者追求唯美、追求诗意、追求奇观的努力，至于每一个人物形象、服装、道具、化妆的精致设计，乃至音乐的细腻流畅都显示了该剧作为一流电视剧的制作功力。

其三是语言精辟。来自于刘恒原著的这部电视剧先天就具有厚重的文学基础，剧中人物的语言乃至旁白，经过提炼、加工，形成了个性鲜明、色彩斑斓、栩栩如生的生动语言形象。曹家老爷的雄辩、诡辩与老谋深算，大少爷光满的委曲求全，二少爷光汉的执拗与任性，耳朵的玲珑机智，曹千总的霸气，玉松新派士人的凌厉等，令人闭上眼睛，仅凭人物的语言就能感受到这些人物的鲜活的质感。

以上只是从一般意义上对该部电视剧审美价值的解读，但是一部影视作品的审美价值体现在很多方面，不仅仅在于此。又因为每个受众的审美能力不同，审美经验各异，最终能够领会其中美感的多少也不相同。“审美体验是十分多种多样和复杂的……从对被感知的对象轻微感动开始到对被见到的事物深刻地激动为止，经历着各种等级。”①

① ［俄］彼得维夫斯基：《普通心理学》，119页，北京，人民教育出版社，1981。

李泽厚将其分为三个层级："悦耳悦目"、"悦心悦意"、"悦志悦神"，①体现了由外到内、由浅到深、由低到高的层级变化。

第二节　电视受众的审美心理

从建立审美关系到积累审美经验，再到拥有审美能力，只是从静态上对受众审美活动发生的条件进行描述，但是受众审美活动是一个动态的心理变化过程。从电视的美到电视受众获得美感，在时间上也许很短暂，但是这个"时间"只是物理时间概念，其实这短暂的瞬间包含了诸多心理活动环节，如审美感知、审美理解和审美想象。

一、审美感知

审美感知是审美活动的最初阶段，一般而言它更多地诉诸受众的感知能力，即感官能力和知觉能力。电视受众的审美感知即受众更多地借助于直觉，对电视作品语言感知的心理活动。

电视语言是一种视听语言，具有很强的综合性，依据其对人的感知能力的要求，大致可以分为两个系统，即画面系统和声音系统。

1. 电视语言的画面系统。电视语言画面系统由光线、镜头、景别等多个元素组成

光线："电视图像的实质是光像，即由无数光点组成的图像，而光点亮度的产生和知觉是依赖于物理现象与心理活动共同作用。"②

镜头：根据拍摄方式的不同，镜头分为推镜头、拉镜头、摇镜头、移镜头、跟镜头、上升镜头、下降镜头、俯拍镜头、仰拍镜头、甩镜头、悬空镜头、空镜头、转换镜头、综合镜头、短镜头、长镜头、反打镜头、变焦镜头和主观镜头等。

景别：根据景距、视角的不同，景别分为极远景、远景（广义的远景基于景距的不同，又可分为大远景、远景、小远景三个层次）、大全景、全景、小全景、中景、半身景、近景、特写和大特写等。

2. 电视语言的声音系统。电视语言声音系统由人物语言、音乐、音响等基本元素组成

人物语言主要包括对白、旁白以及群众声。其中对白（台词）是电视声音系统的主体，在交待电视内容中各种人物关系、背景、身份，

① 李泽厚：《美学三书》，491页，天津，天津社会科学出版社，2003。

② 彭玲：《影视心理学》，48页，上海，上海交通大学出版社，2006。

推动情节发展，尤其是在刻画人物性格方面有十分重要的作用。例如近年热播的青春偶像剧《奋斗》，其精彩的对白把这帮时尚、乐观、幽默但又对生活充满着焦虑情绪的青年特有的性格刻画得入木三分。

陆涛：我们来到这个世界上，也不是为了拿走什么，而是要努力为这个世界增添光彩……我相信这一点他们也不清楚，就是清楚他们也不一定能做到，他们告诉我们的只是他们的梦想。好吧，我们听他们的。把他们的梦想当成我们的，我们像他们一样，为了梦想去奋斗，可是梦想是艰难的。因为那梦想就是我们所有人的人生，就是我们的爱情、我们的事业、我们的幸福。

可是，当我们把那抽象的梦想变成一件件具体的事情的时候，我发觉我们离那梦想很遥远，特别遥远。但是我们不会放弃！我们会努力做好每一件事！

在这个世界上，我们会碰到很多好事儿，也会碰到很多坏事儿，今天以前，它们都过去了。明天，它们还会跟我们迎头相撞。我们的态度是，我们谁也不怵坏事儿！

向南：我没病没灾，我父母双全，我有车有房，我媳妇疼我，我挣钱养家我过得不错，我还活着，我以后会更好，我行，我行，我行行行！

杨晓芸：我们俩在一起完全就是一本书，书名叫钢铁是怎样被腐蚀的。

陆涛经常说：我焦虑，我很焦虑，我非常焦虑。

旁白通常分为解说旁白、作者旁白和人物内心独白。解说旁白常常运用于纪录片中，也叫解说词。解说词是对片中人物、画面进行讲解、说明、介绍的独白。其作用有两方面：一是对视觉语言起补充作用，让受众在观看实物和形象的同时，从听觉上得到形象的描述和解释，从而受到感染和教育；二是对听觉语言起补充作用，即通过形象化的描述，使听众感知故事里的环境，犹如身临其境，从而达到情感上的共鸣。例如在电视纪录片《再说长江》中，通过解说员李易那抒情、优美而又气宇轩昂的解说，让我们对一个有着无穷的魅力、充满着无限的活力、蕴藏着巨大的能量、孕育着灿烂文化的长江，有了更加深刻的印象和更加深厚的感情。

您可能以为，这是大海，这是汪洋吧？不，这是崇明岛外的长江！

您可能会联想到长长的飘带，洁白的哈达，是啊，多么美丽，这也是长江！

如果说是三级跳远的话，我们刚从长江的入海处起跳，中间在三峡落了一脚，现在已经跳到世界屋脊的青藏高原了。长江就是从这儿起步昂首高歌，飘逸豪放地奔向太平洋。

长江在这个世界上已经生活了千千万万个春秋，但是它依旧这样年轻，这样清秀，它总是像初生的牛犊一样不知疲倦，永远充满着青春的活力。那么长江的音容笑貌和性格究竟如何呢？

长江的水能蕴藏量达两亿六千万千瓦。它占全国水能蕴藏量的百分之四十；在世界上，美国、加拿大和日本的水能蕴藏量的总和刚刚赶上长江。

长江水面宽阔，它的水运量占全国内河水运量百分之八十以上。如果能够充分地利用起来，它可以顶替四十条铁路呢。而目前呢，还只是两条铁路的作用。

长江流域居住着三亿多勤劳勇敢的各族人民。从广义讲我国三分之一的人是“同饮一江水”啊！

长江和黄河一起，共同养育着世世代代的炎黄子孙，共同孕育着中华民族的灿烂文化。长江还将为我们中华大地的发展贡献无穷无尽的能源。

作者旁白是对故事情节的一种必要补充、延伸或者是强调，有利于电视受众对情节有更进一步的了解，也有利于电视作品叙事的顺利展开。近期火爆荧屏的谍战剧《潜伏》就有大量的作者旁白，它在协调叙事节奏上起了很重要的作用。“为了不影响节奏，《潜伏》里没有大段的抒情，重点的抒情段落也是在高潮时戛然而止。”“余则成在太平间见到左蓝那场戏，我（导演）没有让他把情绪彻底宣泄出来。对于余则成而言，他没有时间去悲痛。我（导演）在旁白里加上：‘悲伤尽情地来吧，但要尽快过去。’也是为了节奏的考虑。”①

人物内心独白是对人物内心心理活动的一种补充、表现或者是强

---

① 刘心印：《文化观察：好剧不会“潜伏”讲好故事是第一位的》，《人民日报》，2009-04-20。

调。人物对白和内心独白经常会交错使用，更好地表现人物内心复杂的情感和心理变化。

音乐指的是为了电视作品而制作的音乐，包括主题音乐、背景音乐、叙事性音乐、情绪音乐、气氛音乐以及时空过渡的连续性音乐等，它具有片段性、不连续性和非独立性特征。①

音响是在电视作品中除了语言、音乐之外的其他声音的总称。它包括动作声响、自然声响、机械声响、枪炮声响等。

……

由此可见，要对复杂的电视语言系统有初步的认知也是一项复杂而重要的心理活动。电视受众的审美感知能力并非简单的生理反应，“这种感知本身具有很多超感知的成分……它包含了许多认识、理解因素……这是人类‘感性’的进步，这不是生理自然地生物学进化，而是历史所构建的文化心理结构的一种进步”②。

这也说明了电视受众审美感知活动的重要性，尽管说它是电视审美活动的初级阶段，但其重要性从来就不能被低估。有人说电视行业就是“眼球经济”，依靠吸引受众眼球和注意力，来提高收视率，增加广告收入，从而实现电视行业的整体运转。尽管这种说法有失偏颇，也有“内容为王”这样的观点出来对其反驳，但是从侧面说明，电视语言的重要性，电视形式感的重要性，审美感知在受众审美活动中地位的重要性。具体原因至少有以下几方面。

第一，电视语言有很强的外在表现力。单就电视语言的画面系统或者声音系统而言，就由多个元素组成，而不同元素以不同方式和不同程度相互组合，更是给电视语言带来了极强的丰富性和多样性。作为一种综合性的语言形式，电视语言完全可以吸取各种传统艺术样式的语言表现力，并将其有机地结合在一起，构成独具特色的外在表现力极强的电视声画语言。

第二，电视的传播方式决定了其必须重视形式表达。电视传播是一种即时传播，虽然有时间的快捷性，但是相对于报刊、书籍、杂志来说，电视传播又是一次性传播；另一方面，随着电视频道的扩张，电视栏目的增加，电视节目的丰富，电视受众按遥控器更换节目的速度越来越快，因此电视内部的竞争愈加激烈，于是电视的传播“效率”备受重视，即在最短的时间里以最直接、最迅捷的方式抓住观众，给

---

① 彭玲：《影视心理学》，128页，上海，上海交通大学出版社，2006。

② 李泽厚：《美学三书》，478页，天津，天津社会科学出版社，2003。

观众留下深刻的印象成为各个节目、栏目和频道要考虑的重点。这一方面要求电视的形式要简单易懂，不能艰涩难解，因为电视受众没有太多的时间去解读其中深奥的含义；另一方面要求电视的形式要有吸引力，能够尽快抓住受众，吸引受众的注意力；这也是近些年来，电视节目、栏目、频道纷纷重视其“形象包装”的原因。

从技术的角度看，电视的历史不过百年，但我们发现几乎每一次重大的技术进步都是为了使电视语言有更好的表现力，以便更好地满足受众的感知需求。一方面满足电视受众的视觉需求，让色彩更加鲜艳、饱满，画面更加清晰、稳定；另一方面满足电视受众的听觉需求，让声音更加立体、震撼。

1925 年 10 月 2 日，英国的贝尔德首次试制成功机械圆盘电视，成为世界上第一台电视机。经过多年的努力和不断的改进，贝尔德于 1926 年 1 月 26 日，第一次做了正式表演。1932 年，英国广播公司播出了世界上第一个规范的电视节目。从此，人类开始步入了电视时代。

1940 年，美国古尔马研制出机电式彩色电视系统。

1951 年，美国 H. 洛发明三枪荫罩式彩色显像管，洛伦斯发明单枪式彩色显像管。

……

从电视机的诞生到彩色电视机的出现，只用了短短不到 30 年的时间。纵览电视技术发展史：从黑白屏幕到彩色屏幕；从小屏幕到大屏幕；从模拟信号到数字信号；从无线传播到有线传播，再到卫星传播；从家庭收视到户外收视……电视机的成像技术、接收技术、信号传输技术等飞速发展，各种各样的电视机以及电视收看方式等纷纷出现，如等离子电视、宽屏电视、数字电视、户外大屏、公交电视、楼宇电视、网络电视等，都始终在围绕着一条主线或者说一个目的，那就是极大地丰富电视受众的感知力。

在审美感知活动中，受众更多的是对电视节目外在形式的感知，而电视恰恰在外在形式上有很强的表现力，能够吸引电视受众的注意力，但是电视受众审美感知这扇“审美活动之门”一旦打开就不会停止在此，还将继续下去。

二、审美理解

审美理解是受众在审美感知的基础上，对审美对象进行更进一步的审美体验的心理活动。它是审美经验混合、提炼和再生之后所形成的结果，相对于审美感知。审美理解侧重于对审美对象内容的体验，具体有如下几层含义。

①理解与审美对象的关系。德国著名的美学家、接受学家的代表人物姚斯认为：审美就是欣赏的理解和理解的欣赏。[①] 审美理解的前提是审美主体要与审美对象迅速拉开距离，摆脱日常生活和工作中的情感、情绪和评价，以一种非功利、非伦理的标准和眼光来审视审美对象。

但是一些电视受众还是会有“不冷静行为”，例如在收看电视剧的时候，对剧中那些反面角色恨得咬牙切齿，甚至到了对演员出言不逊，恶语相加，人身攻击的地步。这完全是一种“审美误解”，即没有处理好个人角色和剧中角色的关系。

②理解审美对象的内容。对于电视节目来讲，电视内容由类型、题材、人物、故事、情节、技巧、技法等多个部分组成。单就电视节目类型而言，国内已有很多论著专门论述。每种节目类型在内容结构上又由不同的元素组成，因此电视节目内容是一个十分复杂而庞大的体系。当电视受众面对具体的电视节目的时候，如果对其类型、题材等没有一定的了解的话，理解起来难免会有一定的困难。以电视剧为例，要理解电视剧的内容，很重要的一个环节就是理解电视剧的题材。每个题材的电视剧在创作主题、创作手法、叙事技巧等方面都有不同的特点和要求，理解这个对于理解电视剧的内容大有裨益。下面简单介绍我国电视剧的一些题材及近些年的代表作品。

主旋律题材电视剧。这种题材包括现实的军旅题材电视剧、重大革命和历史题材电视剧等带有明显意识形态诉求的电视剧，军旅题材电视剧如《亮剑》《士兵突击》《我的团长我的团》等。重大革命和历史题材电视剧如纪念长征胜利70周年的《陈赓大将》，纪念赵树理诞辰100周年的《赵树理》，描写共产主义战士光辉岁月的《白求恩》等作品。前者依靠其独有的题材生活，综合、立体、多维地展示饱满、圆润、鲜活的现代军人的光辉形象，不仅刻画出纪律严明、勇敢无畏、

① 彭玲：《影视心理学》，144页，上海，上海交通大学出版社，2006。

铁骨铮铮的军人豪情，同时也展现出军人的侠骨柔情；后者立足翔实的史料，给观众刻画出鲜活饱满的对我党、我军、我国有重要历史意义的英雄人物形象。

现实题材电视剧。现实题材一直都是电视剧的管理者、研究者、创作者的“香饽饽”。近年来，《家风》《都市外乡人》《别拿豆包不当干粮》《西圣地》《老娘泪》《插树岭》《清凌凌的水蓝莹莹的天》等一部部现实力作纷纷在荧屏上演。现实题材电视剧的“火爆”，一方面是因为现实生活为电视剧创作提供了丰富的素材，尤其是在当前的和谐社会建设和新农村建设中，涌现出了大量的典型的人和事，都有可能成为我们创作的素材；另一方面是因为观众对现实题材电视剧作品有着浓厚的精神诉求和心理诉求，现实题材电视剧关注当下、直面社会的热点、难点，这就使得它在某种程度上成为观众内心的一种情感寄托和慰藉。

历史题材电视剧。历史题材电视剧简称历史剧，是电视剧的一大类型，历史剧是通过历史故事塑造艺术形象，展示历史经验与教训，表现人生感受与社会见解。大致可以分为三类：一是正说历史剧，如《成吉思汗》《汉武大帝》等；二是戏说历史剧，如《康熙微服私访记》《戏说乾隆》等；三是改编历史剧，如《隋唐英雄传》等。

商贾题材电视剧。突出的例子就是《乔家大院》的热播，它是继《大宅门》《大染坊》之后又一深受欢迎的商贾题材电视剧。它以极合时宜的取材，生动典型的人物形象，曲折丰富的故事情节，克勤克俭、明理诚信、灵活管理、开拓进取、锐意改革的晋商精神，获得业内外人士的广泛而热烈的好评。在市场经济大潮滚滚的今天，在中国的商人逐步走向世界的今天，这类题材的电视剧无疑是具有历史价值和现实意义的。

情景喜剧。情景喜剧在国内的创作实践始于20世纪70年代，从《我爱我家》一炮走红开始，中国电视荧屏就不断涌现情景喜剧之作，像《编辑部的故事》《东北一家人》《炊事班的故事》《外地媳妇本地郎》《家有儿女》等。其中《武林外传》影响颇大，在情景喜剧的创作上有许多创新之处，具体表现在以下几个方面：题材上，它是国内第一部古装武侠情景喜剧；形式上，它是国内第一部章回体情景喜剧；内容上，古今中外无所不包，并兼容为一体，古代的人物形象、现代的生活方式，这就使作品展示的空间有所扩大，也制造了离奇的喜剧效果；语言上，第一次拒绝使用模拟笑声，而代之以器乐，语言古今相融、中外兼备、庄谐相间、雅俗共赏，既引经据典，又有时尚的网络语言；既使用方言口语，也有英语名言；既郑重其辞，又俏皮调侃。这些创新的亮点不仅带来了很好的收视效果，而且对今后情景喜剧的创作也有相当的借鉴意义。

家庭伦理题材电视剧。家庭伦理电视剧尤其是描写都市情感的电视剧，在中国观众中总有较好的收视保障，例如《香樟树》《空镜子》《错爱》《中国式离婚》，以及前面提到的热播剧《金婚》。

涉案类题材电视剧。涉案类电视剧作品由于案件本身的传奇性、悬疑性满足了观众的好奇心而赢得不少电视观众，例如讲述“红色特工”生活的《暗算》《潜伏》，尤其是《潜伏》在收视上获得非常大的成功，据《北京娱乐信报》载：在北京卫视创下平均9.1%的高收视率，大结局当晚的收视率更是超过了14%，是北京卫视历年播出电视剧之最。

以上只是从宽泛意义上对电视剧题材的一种划分和简析，对电视剧而言，要做到“理解的欣赏和欣赏的理解”还要对其他要素有所理解，例如电视剧人物形象、故事结构、叙事节奏、叙事技巧等。

③领会审美对象中的寓意。审美理解的这个层次属于较高层次，它指的是渗透在感知、心理、情感等诸多因素中，并与它们融为一体的非确定性认识。它往往朦胧多义，很难甚至不能用确定的一般概念、语言去限定、规范或者是解释。即中国传统美学中所谓的“可意会不可言传”、“羚羊挂角，无迹可求”。在这个过程中，电视受众通过对审美对象的理解感悟到全新的经验方式，拓宽生活视野，并能够超越现实而对自身存在价值加以反思，对自己以及对世界重新审视和批判的感悟。①

由此可见，受众审美理解的过程是一个从“旧我”到“新我”的过程。首先是受众理解自己与对象之间的关系，很显然这个时候受众还在进行现实关照，在现实与审美之间“徘徊”，因此主体还是一个“现实的我”，也就是“旧我”；但通过对对象内容一步步深入的理解，“现实的我”逐步进入了审美世界，慢慢地远离“旧我”；一旦达到一定的程度，即受众领会到了审美对象其中的寓意的时候，受众将脱离现实自我审视，那么“旧我”将被超越，“新我”立即诞生。

三、审美想象

如果说审美理解是对自我的一种超越的话，那么审美想象就是对

① 彭玲：《影视心理学》，145页，上海，上海交通大学出版社，2006。

现实世界的一种超越。通过审美想象，受众的现实世界将转化为审美世界。

审美感知是审美活动的出发点，审美理解是审美活动的认识因素，而审美想象就是审美活动的高峰阶段。审美想象与审美理解最大的不同在于，审美想象不是按照日常的概念、逻辑、判断等思维模式出发，而是“指激发和渗透一切创造和观察过程的一种性质。它是把许多东西看成和感觉成为一个整体的一种方式。它是广泛而普遍地把种种兴趣交合在心灵和外界接触的一个点上……想象力是结合艺术品里一切因素的能力，它把各个不同的因素造成一个整体。我们在其他经验里着重表现和部分实现出来的因素，在美的经验里都融合在一起。在这个一下子全都完整的经验里，我们的各种因素完全融合为一，个别之处融化了。我们意识里不觉得有任何别的因素”（杜威语）①。“想象大概是审美中的关键，正是它使感知超出自身；正是它使理解不走向概念；正是它使情感能构造出另一个多样化的幻想世界。动物没有想象，只有人能想象。从想象真实的东西，到真实地想象东西（马克思语）。”② 由此可见，审美想象是人类独有的一种高级的，具有能动性和创造性的心理思维活动，它是主客体的统一，情感与理智的融合。

从审美感知到审美理解，再到审美想象，审美活动步步深入，由表及里、由外到内，去粗取精、去表存真。最终实现主客相融，物我两忘的境界。但这只是审美体验活动的一种普遍意义的描述，作为受众的个体能够达到的层次，获得什么样的具体的审美体验，是因人而异的。之所以如此，是因为审美体验活动是一种复杂而高级的心理活动，活动的最终完成需要经历诸多环节，并受到诸多因素的制约。那么，对于电视受众而言，影响他们审美心理的因素有哪些呢？

第三节 影响电视受众审美心理的因素

影响电视受众审美心理的因素大致可以分为两个方面：一是受众所处的时代、民族、阶级等外在环境；二是受众个人的职业、性别、年龄、受教育程度等内在因素。外在环境是一种客观存在，基本相同，具有同一性和不可选择性，这决定了电视受众在审美心理上有很强的

① 参见：《外国理论家作家论形象思维》，198～199页，转引自胡经之：《文艺美学》，90页，北京，北京大学出版社，1999。

② 李泽厚：《美学三书》，482页，天津，天津社会科学出版社，2003。

趋同性；而内在因素则有很强的主观性，各不相同，有很强的变化性和不确定性，这又决定了电视受众在审美心理上有很强的差异性。下面我们具体分析各种因素是如何作用于我们的电视受众的。

一、影响电视受众审美心理的外在因素

“人是社会关系的总和”，电视受众是生活在一定社会群体中的每一个个人，他是一个个社会关系交织中的“点”。电视受众审美经验的获得，审美能力的培养，审美标准的建立，无不与他所处的“社会”有着千丝万缕的联系。这个“社会”是一个宽泛的时空概念，从历时性角度考虑指的就是受众所处的时代；从空间性角度考虑指的就是受众所生活的地域；从时空综合角度考虑指的就是受众所属的民族。因此，考察电视受众的审美心理，理所当然就离不开对他们所处的时代、民族和地域的考察。但不管是时代、民族还是地域，都离不开政治、经济、文化、社会、科技这五个领域。下面就以这五种领域为视角分析影响电视受众审美心理的外在因素。

①政治视角。电视与政治的关系历来是至关重要、至为关键的，尤其对中国电视而言，政治因素成为我们思考中国电视不可逾越的一个重要步骤。首先看政治与电视的关系。

其一，电视对于政治的工具性。对于电视而言，媒介属性是第一位的，艺术属性是第二位的，因此，不管是哪个国家的电视，都会有很强的意识形态色彩、阶级色彩。在我国，我们历来把电视视为党和政府的喉舌，尽管在近半个世纪的发展进程中出现过极左或极右的各种不同的看法，但无论是主流电视媒体的管理者还是大多数的电视从业者对于这个问题的认识都是明确和坚定的。正因此，中国电视对于自己的工具性的特质从整体上看占据着主流判断和主流认识的地位。

其二，国家政治的状态直接决定着电视的发展状况。以中国电视为例，我们每一次大的发展和进步首要的因素往往取决于政治状态的发展与进步，包括电视的传播语态、传播空间、传播方式等方面。改革开放以来，中国电视获得了巨大的社会影响力，而20世纪90年代以来转型期的政治风云，无论是国际政治还是国内政治如民主化、制度化、公开化、亲民化等，都直接影响着中国电视的内容系统和运营系统。

其三，电视反作用于政治。在西方，关于电视的说法如“社会公器”、“第四势力”等都表达着电视对于社会政治的反作用力。在中国，电视的成长也直接或间接地影响着中国政治的风云变幻，如央视的

《焦点访谈》在十多年的时间内通过正面和负面报道，极大地发挥了舆论监督的功能，其中不少节目直接构成了中央重大政策的决策依据，三任总理对《焦点访谈》的题词和关怀也从一个侧面显现了电视对于政治的巨大影响力。

观察当前的国际政治格局，和平与发展依然是主旋律，对立和冲突此起彼伏，民主化诉求越来越强烈。20世纪90年代以来，冷战结束后，以苏联解体为标志，传统的国际关系发生重大转折，两个世界超级大国、三个世界的格局被打破。美国独霸世界，成为唯一的超级大国。而随后日本、德国的强大，欧盟、阿盟、东盟等区域体的迅速崛起使得世界政治经济格局不断呈现多元化、多极化的态势。尤其是2008年，起源于美国的金融危机，迅速席卷全球，并从金融领域过渡到实体经济，造成世界经济发展面临减速甚至是滑坡的危险局面。于是，美元的地位、美国的经济地位、美国的世界霸主地位更加受到严重挑战。在这种局面下，世界政治的多元化、民主化诉求将成为主题。

在国内政治格局中，改革开放30年来，中国共产党逐渐从革命党向执政党转型，逐渐认识到要以经济建设为中心，强国富民，走中国特色的社会主义道路。毋庸置疑，改革开放为中国带来巨大的物质财富，但与此同时中国的发展也面临着巨大的不平衡问题。于是，落实科学发展观，全面建设小康社会，和谐社会，成为现阶段指导性的纲领。而谋求发展的“全面性”、“科学性”、最终到达一个“和谐结果”，最根本的问题就是解决发展机会的公平、平等和民族的问题。这种背景下，政治民主化的改革与进程已经成为自上而下重视的议题。

由此可见，国内外的政治民主化进程将不可阻挡。这势必影响了电视受众对电视节目的民主化诉求，即要求电视节目要体现民主意识，彰显民主精神。

例如对新闻类节目的要求，那就是在报道内容上要与时俱进，顺应潮流，关注民生；在视角上要平易近人，而不是高高在上，缺乏人文关怀；在报道方式上要灵活多样，让受众容易接受，乐于接受。最明显的例子就是20世纪末，中国民生新闻浪潮的出现。由《南京零距离》民生新闻，作为一种新型的节目样态，其关注民生、反映民情、表达民意的基调，其平视百姓、走近百姓、互动百姓的视角，都带来了中国电视新闻节目从语态到视角、从内容到形式的全新转变，是对过去高高在上的、精英思维主导的、充满官方意识形态与话语霸权的“新闻联播体”的一次彻底变革。对于中国电视而言，其最大的意义不仅在于将新闻中社会新闻的大语境成功转变为民生新闻的新内涵，不仅在于由传者中心到受众中心的历史性转移，不仅在于新闻采集方式由专业记者向全民记者的扩散，更重要的是，民生新闻对于中国电视新闻的发展具有标杆性的意义。

对于电视剧更是如此，近些年，宫廷戏、皇族戏热播于电视荧屏。这种现象引起了一大批观众的强烈不满，他们将这类电视剧视为当代的“精神鸦片”，对这种美化封建王权的行为表示了坚决的批判：“现在的电视，很难有一天任何一个频道都没有历史剧，很难有一天你会看不见任何皇阿玛、大帝、铁将军、公主、大侠一类的古装人物。在电视中我们看到了欣欣向荣、热热闹闹的封建社会；看到了无数英明的、充满爱心的君主；看到了无数喜爱这些明君的大臣与百姓……现在的历史或古装电视剧大多在美化历史，在消费历史，利用历史进行可憎的教化，而缺乏应有的严肃的批判……处处宣传王权、皇权的神圣，处处宣传人们必须服从于封建秩序。他们希望中国以明君、能臣的方式去创造新的辉煌。”①

②经济视角。经济（市场）与电视的关系也是相当密切的，西方电视一开始就进入了资本主义市场体系的运作之中，成为传媒产业和娱乐产业的重要组成部分。在中国，我们对电视的市场属性、产业属性、商品属性的认知是经历了较长一段时间逐渐形成的。目前，对于电视与经济的关系的认识有以下几种。

其一，经济（市场）的发展极大地影响着电视的发展。我们可以看到，一个国家、一个地区电视媒体的成长，无论是速度还是效率（包括质量）往往是与经济发展的状况相吻合的。一般说来，电视发展的状态是和经济发展的状态成正比的，经济发达往往带来电视的发达，而经济薄弱则往往导致电视发展薄弱。当然，在个别地方经济发展的速度和效益与电视发展的速度和效益也不成比例，有的地方经济发达电视薄弱，有的经济虽然欠发达电视却相对繁盛，但从总体上看二者还是成正比的。

其二，电视的发展极大地影响着经济的繁荣。电视依靠自己独具的传媒优势，在信息发布、舆论引导以及活跃经济、繁荣市场等方面扮演着相当重要的角色。一个国家、一个地区经济（市场）的繁荣与活跃常常离不开电视媒体的支持与参与，不论是生产还是流通乃至消费，电视媒体在经济生活和市场运行中始终扮演着不可或缺的角色，

① 戴方：《感谢电视，我们仍活在封建社会》，《北京晚报》，2006-11-10。

甚至在某些领域，电视媒体既可以塑造市场品牌也可以销毁、打击市场品牌。

其三，电视媒体自身构成了市场经济系统中一个重要的产业领域和部门。中国电视从1979年播出第一条广告到1992年邓小平南巡讲话之后自觉地改革，再到今天我们越来越清晰地看到它在资源配置、产业运营等诸多方面的巨大潜力，无论是内容生产还是营销推广，乃至于电视自身的品牌打造，几乎电视运行的每一个环节都可以构成相应的产业链而营造出整体的电视产业。可以说，中国电视在近几年突飞猛进的发展，相当大程度上依赖于我们对其产业属性、商品属性认识的自觉，相信未来中国电视产业对于国家经济、市场的贡献会越来越大。

在进一步的认识和探索的过程中，电视的经济功能越来越被认可，电视的市场化、产业化路子也在一步步地迈出，并对电视受众的审美心理产生深远影响。由于市场的作用，电视受众的收视需求不再被熟视无睹，相反的是，吸引观众的眼球、赢得观众的认可、提高收视率、增加广告额、获取最大的市场回报，已经成为绝大多数电视节目生产要考虑的方向和核心。因此，近些年，具备可观市场价值的真人秀、竞猜类、游戏类等娱乐类电视节目广为流行，与此同时，电视栏目品牌的创造也被高度重视起来。

①电视节目娱乐化趋势。“产品”时期的电视节目整体呈现娱乐化趋势，不仅综艺节目在谈娱乐，新闻节目、专题节目、社教节目以及各种对象性节目都或多或少在谈娱乐①。娱乐元素成为这些节目不可缺少的内容，可视性、互动性、参与性、故事性和悬念性，成为它们追求的目标。其中尤以综艺节目的娱乐化程度最高，影响的范围最广，掀起了一股娱乐选秀热潮。湖南卫视的《超级女声》、东方卫视的《我型我 Show》、中央电视台的《梦想中国》、江苏卫视的《绝对唱响》……这些节目与传统电视文艺、综艺节目最大的不同在于：从以电视媒体为主，从“我播你看”、“我说你听”变为以观众的参与为主，“大家做大家看”、“大家说大家听”，将国外“真人秀”的表现样式引进国内，进行了本土化改造，吸引了无数人加入到“选秀”行列，歌手秀、老人秀、太太秀、职场秀、宝宝秀……让万千观众有机会成为“选秀”中的一员，或以“粉丝”等身份直接、间接地介入，参与

① 胡智锋、周建新：《娱乐选秀热忧思》，《人民日报》，2006-10-12。

到节目中来。

②电视栏目品牌化趋势。近些年，困扰电视发展的一个重要问题就是节目“同质化”，因此，走“差异化”之路，打造品牌，进而提升影响力成为电视栏目的普遍的追求。对电视栏目而言，品牌的打造最重要的就是要挖掘栏目的独特优势，寻找优质资源、稀缺资源、不可替代的资源，做到“人无我有”、“人有我优”、“人优我特”、“人特我绝”①。如《艺术人生》打“情感”牌，《新闻调查》打“深度”牌，《焦点访谈》打“舆论监督”牌等。如围绕明星主持人量身订做新的栏目，《幸运52》成功后，又推出了为李咏专门设计的《非常6+1》《梦想中国》；《新闻1+1》则主要围绕白岩松和董倩两位知名新闻评论主持人专门设计制作的。再如推出与栏目相关的活动，延伸品牌效应，像《经济半小时》延伸出来的每年3月15日的《3·15晚会》，每年年末的年度经济人物评选活动等。

③文化视角。电视与文化更是天然的一对关系。人类在现代社会创造了电视这样的媒体，而这种媒体正逐渐发展并不断地改变着人类的文化生态，电视与文化的互动构成了半个世纪以来人类文化中令人瞩目、前所未有的景观。这里，我们也可以看到以下几点：

其一，电视自身构成了独特的媒介文化与艺术文化景观。所谓电视文化，主体是由其媒介和艺术娱乐所构成的，电视作为媒介在发布信息、整理信息（如议程设置）、传导价值观念、制造媒介事件、设置媒介活动等过程中越来越多地影响着当代文化的取向与发展趋势。作为艺术与娱乐，电视通过情感的宣泄、心理的疏导来营造特定的氛围，制造种种偶像，满足人们的情感心理欲求。正因如此，对于电视的媚雅还是媚俗、深刻还是浅薄、优良还是拙劣等的争议从来就没有停止过，而正是这样的争议使电视制造了我们时代不可缺少的文化景致。

其二，当代文化思潮极大地影响着电视，构成了电视受众审美心理的时代性特征。当代文化思潮离不开文化传统，这种文化传统更多的是遗传意义上的历史积淀下来的一种价值取向、思维方式和知识系统，对于中国文化而言，以儒家文化和近代以来的革命文化为主导构成了当代电视最重要的传统。而当代文化思潮则更多的是当下的，是在特定的政治、经济、社会环境中锻造出来的时代文化，是人们当下的一种价值观念和思维方式以及知识系统。对于中国而言，当代文化

① 胡智锋：《电视品牌的特征与创建》，《中国电视》，2003（9）。

思潮的冲击对于电视的价值观和话语系统不仅是背景而且直接呈现于电视的内容之中。

而电视的发展又极大地改变着当代文化格局与动向。中国电视在近二十年尤其是近十年中，由于其自身影响力的不断提升，而使文化格局由主流精英文化主导逐渐改变为大众文化地位的提升。所谓“日常生活审美化”的当代文化取向相当大的动因来自于电视的冲击。由于电视深入千家万户而使大众文化几乎无孔不入，构成了当代文化不可忽略的乃至起决定作用的地位。同时，异域电视文化的进入也不断地改变着当代中国电视的文化格局，如韩国电视剧的风靡以及美国电视节目内容与样式的引入，都在极大地改变着当代文化生态。

其三，文化的民族性影响了电视受众审美的“本土化”需求。作为人类精神生产的核心，文化既具有人类性特质，又具有民族性特质。文化的民族性是文化之所以具有稳定特质的重要原因。“一切划时代的体系的真正的内容都是由于产生这些体系的那个时期的需要而形成起来的。所有这些体系都是以本国过去的整个发展为基础的，是以阶级关系的历史形式及其政治的、道德的、哲学的以及其他的后果为基础的。”① 一个民族的传统之所以延续相当长的时间，是与其稳定性分不开的。每一种民族文化都是数百上千年遗传下来的，虽历经多次改朝换代，但其核心内容却是相对稳定、凝固和完整的，如伦理道德、价值观念、生活习惯、礼俗、语言文字等。

一般说来，一个民族的文化历史愈长，文化积淀越厚，文化的民族性就愈强；历史愈短，文化积淀越薄，民族性就愈弱。可以说，在世界各民族文化中，中华文化是民族性最强的民族文化之一。我们的民族传统深深扎根于五千多年以上中华民族悠久历史传统之内，既能体现心忧天下、自强不息、厚德载物、和谐八方，又能体现爱好和平、团结统一、勤劳勇敢这一伟大民族精神。

文化的多样性恰如生物的多样性，是人类赖以生存的精神基石。中国在逐渐崛起的进程中，感受到提升文化软实力的重要意义，也感受到维护人类文化多样性的重要意义。在传统与现代、中国与外国、主流与非主流、引进和输出等多种文化关系中，探索、建构多种合理文化生态的可能性。

电视在我国起初就是一个舶来品，因此，在国内电视界节目生产

① 转引自：《实践特色、民族特色、时代特色》，《中国青年报》，2008-12-29。

能力相对弱小的时候，引进国外的电视节目就成为必然，从日本到欧美再到韩国，优秀剧目无不影响了中国的电视文化。借鉴吸收西方的优秀剧目，一方面有利于提高中国电视节目的制作和创作水平以及中国电视受众的欣赏水平；但另一方面，国外电视节目的大量引进也会带来一些不利影响，“大量韩剧的拥入对国产剧赖以生存的‘奶酪’影响不大……关键是大量韩剧在中国荧屏上轮番不断地播出，直接改变着中国电视剧生产与传播的生态格局与市场环境，而且更为严重的是它深刻影响着中国电视剧从业者的健康心态。”①

我们的民族传统影响了我们电视受众的审美经验、审美趣味和审美态度，那么，在具体的审美体验中的审美心理也就深受影响。因此，这就要求我们的电视创作要遵循民族化、本土化特色，走出一条适合中华民族文化传统，符合民族文化精神的“本土化”之路。

什么是中国电视节目生产的“本土化”？简单说来，就是依据中国的特殊国情，立足中国的社会现实，按照中国电视媒体自身的运行规律，遵循中国电视观众的接受习惯与实际需要，组织、制作与传播具有中国民族特色、气派、风格、口味的电视节目。

需要指出和说明的是，“本土化”观念并非一个封闭的、停滞不动的观念，而是一个流动着的、跟随中国社会发展而不断发展着的概念。中国电视节目生产“本土化”的战略目标体现在电视的节目内容、文化构成、审美品格与表述方式等多个方面。

第一，电视节目内容的“本土化”。电视节目的内容，是电视媒体与电视观众在相互影响、相互适应、相互制约的“互动过程”中逐渐确立和发展起来的。电视媒体应当传播什么样的节目内容，与电视观众需要什么样的节目内容，是一个问题的两个方面。而中国电视节目内容的“本土化”，必须同时考虑这两个方面的问题。

当电视媒体处于相对“垄断”的地位，电视的节目内容作为相对的“稀缺资源”而与观众相处时，电视观众往往处于较为被动的接受状态。如果电视观众只能接受到很少几套节目时，他们可能会从节目序曲一直看到节目的“再见”，几乎别无选择，这时就谈不上节目内容如何怎样的问题了。

当电视频道资源日渐丰富，电视的节目内容已不成为“稀缺资源”的时候，电视观众的选择空间、选择权利日渐加大，电视节目内容就

---

① 张小我：《国产剧如何治疗“恐韩症”》，《新京报》，2005-11-29。

该考虑如何怎样的问题了。

而当电视媒体日益国际化、电视媒体间的竞争日趋激烈之时，电视的节目内容可能成为“过剩资源”，电视观众参与节目的空间、权利就显得格外重要，而电视节目内容的“本土化”问题也就必须要我们面对并予以解决。

第二，电视“文化构成”的“本土化”。电视的“文化构成”，即电视不同价值取向、不同价值层面的构成，我们一般将电视“文化构成”笼统地划分为三大类——主流文化、精英文化与大众文化。与西方建立在资本主义市场体制基础之上的电视媒体不同的是，中国电视媒体的首要功能、基本价值取向是主流意识形态观念的宣传与传播，即主流文化是中国电视文化格局中最重要和最基本也是主导的文化构成。而在社会主义市场经济体制的建立过程中，大众文化也得到了空前的发展与繁荣，但中国的大众文化并不意味着简单迎合电视观众的某些趣味（包括低俗趣味），而是建立在主流文化主导基础之上的。近几年中国电视的发展从整体上看既完成了主流文化构建的任务，也完成了大众文化传播的使命。相比较而言，精英文化中以个性化、深度化、创造性、创新性为特征的电视产品，在电视文化构成中相对比较薄弱，有待进一步开发、发掘。

中国有数千年丰厚文化传统的积淀，有众多的人才资源、智力资源，在良好的机制中，一定能够创造出融中国大国风度、民族特色与时代精神于一体的现代中国电视文化新景观。

第三，电视审美品格的“本土化”。世界各民族、各国家以及不同群体的美学传统与审美趣味的差异，导致了电视审美品格的差异，这是我们探讨电视审美品格“本土化”可能性的前提。

中国电视的美学传统与审美品格，与中国社会主义的美学传统与审美品格紧密相联。在20世纪50年代到70年代，以社会主义、现实主义为主要创作方法，以理想主义、英雄主义为目标追求，呈现出壮美、崇高的主导美学类型。80年代，改革开放的时代精神为中国电视注入了新的美学因素，以批判现实主义为主要创作方法，以文化反思与浪漫激情的结合为主要特征，呈现出优美、和谐的主导美学类型。90年代中国电视形成“多元化”的格局，现实主义、浪漫主义与现代主义乃至后现代主义方法多元并存，以纪实主义、娱乐化、新英雄主义、平民化为新的特征，深沉、悲壮与优美，和谐及滑稽、不和谐等美学类型多元鼎立，审美品格呈现多元复杂的局面。

不论怎样变化，和谐、合一依然是中国电视审美品格境界中最为基本和重要的类型，即在电视产品中，在对立、矛盾、冲突中追求和谐、统一、合一，这是我们民族“和合之美”美学传统的现代延续。

第四，电视“表述方式”的“本土化”。电视的表述方式，或电视的表述风格，包括电视的叙事方式、语言风格等。电视的表述方式必须要符合电视传播者、电视观众及与他们共处的特定时空之间的关系。所谓电视“表述方式”的“本土化”，即意味着电视在叙事方式、语言风格等方面，满足民族特色的需要。

中国电视的叙事方式建立在中国传统思维方式的深厚基础之上，如线性的逻辑思维与感性的形象思维的结合，主体情感抒发、表现与客体意象展开、再现的结合，单一视点与多个视点的结合、写实与写意的结合等都是一贯的原则。再如对情节性、故事性的重视，对现实性、教化性的重视，对完整性、统一性的重视，对整体性、群体性的重视等。

中国电视“表述方式”的“本土化”，适应、满足了中国电视观众的观赏习惯与传统趣味。如同西餐固然很好，但对于中国人来讲，中餐是不可替代的一种满足和需要，中国电视“表述方式”的“本土化”，意味着中国电视需要制作中国百姓喜闻乐见的中餐大宴。

其四，文化的地域性影响了电视受众审美心理。所谓“一方水土养一方人”，不同的地域在长期的历史过程中形成了性格鲜明的、拥有个性特色的地域文化。中国是一个地域辽阔、民族众多，地域文化丰富多样的国家。例如中原文化、巴蜀文化、闽南文化、湘西文化等。地域文化的差异决定了电视受众在思维习惯、生活习惯以及行为习惯等方面有所不同，这最终都将影响电视受众的审美心理，影响电视受众审美体验的方式和习惯。

有人将中国电视观众分为京派观众群、海派观众群、西部观众群、东北观众群和岭南观众群。① 关于中国地域文化的划分，不同的标准会有不同的结果，但总之一点，那就是中国的区域文化十分复杂。尽管电视文化是一种大众文化，电视节目总是追求受众的大众化，但是我们不得不正视的现实就是任何一个节目都不可能独霸天下，电视受众总是有其差异性的。从这个角度来讲，电视在追求收视大众化的同时也必须考虑目标受众，即分众化的问题，而区域受众就是分众化里的一种表现形式。前些年，关于省级卫视定位问题的大讨论就充分体现

---

① 秦俊香：《影视接受心理》，38～51页，北京，中国传媒大学出版社，2006。

了这种地域文化对电视的重要性影响。

“电视作为一种媒体，本身是中性的，但电视的内容却有着相当强的民族历史文化限定。因此，选择什么样的内容，承载什么样的功能，是省级卫视需要仔细斟酌的问题。要成功地实现自己的定位，就必须把握电视传媒的一般特质，把握普通观众的审美需求，同时充分考虑到卫视所处的独特地域文化因素。换句话说，省级卫视确定自身定位既需要考虑电视传媒的普遍规律，也需要考虑中国电视的一般规律，更需要考虑地方省级卫视的特殊规律，只有将三个方面有机地融合在一起，普遍的优势和特殊的优势才有可能充分发挥出来，反之则只是单一的优势。不论是只考虑电视传媒的一般规律，还是仅仅考虑中国电视的普遍性规律，抑或仅仅考虑地方的特殊规律，这种优势都很难转化成真正的优势。在理性分析媒介环境和竞争格局的前提下，巧妙地挖掘自身资源和特色，并据此制定适合自身的发展战略，亮出自己的旗帜。”① 正因为此，独有的地域文化资源被各个省级卫视作为一种不可替代的优势加以很好的利用。

以山西卫视为例，它充分利用了非常丰富的三晋文化资源，不断推陈出新，在传播地域文化方面形成了独有的发展思路。首先是根据地域文化的特点，设置文化专题栏目《人说山西好风光》和《一方水土》；其次是积极创作特别题材的电视剧、大型特别系列节目，如反映晋商的辉煌历史及深厚的商业文化的七集电视纪录片《晋商》，晋商题材电视剧《白银谷》《乔家大院》等。

再以东南卫视为例，2006 年，为进一步鲜明与提升自身的品牌形象及核心竞争力，东南卫视全新推出“欢乐海峡”通栏节目，在改进现有品牌栏目以及推出新节目的基础上，集中自身竞争优势，大策划、大制作、大品牌、大活动，倾心打造“欢乐海峡”的强势品牌。之所以如此，就是东南卫视充分把握并利用了它不可多得的地域优势：地处海峡西岸，与台湾相望，具体而言：

一是海峡西岸，得天独厚、独一无二的地缘优势。这是东南卫视进行“海峡”诉求的现实基础。而在海峡两岸的政治、经济、社会、娱乐都越来越成为全国观众关注热点的今天，东南卫视以独特的优势担当起两岸文化资讯交流的“摆渡者”，力创“欢乐海峡”品牌。

二是充分利用台湾资源，铸就节目特色的优势。在“欢乐海峡”

① 胡智锋、顾亚奇：《省级卫视定位的问题与对策》，《电视研究》，2006(1)。

中，有对海峡两岸娱乐场的追踪、台海热点的关注、台湾风土人情的猎奇、台湾秀美山川的扫描，有台湾的综艺名主持加盟、海峡两岸当红明星的参与，更有与台湾优秀电视栏目制作班底的深入合作，引入优秀的电视栏目制作理念、制作技巧。“欢乐海峡”，韵味十足的台湾特色，是东南卫视对台湾资源的充分利用，一种择优的利用，一种适己的利用，从而形成东南卫视独有的节目特色。

④社会视角。中国电视成长于中国社会的土壤之中，它与这块土地、与这个独特的社会生态从来是相互依存、共同成长和进步的。在中国电视与中国社会的关系中，我们可以看到：

其一，中国社会的发展状况极大地影响着中国电视的发展状况。不论是某一时期社会的心理状态、情感状态还是社会组织机构的状态、社会阶层的变迁乃至社会道德、社会风尚等的变动，都会直接地给某一时期的电视打上深深的烙印。不同时期的电视的风貌甚至可以从一个侧面见证一个时期的社会状态，如积极与消极、正面与负面、健康与不健康等状态都会毫无保留地呈现在一定时期的电视内容之中。

其二，中国电视也极大地影响着中国社会的进步状态。有人说，八九十年代的一代是电视的一代，从他们所受的电视的影响再看不同时期的人们所受到的电视的影响，不论是什么样的电视节目类型还是特定的价值取向、思维方式乃至语言方式等，都给当时的人们留下深刻的记忆，特别是正在发育成长中的青少年。从成功人士或各界、各不同年龄人群、不同个体的成长中，我们都可以见出电视对他们的深刻影响。

其三，电视承担着重要的社会责任。毫无疑问，从西方到中国有一点是大家普遍达成共识的，这就是电视由于其巨大甚至不可代替的影响力，面对社会生活承担着巨大的社会责任。电视媒介在它的市场诉求和社会责任之间常常扮演着相互矛盾的角色，一方面电视自身需要建构自己的注意力经济体系，需要获取利润，以求得再生产再发展；另一方面这种“唯利是图”的市场诉求又可能与公众普遍认同的社会伦理相冲突。

依据民族、宗教、受教育程度、性别、收入状况、生活品质、职业状况等可以将社会分化为不同的群落。当前，中国的社会阶层的分化日益复杂，社会生活当中不平衡的状态所引发的社会矛盾、社会问题日益显现。尽管不同的群体在社会中扮演的角色不同，所处的政治经济地位不同，所持有的价值观特别是伦理观、道德观不同，具体的社会需求也不同，但对电视媒体的社会责任要求是有共识的，那就是在沟通社会各阶层、各群落的关系，规范社会的行为，建构积极的社会伦理价值观、建构和谐社会中扮演着重要的角色。

这点已经引起了相关主管部门的高度重视，为了端正创作思想，保障电视剧的健康发展，持续净化荧屏，抵制低俗之风，为未成年人的健康成长营造良好的社会文化环境，2008 年国家广电总局专门针对涉案剧发出了一个重要通知。通知申明以下三点：不提倡情景再现形式的涉案剧；不提倡纪实形式的涉案剧；不提倡以重大刑事案件为主要描写内容的系列涉案剧。① 同样对一些选秀节目存在低俗之风和不端行为，国家广电总局及时做出严惩，如针对《第一次心动》偏离比赛宗旨，热衷制造噱头炒作活动，在评委选择、比赛环节、评委表现、歌曲内容、策划管理和播出监管等方面都出现了重大失误的行为在全国发出通告：一、立即停播《第一次心动》选拔活动；二、重庆市广播电视局和重庆电视台要对照总局关于综艺娱乐节目管理意见和群众参与的选拔类广播电视活动的若干管理规定，认真查找问题，切实吸取教训，做出深刻检查；三、对节目策划、审查把关、行政管理及相关人员做出严肃处理。②

⑤科技视角。作为 20 世纪诞生的现代传媒与现代娱乐样式，电视毫无疑问是 20 世纪高科技的产物，是 20 世纪电子技术发展的结晶，从科技角度来看电视因此也就成为一个十分重要的视角。

其一，科技的进步推动着电视的进步。作为一个高科技的产物，科技发展的水平直接影响着电视的风貌与生产发展的状态，从无线到有线，从黑白到彩色，从微波传送到卫星传送，从模拟到数字，这一系列的科技进步都对电视的生产、制作、传播的方式乃至电视的内容变化产生着直接的、决定性的影响与作用。

其二，电视的进步也影响着科技的进步。一方面，电视自身的发展离不开科技的不断进步，它要求科技不断地改进和提升；另一方面电视作为大众传媒在推动科技转化为现实生产力、塑造人们的科学观以及推进新的科技发明与科技交流方面，都直接或间接地产生着重要的影响，各种探索发现类的节目都对人类的科技进步发挥了自己独特的作用。

其三，电视自身科技含量的提高离不开相关领域科技含量的提高。不论是电视的生产还是制作乃至传播，我们可以看到卫星技术、数字

① 参见：《广电总局关于 2008 年 2 月全国拍摄制作电视剧备案公示的通知》。

② 国家广播电影电视总局网站，2007-8-16。

技术、网络技术的快速发展已经在电视科技含量的提升上产生了直接的影响，从而催生了卫星电视、数字电视、网络电视。这些相关领域的科技含量的提升与传统电视的结合，不断地改造着电视的景观和形象。

随着数字技术、通信技术的发展，IPTV、网络电视、手机电视、移动电视、户外大屏等新媒体样式相继出现，我们已经处在了一个新媒体所营造的媒介融合环境之中。新媒体的出现为电视受众提供了更多的收视选择空间，也影响了电视受众的接受方式。因此，新媒体时代的电视受众对电视节目提出了新的要求。

其一，信息权威性。中国电视在长期的历史进程中，依靠其强大的背景和资源，在主流化内容的生产和传播中，占据着垄断的地位，在公众中形成了较高的权威性，在信息采集、制作、编排和播出的全过程中，都有着较为严格的审查、把关和监控。面对新媒体的挑战，电视只有不断提高其节目的主流化和权威性才可以维持其内容的强势。

其二，直播常态化。与新媒体相比，电视的弱势在于互动性、参与性不够，但电视如果能够将线性封闭的生产播出状态尽可能调整到直播的状态，以现在进行时的姿态与生活同步，而且这种直播应当是大量的、日常化的，这就可以极大地提高观众的参与和互动，以声像文字全息的优势充分张扬直播的魅力。

其三，内容精品化。在数量上，电视很难与新媒体来比拼，但从质量和品质来看，电视则拥有相当大的潜力与作为。近年来，中央电视台推出的大型纪录片《故宫》《再说长江》《大国崛起》《森林之歌》《复兴之路》等，以其恢宏的气势、丰富的内涵、深厚的底蕴、浓丽的色彩、精湛的制作造就了中国电视荧屏的鲜亮的风景。

由此可见，政治、经济、文化、社会和科技构成可以相对客观的社会存在，社会存在决定社会意识，作为意识形态层的电视自然脱离不了它的束缚；而受众同样如此，任何一个受众都逃离不了他所在时代、地域和民族的影响。这是从共性的、普遍的出发而言的，但电视受众不仅是一个群体，也是一个个独立的个人，而每个个人除了所共有的环境之外，还有其自身特点。

二、影响电视受众审美心理的内在因素

影响电视受众审美心理的内在因素有性别、年龄、职业以及受教育背景等几个方面。

①性别因素。依据性别可以将受众分为男性受众和女性受众。男

女受众在审美接受上的心理需求有所不同，因此在电视节目类型、题材、风格等的选择上也有所不同。

在节目类型上，男性受众更多倾向于选择体育类、赛事类、新闻类节目，而女性则更钟情于电视剧。与此相关的有两个有趣的现象，一个是“足球寡妇”，一个是肥皂剧。

“足球寡妇”现象的出现就很能说明这个问题，所谓“足球寡妇”就是对世界杯期间受到老公冷落的女性的诙谐的称呼。有人称世界杯是男人4年发一次的集体癔症，每当世界杯来临，球迷的妻子或者女朋友就很“惨”，男人们一个个扑向了电视机前，再也没有机会陪她们。

肥皂剧（英语：soap opera）是从英语传至中文的外来词汇，通常指一出连续很长时间的、虚构的电视剧节目，每周安排为多集连续播出，因此又称系列电视连续剧（但“连续剧”一词可以泛指一切剧情连续的电视节目）。之所以叫肥皂剧最初是因为赞助这种节目的大多是生产肥皂和洗衣粉的公司，这些公司在演播节目时常常插入自己的肥皂和洗衣粉广告。但现在一般指的是家庭妇女一边做家务，一边心不在焉地收看的啰里啰唆讲述家长里短的长篇连续剧，因此又被称之为“搓板伤心剧”（washboard weeper），这是因为观众大多是在家洗衣烧饭的家庭主妇，而这些家庭主妇又特别爱流泪。

肥皂剧的主要观众都是女性群体，特别在发达国家。英国泰晤士报的一项统计显示，对比两部间隔20年之久的肥皂剧，《豪门恩怨》和《欲望城市》，超过百分之七十的收看者均为女性。有趣的是，即使一些肥皂剧目拥有少数的男性观众，这些男性关注的焦点似乎也背离肥皂剧的中心剧情，他们更多关注的是《豪门恩怨》中的“商战”，富豪家庭的男性权利和富足生活方式，《欲望城市》里露骨的“色情”对白和少量的三级镜头。

在节目题材上，男性更多的倾向于历史题材，而女性更多倾向于情感类、伦理类题材。以历史题材电视剧为例，从《努尔哈赤》到《末代皇帝》再到《汉武大帝》，从《唐明皇》到《雍正王朝》再到《康熙王朝》，从《宰相刘罗锅》《康熙微服私访记》到《乱世英雄吕不韦》再到《铁齿铜牙纪晓岚》，从《三国演义》到《战国》再到《太平天国》，中国电视荧屏上有很多历史剧。这些历史剧中的主人公多是帝王将相、王公贵族，因此跟男性观众有更多的共鸣点；而权力斗争与权术运用又是这些剧的重要情节，这些又是讨男性观众喜欢的。

再看情感类、伦理类题材电视剧，如《牵手》《过把瘾》《空镜子》《空房子》《结婚十年》《中国式离婚》等，这些电视剧侧重反映百姓的家庭生活，聚焦于家庭内部的矛盾冲突，注重以家庭成员的情感纠葛和命运变化为主线，以社会主流的人伦常理和人文关怀作为作品的价值支撑，符合一般女性电视受众的情感需求，因此更受她们欢迎。

②年龄因素。依据年龄大小不同，一般可以将电视受众分为青少年受众、青年受众、中年受众和老年受众。人在不同的年龄段，生理和心理都将发生很大的变化，因此在审美接受心理上也有不同的需求和特征。随着电视专业化的推进，年龄越来越被电视节目创作者重视，成为节目策划、生产制作的一个重要的考虑因素，从而出现了大量针对不同年龄段受众的节目、栏目甚至是频道。

以青少年为例，国家统计局的统计数据表明，我国0至18岁的少年儿童达3.6亿，占全国总人口的29.6%。[①] 另据统计，从幼儿园到初中毕业的12年中，儿童要观看长达5000小时的电视节目，而观看电视节目的时间远远超过了他们学过的任何一门课程。

儿童类的电视节目正在成为电视节目不可或缺的组成部分。在西方发达国家，设立专门的儿童电视频道，重视儿童电视节目的制作和增加播出时间，早已成为各大电视台的重要发展趋势。美国Nickelodeon儿童频道是全美收视率最高的儿童频道；英国BBC更是将频道细分为了CBEEBIES幼儿频道、CBBC儿童频道、BBC3（青年频道）。

相对于庞大的需求，中国少儿电视节目数量和质量都相对滞后。为增添儿童节目，开发儿童智力，中央电视台及地方电视台以前都从国外引进了不少动画片。值得一提的是国产动画片在近几年发展迅猛，获得了骄人的成绩，以《喜羊羊与灰太狼》为例。

《喜羊羊与灰太狼》以羊和狼两大族群间妙趣横生的争斗为主线，剧情轻松诙谐，情节爆笑，对白幽默，还巧妙地融入了社会中的新鲜名词。自2005年6月推出后，该剧播出已突破500多集，陆续在全国近50家电视台热播，几年来长盛不衰。在北京、上海、杭州、南京、广州、福州等城市，《喜羊羊与灰太狼》最高收视率达17.3%，大大超过了同时段播出的境外动画片。此外，该片在香港、台湾、东南亚等国家和地区也风靡一时。迄今已推出玩偶、图书、舞台剧、手机游戏等相关产品，其中“喜羊羊”系列图书销量过百万，在图书销售排

① 吴晓东：《央视少儿频道即将开播 我们需要什么样的少儿节目》，《河南画报》，2003-11-08。

行榜上长期位居前10名，是小学生最喜爱的口袋书之一。而首度推出的电影版《喜羊羊与灰太狼之牛气冲天》2009年1月16日首映以来，首周末票房就突破3000万元，成为有史以来最“牛”的国产动画影片。

除了针对青少年的电视节目之外，像针对广大青年受众的青春偶像剧、时尚节目、娱乐类节目、游戏类节目、竞技类节目，也有广大需求空间，在近些年的发展中也取得了不错的成绩，尤其在商业价值和产业价值的开发上收效显著。

③受教育及职业因素。之所以将两者放在一起，是因为受教育程度与就业往往是紧密联系在一起的，即受众受教育程度越高所从事的职业在工作氛围、劳动强度、经济收入等方面要优越于受教育程度低的受众，因此在生活方式、生活习惯、消费习惯、生活的质量和层次上也就有了差距，尤其是在精神生活上。

无可置疑，电视是一种大众媒体，其内容应该追求大众化。但是不同受众对电视内容有不同的要求，这是一种客观实际，尤其是随着社会的发展，电视节目生产制作能力的提高，这种趋势越来越明显。因此，电视节目针对不同的阶层有了不同的内容设计。例如，针对农民的对农节目，针对学生的教育节目等。

以对农节目为例，由于“三农问题”在我国客观存在以及解决它的重要性，对农节目存在着巨大的需求，提高对农节目的数量和质量已经成为电视的一项重要职能。当前，我国的对农节目已经由栏目化时期进入到了频道化建设时期。

1996年元月1日，面向农业、农村、农民，以普及农业知识、推广农业技术、弘扬文化为主旋律的节目，在CCTV-7正式播出，从此中国对农电视专业频道第一次出现。但是在此后的几年里，中央电视台农业频道（应该是农业少儿军事频道）还是略显“孤独”，对农电视频道化的高潮真正发生在2000年之后，即省级电视台和城市电视台的农业频道的出现为标志。

2001年7月，吉林电视台乡村频道开播，是中国较早的服务于“三农”的专业频道。频道自开播以来，先后创办了多档定位准确 、内容丰富、互动性强的自办栏目，如《乡村四季》《乡村聚焦》《乡村导视》和《乡村大戏台》等。

2002年7月，浙江电视台公共·新农村频道开播，开设有《今日新闻》《新山海经》《新农村纪实》《政策面对面》《露天大舞台》《农村大讲堂》《官司新说》等对农栏目。

山东电视台农科频道，集专业、科技、旅游、法制、影视等于一体的综合性媒体，由《乡村季风》《农广校之窗》等品牌栏目构成。

2005年5月1日河北农民频道正式播出，日播节目有：新闻、资讯、服务类栏目《三农最前线》，周一至周五播出；职业介绍服务类节目《走进城市》，周一至周五播出；娱乐节目《快乐大篷车》，周一至周五播出；娱乐节目《超级宝宝秀》，周一至周日播出。周播节目：公益节目《非常帮助》；娱乐节目《自娱自乐》；戏曲节目《大戏台》。

2006年6月9日，河南电视台新农村频道正式开播，主要栏目有《新闻村村通》《致富招招鲜》《影评视界》《飞歌传情》《新农村大舞台》《精彩剧场》《动作剧场》《乡音剧场》等。

除此之外，城市电视台中还有山东临沂电视台农村科普频道。

……

截至目前，从国家电视台到省级电视台，再到城市电视台；从专业的对农频道到固定的对农栏目，再到具体的对农电视节目，已经形成我国多级别、多层次的对农电视复杂格局。

在电视节目策划的过程中，找准目标受众或者是理想受众是一项十分关键的工作。而目标受众的判断和确定很大程度上取决于受众的性别、年龄、受教育程度以及职业状况，因为这些直接影响着电视受众对电视节目的接受状况。因此，考察影响电视受众审美心理的内在因素十分必要。

第四章

电视受众审美的起点——真实与假定

真实问题是所有艺术样式也包括电视艺术在内的核心问题，任何一种艺术样式或一部艺术作品是否能够真实反映现实或真实地表达内心，是判定其成功与否的重要标准。在西方传统思想中，真实问题向来雄踞于举足轻重的核心地位，以求“真”作为哲学的目的诉求，“真实”，遂成为西方哲学中一个重要的基本范畴。同样，深受西方哲学思潮影响的西方美学，也逐渐确立了美真同一的原则，致力于探讨艺术与真实的关系，将真实性作为艺术追求和价值判断的至高标准。

然而，真实是什么？这个看似简单的提问，却是人类认识和实践活动中最古老、最复杂也最本原的基本论题之一。作为对某种“确定实在性”孜孜以求的思索与表达，“真实”这一概念可以说具有相当程度的绝对意味；然而在不同的逻辑层面，不同的主体取向又会导致对“真实”产生截然不同的理解和阐释，使其意义充满相对的可能。

电视，无论是作为大众传播媒介还是现代视听艺术，“真实”问题在传播与接受、创作与审美中都是一个核心问题。本章将从两个层面讨论电视传媒的真实与电视受众对真实的体验：一是从本体论角度，真实指的是某种不以人的意志为转移的现实存在及其内涵，具体就电视传媒而言，电视如何呈现这种真实；另一种则是从认识论角度，真实指的是人们对于客观存在的一种认识和判断，具体到电视受众研究，即受众如何判断、认知、把握和理解电视传媒呈现的真实。

第一节 “真实”的维度

既然“真实”问题是一切艺术门类也包括电视在内的核心问题，那么，“真实”的本质是什么，人类怎样把握以及如何看待真实，便是本节要探讨的问题。我们力求对“真实”进行哲学和美学的分析，以便为以后关于电视如何呈现“真实”，电视受众又是怎样认知、把握、理解电视所呈现的“真实”，建立一个可供依据的逻辑起点。

一、真实观念的哲学辨析

有关真实的问题，从本质上来说是一个哲学的命题，它反映着人们对某种确定实在内容的认识和把握。西方古代哲学思考的中心是本体论意义上的“世界是什么”，近代哲学转向认识论考察：“我怎样认识世界”，相应的，对于“真实”概念而言，本体论思路讨论“真实的存在”，认识论则讨论“我认为什么是真实的”。

从本体论出发探讨存在的真实，一个最基本的哲学前提是认为世界本身是不依赖于人的感觉和认识而独立存在的。这个客观存在的世界本身是一种真实的存在，同时它又是人们认识的对象，是人们判断某种结论或表达真实与否的所依据的基础和标准。对于这种客观存在的真实，最常见的区分是将其分为现象真实和本质真实。现象真实指的是客观存在着的物质世界、事实和现象，本质真实指的是在现象背后所存在的某种本性或规律性的实在。最早将现象与本质进行区分的是柏拉图。柏拉图的理念论中区分了现象真实和本质真实，他否认现象真实而仅承认理念（本质）真实。

另一种则是从认识论角度，将真实理解为人对于世界的一种认识和判断，对真实的认识也就是有关真的知识，即真理。认识论意义上的“真实”概念基本上都围绕着主体对客体的认识与判断，以及主客体相互关系这一核心轴线展开。也就是说，首先假定存在着某种客观实在，而当我们所认识到的东西恰好符合了这种实在的时候，我们便指称某事物为真实，这种观点的代表是西方真理理论中的符合论。以此为根据，我们可以区分出客观真实和主观真实，客观真实指的是作为认识客体的存在本身，主观真实则是人们对于存在的认识和判断。

由于认识主体的差异，人们对于何者为真实存在的认识也是千差万别的。例如，有人认为物理世界或物质世界是真实的，也有人认为通过人的主观心理感受到的世界才是真实的，所以现代主义者提出心理真实或超现实真实等说法，而后现代理论家则干脆否认客观真实的存在，这些都深刻地表明了，在认识论意义上，“真实”实际上意味着人的主观认识对客体世界的一种判断和把握。

在真实的认识论问题上，黑格尔认为，“真理是认识通过自身矛盾而达到结论的全过程。它不在单纯的结论，也不在单纯的开端”。因此，真实就是一个不断自我否定而实现超越的过程。从这一角度，真实又可分为相对真实（或局部真实）与绝对真实：受制于个体的有限性，人们所能认识和把握的，始终只是局部的、相对的真实，而不可能是绝对意义上的世界本原真实，但人类的全部精神探索和努力都是不断的自我修正过程，都是试图无限地趋近绝对和本质意义上的真实。

二、真实观念的艺术辨析

关于艺术真实，最常见的一种区分方法是“生活真实”和“艺术真实”，认为生活真实是艺术真实的来源，艺术真实是对生活真实提炼后的审美表现，源于生活、高于生活。应该说，这种理解并不错；但是对艺术真实的理解显然不能止步于此，因为仅仅在认识论反映论的层面考察艺术与外部现实的关系，是远不能把握艺术审美特质的。我们认为，艺术审美的实现过程包括如下三个环节：创作准备、艺术表现、受众接受，因此，对艺术真实的考察，也应该在这些环节上相应展开。

大致说来，艺术真实应当包含这样几个层面的内容：首先是艺术的来源，即生活真实或现实存在，这接近于哲学本体论意义上的真实；其次是创作者对于现实存在的认识和判断，即认为何为真实，接近于认识论意义上的真实观；再次就是如何运用艺术语言和形式，表达作者对于真实的认识和理解；最后是从艺术接受的角度，指受众在艺术欣赏中所产生和体验到的真实感。

具体说来，创作前的准备包括现实生活以及艺术家对现实的理解和感受。现实生活也可以进一步区分为现象真实和本质真实，前者指生活中具体的感性经验材料，后者指现象背后所蕴涵的本质规律，包括亚里士多德所说的可然律和必然律。无论是生活真实的现象还是本质，都是一种固有存在的客观真实。

艺术家对现实生活的理解是客观世界与艺术家的思想观念、心理情感等主观因素相互交融作用的产物，是主观真实与客观真实的统一。

中国古代文论的“物感论”对此有很多论述，如“情以物迁，辞以情发”、“诗皆感物而发，触兴而作”等，都是将这种主客体统一的审美感受作为艺术发生的动因；西方艺术的发展，从古典艺术到现代主义乃至后现代，也同样都是以艺术家对于“存在”和“真实”的认识作为基础的。

艺术表现是艺术家通过一定的符号、形式和手段，以审美的方式进行艺术创造的过程。符号本质决定了艺术的假定性特征，也就是说，即使再逼真摹仿现实的艺术，其所表现的真实也只是呈现在一定符号系统中的真实。因此，从否定判断说，艺术真实必然不等于生活真实，也显然不应简单搬用哲学认识论意义上的真假标准来判断艺术的高低；从肯定判断说，艺术表现过程中的真实性，应首先遵循和服从艺术创造的普遍特性（例如允许虚构、想象、变形等）和各种具体艺术形式的特殊规定性。

最后，艺术作品审美价值的真正实现，离不开受众的接受。作品只有在被理解和感知的过程中，其意义和功能才会得到实现。正如一把斧头只有在用来劈东西时，才作为斧头而存在，否则它只是摆在那里的一个静物。从接受者的角度看，艺术真实的实现主要表现为使接受者产生真实感，包括在认识层面逻辑可信、在情感层面唤起共鸣，等等。

三、真实观念的历史嬗变

古希腊时期，赫拉克利特最早提出艺术摹仿自然的观点①，其后，德谟克利特作了进一步阐述，“在许多重要的事情上，我们是摹仿禽兽，做禽兽的小学生。从蜘蛛我们学会了织布和缝补；从燕子学会了造房子；从天鹅和黄莺等歌唱的鸟学会了唱歌”。② 他们的文艺观，可以称作是一种原始朴素的客观真实论。

之后，柏拉图建立了以理念论为核心的客观唯心主义哲学体系。在他看来，在现象世界之外还有一个理念世界，唯一的、绝对的真实只存在于理念（或称理式）世界，真实就是对经验现象的排斥和超越。在此基础上，他也提出艺术的摹仿论，认为文艺是对现实世界的摹仿，

---

① 北大哲学系外国哲学室编译：《古希腊罗马哲学》，19 页，北京，商务印书馆，1961。

② 北大哲学系外国哲学室编译：《古希腊罗马哲学》，112 页，北京，商务印书馆，1961。

而现实事物又是对理念的摹仿，所以艺术是“摹本的摹本”、“影子的影子”，和“真”隔了三层。虽然柏拉图的理念论具有超验性质的形而上学特点，但他所提出的透过个别具体现象，而从本质层面把握真实，以及认为艺术应当努力表现本质真实的观点，对后代的哲学美学真实观具有重要影响。

亚里士多德在批判柏拉图的基础上提出了自己的“摹仿说”，他首先肯定现象世界的真实性，其次认为文艺不仅可以摹仿自然、反映现实世界的已然真实，而且能够反映客观现实的本质和规律，反映必然的和理想的真实，以此强调文艺的价值，将文艺与客观主义认识态度、与理性认知活动结合统一。

柏拉图和亚里士多德代表着两种不同的美学观点和倾向，他们的思想也形成了两种不同的真实观。其中，特别是亚里士多德重外在客观实体、强调艺术摹仿论的思想观点，对后世西方文艺思想产生了深刻影响，自文艺复兴直至19世纪批判现实主义，主张反映客观自然的思想倾向在西方美学中一直占有重要地位，艺术真实观也以追求客观实体之真为主导。

中世纪，宗教真实观以神性否定人性，也否定了现实世界的真实存在，将神性视作唯一真实，艺术也主要以启示、象征等手段表现基督教的神学真实观。

文艺复兴将人从宗教桎梏中解放出来，以人文主义为核心思想，重新肯定人的价值，肯定现实生活的真实性。随着人们对客观世界的观察和认识日益精密细致，逐渐形成了建立在近代哲学认识论基础上的、以“再现”为核心的艺术真实观，将真实性理解为艺术形象与它所描绘的客观对象特征的符合一致。在文艺复兴时期，艺术真实观的主要代表是“镜子说”，主张把艺术作为反映自然的“镜子”。

17世纪古典主义以规范、严整、简练、明晰、崇尚理性、重理智轻情感为特点。与此相应的，古典主义的艺术真实观，要求艺术体现古典主义理性原则，主张以理性节制感情。

18世纪的启蒙运动继续高扬理性的大旗，并将理性与人的天性、自由平等相联系，强调人的理性能够认知、把握客观真实。“真是什么？真就是我们的判断与事物的一致。摹仿性艺术的美是什么？这种美就是所描绘的形象与事物的一致。”①

① 朱光潜：《西方美学史》，274页，北京，人民文学出版社，1979。

19世纪早期，浪漫主义思潮兴起，标志着人的主体自由达到了一个新的阶段。浪漫主义者充分肯定自我和心灵，强调通过充满主观性的情感与想象，实现对世界整体、有机的把握。因此，浪漫主义的艺术真实是诗人的主观情感与想象投射于客观真实的外化形式和产物。

19世纪中期现实主义思潮为主要思想潮流。现实主义艺术家相信，现实世界是真实可信和完整的，只要冷静客观地观察和反映现实，就能认识并揭示世界的内在规律。

不难看出，从古希腊时期直至19世纪，在西方美学思想中始终占据主要地位的，是与理性主义传统密切相关的客观真实观，即肯定客观现实是一种真实存在，并认为人可以通过理性获得真实的认知。进入20世纪后，随着现代反理性哲学美学思潮的兴起，传统的客观真实观也随之遭到深刻的质疑和否定。

现代主义的出现有其深刻的历史文化和思想背景。19世纪末20世纪初，西方社会的工业化进程使人们的物质生活、精神生活产生了剧烈改变。现代化进程一方面造就了人类空前优裕的物质文化生活；另一方面又残酷摧残着人类丰富的内心世界，使人异化成为非人。在社会矛盾和精神危机日益严重的现代背景下，许多原来牢不可破的传统价值观开始动摇，其中一个突出的表现就是理性的危机。理性传统是西方文化最根本的特质之一，它包含两个基本假设前提：一是认为在纷繁复杂、变化莫测的现象世界背后，存在着某种本质的必然性、规律性与统一性，即本质真实；二是肯定人的理性，认为人能够通过理性最终认识和把握世界的本质，抵达绝对真理，即人能够认识本质真实。然而在现代社会，面对日益变得不可理解的异化现实，人们对理性的信念开始坍塌。伴随着对现实和理性深刻的怀疑绝望，形形色色的现代反理性哲学美学思潮便应运而生。例如，叔本华的唯意志论认为，非理性的意志是人与世界的本原，世界只是意志的表象；博格森的直觉主义和生命哲学认为生命冲动是唯一的实在，生命之流不能靠理性认识，只能凭直觉把握；弗洛伊德的精神分析学说将非理性的无意识本能视作人的真正本质，主张艺术深入开掘潜意识领域，等等。

现代主义的反理性哲学美学思潮极大地改变了人们对现实和真实的看法。首先，现实不再仅仅是外部的社会现实，它还包括人的内心世界。外部世界变得不可理解、不再真实和完整，人的内心世界才是最本质、最重要的真实。其次，传统理性不仅不能认识真正的现实，反而使真实被歪曲和遮蔽，只有通过对非理性精神的发掘才能认识世界的真实本质。

正是基于这样的哲学真实观，现代派艺术反对传统艺术的再现现实，转为强调表现内心的心理真实，他们认为只有心理现实才是纯粹的、最高的真实，因而以“心理现实主义”来反对和抗衡现实主义的客观真实。在现代派艺术家那里，客观世界仅能提供素材，外部现实的意义只是通过它来表现作者（或人物）的主观感受。很显然，现代主义的艺术真实观是一种具有非理性特质的主观真实观。

20 世纪中期，后现代主义思潮兴起，又一次带来哲学和艺术真实观的剧烈变化。由于科学技术的空前扩张和社会价值的多元变异，在后工业社会中，传统生活方式、文化习俗、价值评判、理论方法等均遭到彻底解构和颠覆，后现代主义文化思潮就出现在这一时期。总体而言，深受解构主义哲学和现代语言学影响的后现代文化思潮，在理论取向上主张消除一切中心、意义或本质，消解一切深度模式，否认整体性和普遍性，强调差异性、零散性、多元性等。因此，后现代真实观就表现为一种消解真实的非真实倾向：在本体论意义上否认真实的现实存在，在认识论意义上否认人对意义的真实把握；同时将“真实”问题文本化，认为“现实”、“真实”、“实在”等观念都只是文本符号的产物。

在后现代理论中，特别值得一提的是法国后现代媒介文化理论家鲍德里亚的理论。他认为，后现代社会是一个通过电子媒介而建立起来的传播社会，由通信网络、信息技术、传播媒介和广告艺术制造出来的各种各样的模型构成了一个虚幻的符号世界，但是这种符号或影像越来越趋向于自我生产和复制。在媒介社会和消费社会中，人们陷入了由形象、景观和拟象构成的仿真世界中，由各种媒介所制造出来的影像符号比人们每天经历的现实世界更让人觉得真实可信。电子媒介或数字化的“仿像”日益替代了“真实生活”，影像符号同“现实”的联系越来越少，或者说，追问其是否真实反映了现实已经毫无意义。这个由符号构成的仿真世界形成了一种“超真实”幻境，真实与非真实的区别已经模糊不清了，虚拟现实超过了真实，比真实还真实。显然，鲍德里亚从媒介社会的特征出发，站在后现代立场上，彻底颠覆了传统真实观。

毋庸讳言，作为一种彻底的怀疑和批判性理论，后现代主义的极端性常常使其陷入某种虚无主义和悖论境地，但是另一方面，它通过颠覆和消解策略所表达的对于本质、中心、元叙事的质疑，也会启发人们有意识地重审和检验固有的认识结构和理论假定，唤起反思的自觉。在真实观的问题上，后现代主义的积极意义正在于此。

第二节　电视“真实”的美学特质

尽管后现代理论家对电子传播媒介所制造出来的影像符号抱有质疑，但是作为一种影视艺术语言，无论电视在诞生之初作为客观现实世界的记录再现工具，还是后来经过几十年的发展生发出多种电视艺术样式，“真实”问题始终贯穿于主体创作、电视传播和受众接受的每个过程，并且是电视与受众审美关系中的重要支点。

一、“真实”——电视作为影像语言、传播手段的特质

电视分属于两个系统——影像语言系统和传播媒介系统，在电视领域中探讨“真实”这一哲学命题时，其“真实”表现于两个层面：其一，电视作为影像艺术，具备影像语言所共有的呈现客观存在“物理真实”或说“现象真实”的特点；其二，作为大众传播媒介，其传播信息的功能使电视对客观现实存在具备认知和阐释功能，从而体现了电视揭示客观“本质真实”的特质。

1. 在影像语言系统中，电视具有呈现客观物质世界“物理真实”的特性

电视视听综合这一影像语言优势，使其比印刷媒介和有声广播在呈现客观现实世界时更加生动、具体、直观，最接近于现实世界。

主张摄影影像本体论的巴赞认为，“唯有摄影机镜头拍下的客体影像能够满足我们潜意识提出的再现原物的需要，它比几可乱真的仿印更真切，因为它就是以这件实物为原型的”①。从绘画到照相术再到活动影像，所有这些手段都是人们留住记忆所做的努力，法国电影理论家巴赞将这种努力追根溯源到人类原始的木乃伊情结，是一种同时间抗衡的人类原初的愿望。影像使这种愿望成为现实。

从发生学角度看，影像是人类历史上所有艺术表现中最能反映客观现实存在“真实”状态的手段，无论电影还是电视，作为影像语言诞生的产物，就其物理属性而言，都是通过机械复制图像和声音，来表现被摄对象的具体实在性并再现其直观运动过程。由于影像记录具有高度精确性、相似性和直接性特点，可以准确传达出被摄对象在形声结构和空间运动中的物理信息，所以在这一意义上，我们说，相对于

① [法] 安德烈·巴赞：《摄影影像的本体论》，引自《电影是什么?》，崔君衍译，1～10 页，南京，江苏教育出版社，2005。

其他艺术门类及其呈现手段而言，影像首先具有某种摹仿和再现客观世界“物理真实”的优长。

在人类对影像的使用还没有渗入明确的艺术创作目的之前，无论是“再现真实”还是“表现虚构”，在发生之初都是一种影像科学实验。

“在艺术领域里，每一次技术革新都带来新的灵感。机会乃是真正的艺术之神。发明油彩的并不是画家，早在人们开始雕刻人像以前，锤子和凿子就已经是必需品了。同样，世界上也是先有电影摄影机，然后它才成为一种新的艺术和文化的工具。工具必须先于它的目的而存在。只有当工具的存在促使人们发现了它的艺术目的之后，这一自觉的目的才会继续寻求技术上更新的表现可能性，从而促成整个辩证的发展。”①

由此，我们看到了这样一个事实，呈现客观世界的物理真实是所有活动影像的共同特征，它同样适用于电影和电视：它们所呈现的都是镜头前发生的事情。只不过，电影呈现的事件是排演的，而电视呈现的事件发生在现实生活中。电影诞生后在蹒跚走过很短的路途后，便发展为一种表达人类心灵的独有的艺术样式。虽然有许多纪录电影将探寻客观世界的本质真实作为价值诉求，但电影艺术家更多地倾向于自由地创造编制故事，自由地表达内心。因此，对电影所具有的“真实性”的理解，便表现于两个层面：其一，在影像语言层面，呈现客观存在的物理真实；其二，在艺术创作层面，它则呈现出艺术家在作品中想要表达的艺术真实的特点。

而电视，在凭借影像语言再现物理真实的基础上，更加表现出作为传播媒介对“本质真实”的价值诉求。

2. 在媒介传播系统，电视具有揭示客观物质世界“本质真实”的特性

刚刚诞生的电视，就像最初的电影一样，其客观性依赖于摄影机复制现实的机械性。但是随着在大众传播中所扮演的角色不同，两者呈现出迥然不同的前行路向。我们可以看看在电视发展历程中一些重要事件，由此或许可以发现电视作为大众传播媒介，在呈现客观世界上所具有的独一无二的客观真实性特点：

1926 年 1 月 27 日这一天，英国发明家约翰·贝尔德向伦敦皇家学

① ［匈牙利］巴拉兹·贝拉：《电影美学》，何力译，206 页，北京，中国电影出版社，2003。

院院士们展示了一种新型的、能够通过无线电传递活动图像的机器——电视，20世纪最具影响的大众传播媒介就这样诞生了。电视作为一种传播媒介，在它诞生的第一天起，就承担了为大众传播“真实场景”的职责。

1936年11月2日，英国广播公司（BBC）在伦敦郊外的亚历山大宫，播出了一场规模盛大的歌舞，标志着世界上第一座电视台正式开播，人们普遍将这一天作为电视事业的开端。

1936年8月，柏林举行奥运会期间，德国进行了大规模的电视表演，柏林设有28个集体收视点，还通过电缆向莱比锡等城市传送电视节目，十多天时间观众总计达到16万人。

1937年5月12日，英国广播公司利用它的第一辆电视转播车，通过一条连接亚历山大宫和海德公园的同轴电缆，转播了英王乔治六世加冕典礼的实况。这是英国电视第一次户外实况转播。

1967年7月20日，美国东部时间下午4时17分，美国的“阿波罗11号”宇宙飞船登月成功，10时56分，宇航员尼尔·阿姆斯特朗成为第一个登上月球的地球人。几个小时的电视直播经过通讯卫星传送到电视观众面前，全世界大约有47个国家和地区的7.23亿观众目睹了这一旷世奇观。

从以上我们列举的不完全的事例可以看出，进入20世纪，人类历史发展的很多重大事件几乎都是通过电视这一传播媒介真实、完整、生动地被传播到世界各地的观众面前。

由于技术的发展使电视传播可以实现空间的跨越，电视节目不仅能使人看到千里之外的人们的生活面貌和社会场景，而且随着电视直播功能的实现，电视还能使观众看到同一时间里不同空间中的真实场景，这种超越时空无界弗远的强大传播功能，使电视诞生后便成为最重要的大众传播媒介，是人类获取信息、认知世界的主要途径和手段。顺着这一发展路向，作为大众传媒的电视，是否能够准确、及时、真实地传递信息、呈现世界成为其主要目标。

通过以上分析，我们看出电视的“真实性”在以下两个层面呈现出优势：

其一，作为影像语言的产物，视听综合的影像语言优势使电视在客观呈现现实世界上具备高度精确性、相似性和直接性特点，因而比广播、报纸等大众传播工具更具有“物理真实”的特征。

其二，作为传播手段，由于电视超越空间传播的客观性、即时性特征，电视比同样具有影像优势的电影，在呈现物质世界的功能上，具有更接近“本质真实”的特点。

二、电视“真实”的美学分析——“多重假定的真实”

在我们对电视的真实特质进行了回顾与梳理之后，我们将进一步在美学、艺术学层面对电视真实进行分析，从而进一步凸显电视“真实”独有的特质。在影像语言的发展过程中，影视艺术作为综合了时间艺术和造型艺术的第八艺术，无疑也具备其他艺术门类的共性。从“真实”这一维度进行考察，影视艺术具备所有艺术的共性——艺术的“假定性”特征。而具体到电视，电视从影像科学实验到大众传播媒介，再到逐步完善并具备了区别于电影艺术的独特的电视艺术规律与特质，电视“真实”的“假定性”便呈现出更为复杂的特点。

有专家曾指出，电视真实是一种“多重假定的真实”，即从生活原生态的“真实”到作为电视观众所接受的“真实”，中间经过了“多重的假定”——一方面既包括创作手段的假定、创作者的假定和接受者的假定；另一方面也包含了“艺术的假定”和“非艺术的假定”，它们相互掺杂渗透，导致了“真实”的复杂性和特殊性。①

1. 对“假定性”的美学分析

首先就影像语音的特点而言，具有“符号假定性”特征，尽管机械复制影像有着其他造型艺术所无法比拟的、与物质原型世界的密切联系（但也有论者指出，这一点在数码虚拟的影像世界里已经不复存在），但是在影片播放的时候，我们看到的实际上不过是一系列记录着运动瞬间静止形态的画幅在屏幕上以每秒钟 25 幅的速度连续出现，通过人的视觉暂留产生频闪效应，把画面连续起来，从而令观者产生观看物体运动的幻觉。究其技术本性而言，人们在屏幕上看到的物理真实，其实不过是声光结合作用于受众知觉而产生的幻象，体现着影像语言的艺术假定性。对此麦茨指出：“所有的电影都是虚构的。”② 鲍德里亚也认为，社会是一个通过电子媒介而建立起来的传播社会，由通讯网络、信息技术、传播媒介和广告艺术制造出来的各种各样的模型构成了一个虚幻的符号世界，但是这种符号或影像越来越趋向于自我生产和复制。在媒介社会和消费社会中，人们陷入了由形象、景观

① 参见胡智锋：《电视美学大纲》，10～19 页，北京，北京广播学院出版社，2003。

② ［法］克里斯蒂安·麦茨：《想象的能指》，引自《凝视的快感》，35 页，北京，中国人民大学出版社，2005。

和拟像构成的仿真世界中，由各种媒介所制造出来的影像符号比人们每天经历的现实世界更让人觉得真实可信，电子媒介或数字化的“仿像”日益替代了“真实生活”，影像符号同“现实”的联系越来越少，这个由符号构成的仿真世界形成了一种“超真实”幻境，虚拟现实超过了真实。

同时，作为幻象的影像也提醒我们，在屏幕上呈现出来的现实早已不是那个作为原型的事物，而是已经由摄影机、创作者、拍摄方式、播放方式等一系列媒介因素综合作用过的媒介现实。“一旦影像经过选择被编排为模式或者序列、被编排入场面或者整部电影，我们所见的内容的解释和意义将取决于更多的因素，而不仅仅取决于影像是否真实地呈现了摄影机前方出现的东西。”① 如今，许多事实无不证明，人们对于电子传播媒介的信任过于天真了。

从影视艺术的创作过程看，存在“创作者的假定”。影像符号、机械与科学技术提供的是某种表象的真实，这些机械从未脱离过人为的有意操纵。摄像机的推、拉、摇、蒙太奇以及种种匠心独运的剪辑不可避免地渗透出机械操纵者的主观意图。事实上，摄影机虽然能够精确摹仿和再现对象的物理真实，但它在面对纷繁复杂的物质世界时却不可避免地带有选择性和局部性，色调、景别、构图、机位、镜头的运动和速度等手段无一不是拍摄者选择现实的结果，摄影机永远不可能如同上帝之眼那样真正完整准确地复原现实。

同时，创作者的主观选择，还直接地体现和渗透在对拍摄对象的认识、理解、素材取舍、观察角度、拍摄方式、后期剪辑等整个拍摄剪辑过程中。由于每一个个体的知识、经验、审美取向、价值观念、乃至他所身处的社会文化环境和思想传统等，都会累积而形成他认知和理解世界的基本前提，这种前提在很大程度上将影响、制约和决定着人的认识结果。就这一点而言，即使是最标榜冷静客观的观察者也无可避免。所以，当被问及如何表达现实中的真实时，伊朗导演阿巴斯说：“除非说谎，否则我永远无法到达真实。”

而“接受者的假定”说明对“真实”的接受与理解也存在某些假定因素。现代阐释学认为，人类的理解活动作为“此在”的基本方式，总是从既有的存在（人的时间性或历史性处境）出发的，由此形成一种理解和认知的“先行结构”或“先入之见”，经验材料必然是在这

① ［美］比尔·尼可尔斯：《纪录片导论》，3页，北京，中国电影出版社，2007。

个先行结构中才能被理解、被认识，不存在由传统的客观阐释学所设想的那种超越时间和历史的纯客观认识。理解不仅具有主观性，而且还是历史的，受制于“前理解”，一切解释都必然产生于某种先在的理解。

最后，“真实”概念本身是一个历史性和多向度、多层级性的复杂内涵，在哲学思考层面，追求真实尽管是哲学永恒的目的诉求，但对于什么是本质真实，却从来不可能有一个绝对确定的答案。黑格尔曾说“真实不是别的，而是一种缓慢的成熟过程，或是一系列必然的但又可以自行纠正的谬误，或是一系列不断自行补充和自行扩展的历程。”在不同的历史时期、不同的世界观和方法论主导下的认识主体，对哲学意义上的本质真实会得出完全不同的理解；而种种迥异的真实观又必然会投射到其审美理想和艺术活动中。

2. 对“假定性”的艺术学分析

在对电视的假定性作了美学分析之后，在具体节目层面，电视传播既传播非艺术类节目也传播艺术类节目。这使得电视的真实性也呈现出“非艺术假定”和“艺术假定”。“非艺术假定”如前文所述，更多地表现为美学哲学层面的影像语言的假定、创作过程中创作者的假定和接受过程中接受者的假定。

“艺术假定”更多地体现为在艺术创作中特有的假定性特质。

综合了视听手段以及时间艺术与空间艺术特点的电视，作为一门独立的艺术样式遵从艺术创作的若干基本规定性，具有和其他艺术共同的特征。这主要表现在这样几个方面：

其一，时空的假定性。虽然影像艺术可以真实地再现现实时空，但展现在影视剧作品中的时空，并非客观现实中的时空，而是根据创作需要重新组接、中断时间和空间的连续性和整一性的再造的时空。比如通过蒙太奇组接，我们既可以看到同一时间下不同空间的场景，也可以看到同一空间场景中不同时间段的面貌，这种再造时空显然具有明显的假定性特质。

其二，故事结构的假定性。虽然大多数电视剧作品有生活依据，甚至直接以现实生活、真实历史的真人真事为素材，但往往根据艺术创作规律选择典型，进行提炼、取舍、改造、加工，在较短的时间里重新结构故事。

其三，人物的假定性。根据艺术创作的一般规律，艺术作品中的人物具有典型性、形象性、审美性等特征，是个性与共性的统一。正如黑格尔曾说，荷马史诗中，每个英雄都是许多性格特征的充满生气的总和，“每个人就是一个整体，本身就是一个世界，每个人的都是一个完满的有生气的人，而不是某种孤立的性格特征的寓言似的抽象品”①。即便是以真实人物为原型的电视艺术作品，人物的形象也是浓缩了生活中的精华，经过艺术创作的选择、提炼、典型等诸多艺术加工，具有艺术特征和审美特质的人物形象，而绝非生活原生态中的真实人物。

综上所述，电视无论作为大众传播手段还是综合运用视听手段的影像语言艺术，其“真实性”包含了一系列的“假定”——影像语言呈现过程中的“符号的假定”，创作过程中“创作者的假定”和接受过程中的“接受者的假定”，以及节目呈现层次的“艺术假定”和“非艺术假定”，电视真实是一种“多重假定性的真实”。

第三节 电视与“真实感”

“真实感”是由于创作过程中语言系统的符号与客观现实相符合或相一致，从而使接受者产生真实的判断的一种认同感。如果说“真实”是就客观存在的事实而言，“真实性”是就电视创作过程中的审美属性而言，那么“真实感”则是就观众的体验而言。

经过前文对电视真实不同层面的分析，我们可以这样说，虽然从哲学和美学及艺术学意义上，电视所呈现的真实包含了诸多“假定性”。但是电视无论是作为大众传媒还是影像艺术，仍然会使受众在获取认知、进行审美的过程中产生真实的感受。迄今为止，电视仍然是大众获取外部世界信息、认知客观物质世界的主要途径；同时各种电视艺术作品也作为最普遍、最贴近生活的艺术样态，让受众在审美过程中形成情感共鸣，在享受一般艺术真实性的同时产生“生活真实感”。

那么，具体到电视节目层面，电视怎样由“多重假定的真实”到达“真实感”，是本节要探讨的问题。

一、电视到达“真实感”的三个渠道

作为大众传播媒介，电视具有新闻信息功能、文艺娱乐功能、社教功能和服务功能。在探讨电视真实性的前提下，以“真实”为判定

---

① [德] 黑格尔：《美学》，第一卷，303 页，北京，商务印书馆，1979。

尺度，我们可以将具有不同功能指向的电视节目，粗略地划分为两大部类——“虚构类节目”和“非虚构类节目”。

尽管虚构类节目和非虚构类节目，都能再现物理真实和模仿人物行为，甚至在具体的表现手法上也可以互相借鉴，但它们在基本叙事原则的不同，决定了其所营造的情境仍然是很不同的。非虚构类节目将哲学认识论意义上的“真实”与否，作为自身最重要的特质、评价标准和价值取向。虽然也会考虑审美因素如造型、构图乃至叙事手法等，但这些都是为了求真的目的服务；而对虚构类节目来说，审美特质更为重要，即使涉及真实性问题，也主要是指艺术真实而非认识论意义上的真实。这种不同情境对观众来说，所唤起的也是完全不同的接受反应。虚构类节目制造的情境通常让观众沉醉其中、短暂忘却身边的现实，观众被唤起的是更多偏于情感的审美体验；而非虚构类的生活情境，则更多地唤起人们的现实生活经验和了解身边世界的认知期待，更偏于知性体验。

简而言之，非虚构类节目偏于求真，虚构类节目注重审美。

具体到节目层面，依据1993年由北京广播学院诸多专家教授集体编著的《中国应用电视学》的电视节目划分，电视节目形态共包括电视新闻节目、电视教育节目、电视文艺节目、电视文学、电视剧、电视专栏节目、电视纪录片、电视广告八项电视节目类型。

非虚构类节目包括以上分类中的电视新闻节目、电视教育节目、电视专题节目、电视纪录片、电视广告。在当今电视屏幕上，这五大部类节目包含电视新闻资讯，各种财经、法制、体育、生活服务等电视专题、谈话节目，电视纪录片、电视广告等节目类型。

虚构类节目主要是指电视屏幕上播出的各式各类文艺节目，主要指电视文艺节目、电视文学、电视剧，其中包括：电视剧、电视综艺节目、电视艺术片、电视专题文艺节目，以及音乐电视（MTV）、电视文艺谈话类节目、电视娱乐节目等。电视文艺还应当包括直播或录播的电视文学、电视音乐、电视舞蹈、电视曲艺杂技、电视戏曲、电视戏剧、电视电影，乃至于诸多艺术类型的电视节目，其中电视剧是电视艺术的主要类型。

1. 非虚构类节目的真实呈现

非虚构类节目一个先在的前提基础是运用影像语言，对既有的现实社会予以呈现、阐释、发掘，向观众传达和解释所观察及理解的现实世界，其最终价值诉求，是力图再现客观世界的本质真实。因此，“真实性”是非虚构类节目的最重要的特质和首要标准，能否在最大程度上呈现客观真实是这类节目的最终目标。

①内容表达上，注重揭示现实生活的现象、本质、规律，体现对客观世界的认知，以奠定“真实感”基础。

首先，在素材来源上，非虚构类节目必须取材于客观现实或存在的事物，或者称作生活真实。无论是新闻报道中为观众传递的现实生活新近发生的现象、事件、人物等消息，还是资讯节目中的各类信息，以及财经、教育、服务等各类电视专题或谈话节目传达的内容，都是直接来自现实生活，是各类社会现象、生活经验、专业知识的真实呈现。

其次，在具体节目的内容上，非虚构类节目表达的是作者所观察和理解的真实，它意味着作者对世界的知性的某种判断和把握方式。亦即是说，非虚构类节目所表达的内容是哲学认识论意义上的真实。

再次，体现在价值诉求上，非虚构类节目提供现实生活的真实场景、现象、经验，并试图通过现象揭示内在本质，透过经验把握规律，对客观世界的观察、探析、透视成为非虚构节目的价值诉求，很多节目都把它作为节目自身的定位和立身之本。比如，《新闻调查》的栏目宗旨是“揭开新闻背后的故事，探寻事实真相”，《探索·发现》将栏目定位于“在未知的领域努力探索，在已知的领域重新发现”。它们所针对的是现实客观世界，把探索世界的本质真实当做节目的终极目标。

②呈现形式上，通过各种手段追求“符号真实”与“现实真实”相符合，以达到“真实感”。

既然将对真实的追求作为终极目标，因此非虚构类节目要求“符号真实”与作为事实基础的“现实真实”相符合。为此，创作者在完成节目的过程中，努力追求“符号真实”与“现实真实”的一致性，从而使受众产生“真实感”并通过各种手段强化这种真实感。

比如近年来，电视新闻节目中，现场报道、连线报道、现场直播节目的比重逐步增加，无论中国两会的现场直播，还是美国奥巴马总统的就职演说；无论是奥运会还是意甲联赛等重大体育赛事；无论是伊拉克战争的爆发，还是美国的“9·11”事件等战争及突发事件；无论是印度尼西亚海啸还是2008年中国汶川地震等灾难性事件，新闻总是在第一时间到达现场，并以即时、现场、直播方式将事件真实地传递给世界观众。据统计，2008年，中央电视台新闻频道全年各类直播报道时长已经超过了2000小时，是2005年的6倍多。“现场感”和“即时性”的加强，使电视节目最大限度地贴近现实真实，从而强化了电视节目“真实”的感染力，最终使受众产生了强烈的“真实感”。

在其他节目形态中，这种强化真实感的手段也比比皆是。比如在纪录片中，纪实美学的兴起，强调长镜头、同期声，将主观干预与主体观念降到最低，使作品尽可能地展示现实生活原貌；再比如各类专题节目中，重视当事人和亲历者的采访和讲述等，其本质目的都是为了强化电视真实感，以达到受众的认同。

2. 虚构类节目的真实呈现

相对于非虚构类节目对客观世界认知的价值诉求，虚构类节目更偏向于艺术审美价值的诉求。虚构类节目的真实性遵从艺术创作中艺术真实的若干基本规定性，同时又表现出电视艺术独特的特点。

①将“艺术真实”作为创作过程的重要价值标准形成“真实感”的基础。

大致说来，艺术真实应当包含这样几个层面的内容：首先是艺术创作的来源取材于生活真实或现实存在；其次创作者通过对现实存在的认识和判断以及理解和感受，形成自己的主观体验，然后运用艺术语言和形式，表达作者真实的内心情感，最后从艺术接受的角度，受众在艺术欣赏中产生和体验到真实感。

虚构类节目是以审美的方式进行艺术创作，服从艺术创作的普遍特性的。例如创作主体在艺术体验的基础上，进行艺术构思，通过想象、联想以及艺术灵感，运用虚构、想象、变形等艺术手段，最后表达创作主体对现实生活的理解。虚构类节目的真实是艺术真实，是客观世界与艺术家的思想观念、心理情感等主观因素相互交融作用的产物，是主观真实与客观真实的统一。从接受者的角度看，艺术真实的实现主要表现为使接受者产生真实感，包括在认识层面逻辑可信、在情感层面唤起共鸣，等等。

②在艺术真实性之上营造“生活真实”，形成“生活真实感”。

众所周知，如果根据艺术创造的规律和各种艺术形态的不同特点，艺术被分为表现艺术和再现艺术，再现艺术包括：雕塑、绘画、文学；表现艺术包括音乐、建筑、书法。再现艺术偏重于客观、感性、必然；表现艺术偏重于主观、理性、自由。那么，作为视听综合艺术的电影和电视，既包含再现艺术的特点，也包含表现艺术的特点，但由于传媒与艺术双重属性的影响，电视艺术呈现出不同于电影艺术的特点。

从接受角度看，电影观看具有仪式感和神秘感，就像巴拉兹·贝拉在《电影美学》中所描述的那样，“仿佛站在画面里看一切东西，眼睛跟剧中的眼睛合二为一，双方的思想感情也就合二为一了”，而电视的传播过程、接受过程和接受环境则呈现出日常化的特点，这使得电视缺乏电影的视觉魅力，从而更注重形象叙事的能力和对生活逼真的再现力，跟生活保持同时、同构，以营造“生活真实感”。

“生活真实感”成为电视虚构类节目在达到艺术真实普遍规定性基础上的独特的艺术特性。为此，电视虚构类节目在题材选择、叙事策略、表现手法等方面形成一套独特的审美系统，这突出表现在电视艺术的主要样式电视剧中。

与电影相比，电视剧题材选择更加生活化，经常取材于现实生活，家庭伦理、生活波折、人情冷暖构成了电视剧的大部分题材内容；与电影强调视觉冲击相比，电视剧更注重叙事，将日常生活的故事娓娓道来；此外日常生活场景的真实和细节的真实都受到格外重视。这一切使得电视艺术在具备艺术真实的基础上，还具备了传递“生活真实感”的特性。

3. 虚构类节目和非虚构类节目在杂糅状态下的真实呈现

今天的电视将不断创新作为自身持续发展的灵魂，节目内容异常丰富，姿态千变万化，包含了更加丰富的形态和元素，虚构、非虚构节目出现“你中有我，我中有你”的趋势，从而呈现出越来越多的杂糅状态。

①杂糅的表现手段。

在当今的电视作品中，由于创作者的不断探索创新，加上高科技数字CG制作手段的不断发展，各类电视表现手段越来越丰富。即便在以“真实”为出发点的非虚构节目中，传统的“虚构/非虚构”界限也已经被打破。许多虚构手法被运用在以求真为根本价值诉求的节目当中。比如前文所说的《探索·发现》栏目，将自己定位于娱乐化纪录片的风格，“拍观众喜爱看的纪录片”，为此他们用“讲故事的方式”把历史、地理、自然科学等内容呈现给观众，同时“利用所有可能的电视手段进行表现”。这些故事性的元素、戏剧冲突的叙事策略还有再现、表演、动画等虚构的表现手段，都被运用到以“真实”为根本属性的纪录片节目当中，从而表现出“虚构”和“非虚构”杂糅的景象；而在一些以情景剧模式呈现的教育类节目中，通过艺术创作中的人物设计、编制情节等虚构手段，完成了对语言知识传播、教育的功能。

另一方面，随着艺术的不断发展，也有很多创作者在进行艺术探索时，尝试运用纪实风格拍摄真人真事，比如电视剧《9·18大案》，以当事人担任角色，采用真实姓名，实地拍摄并同期录音，并且有意模仿电视新闻的摄影特征，使得作品显示出与原生态生活几近一致的真实感。

②复合性的功能指向。

除了电视节目表现形式上呈现出的虚构和非虚构的混杂，在功能性上也存在越来越多的复合功能的节目，使得在虚构和非虚构之间、求真和审美之间，出现了大量的介于知识性（或科学性）和艺术性之间的节目。

比如许多纪录片提供了诸多有关我们所生存的这个世界的各种知识和图景，即使那些足不出户的人们也能藉此得以了解发生在世界遥远角落和古老年代的事情，这使得纪录片在很大程度上是知识性的；同时，它显然并不满足于仅对世界作科教片式的知识性说明，创作者努力从艺术的视角去展示他们对客观世界的认知。《迁徙的鸟》是一部反映鸟类生活习性以及地球自然风貌的知识性很强的纪录片，但是作品中那些精美的画面，动听的音乐旋律以及鸟类王国中颇具人性、人情的生活情节和细节描述，几乎令所有看过作品的人为之感慨动容，从而产生一种审美享受，作品既有很强的知识性也有很高的艺术性。而《帝企鹅日记》则更进一步，它不但介绍了南极企鹅的生存、迁徙、繁殖的生活习性，还编织了动人的故事情节，并将人类的情感——母子情、夫妻情灌注其中，引起观众情感共鸣，从而具备了很高的审美价值。

这些节目的出现，超越了虚构/非虚构的界限，从而在传达真实的问题上表现出更为复杂的状态。

③电视媒介和艺术的双重属性造就电视“真实感”独有的特质——“真中求美，美中带真”。

事实上，在当今的电视节目形态中，虚构和非虚构杂糅的状态成为电视节目内容的主要部分，在电视屏幕上占有相当大的比例，这种杂糅的表现形式，使得电视的“真实感”具备了独有的特质：

第一，“真中求美”——在追求“本质真实”时，影像艺术特性赋予其“美”的表现手段。作为大众传媒，客观、准确、全面地传播现实世界的“本质真实”是电视传播追求的终极目标。就传播系统而言，与报纸、广播、杂志等其他大众传媒相比，电视的影像特性使其信息传递更为精确、直观，从而使电视呈现的“真实感”具有更加生动、形象的特点；在此基础上，许多以传播知识、信息，提供对客观世界认知的节目，利用影像独有的表现力，制造出非常高的审美价值。

第二，“美中带真”——在追求艺术“审美”时，大众传播特性赋予其“真”的特质。在视听艺术领域，相较于电影、戏剧等艺术样式而言，由于电视所具备的大众传播特性，又使电视这一视听艺术，不可避免地受到大众传媒传播信息、认知时所具有的“求真”价值取向的影响，体现出一定的“真实性”色彩。比如在题材选择、叙述方式、表达手段上，更贴近广大受众、更贴近社会原貌、更贴近生活常态，在艺术真实之上带有更多的“生活真实”特质，从而具有“真实感”色彩。

简而言之，电视的双重属性使得电视相较于大众传媒，在求“真”的过程中表现出更多的“美”；而相较于影视艺术，电视在体现“美”的过程中传达出更多的“真”。

第四节　电视受众与电视“真实”

电视无论作为是大众传媒还是视听综合的影像艺术，其信息传播价值和作品审美价值的真正实现，都离不开受众的接受，只有在被感知、被理解和被体验的过程中，其意义和功能才会得到实现。

从接受者的角度看，电视“真实”的实现主要表现为使接受者产生“真实感”，包括在认识层面逻辑可信、在情感层面唤起共鸣，等等。电视受众对电视真实感的体验，最终通过具体的节目形态得以实现。由于电视节目的构成内容、表述方式、价值诉求以及承担功能的不同，观众由此也会获得不同的感受。

一、在非虚构类节目中，受众满足了求“真”的需求

1. 以认同“非艺术假定性”为前提，受众获得多层次的求“真”需求

就像前文所说的，非虚构类节目将哲学认识论意义上的“真实”与否作为自身最重要的特质、评价标准和价值取向。受众在这类节目中更多地表现为对现实生活经验和身边世界的了解及认知期待，而这种知性认知体验的前提，在于是否认同电视所呈现的“真实”。也就是说，认同电视传播“真实”过程中所带有的“符号假定”、“创作者的假定”、“主体选择的假定”等一系列传播过程中的“非艺术假定”。

现代阐释学认为人类的理解活动总是从既有的存在（人的时间性或历史性处境）出发的，由此形成一种理解和认知的“先行结构”或“先入之见”的经验材料，所有的认知必然是在这个先行结构中才能被理解、被认识，而在诸种经验中，人们又特别重视自己的视觉经验。电视屏幕上呈现的画面尽管不是现实世界本身，但由于其相似性、精

确性和逼真性特点，高度接近生活原生态，极易使观众产生认同，使得观众把从电视中得来的间接经验当成直接经验，也就是对电视语言“符号假定性”的认同，即受众相信影像所呈现的内容与真实世界之间是一种可靠的、符合一致的关系，电视屏幕上的图像和信息都有真实的事实根据和事实逻辑。因此，当电视受众观看一场足球直播时，数十台摄像机可以从全景、球门前、场外地面不同角度拍摄直播这场足球比赛的场面，还可以反复重放射门时场面。尽管这种全方位的拍摄视角超越了人眼观察的现实，但没有观众会认为这是不真实的，受众早已认同了现代传播手段带来的符号假定性和传播主体渗透其中的选择假定性。

在受众对“非艺术假定性”认同的基础上，由于借助现场报道、直播、当事人叙述等诸多手段对“电视真实性”的强化，电视以高度接近生活原生态的面貌出现，逐渐确立了在受众心目中的“权威”地位，电视早已成为受众获取外部世界信息、认知客观物质世界的主要途径。据 CTR 调查公司统计，我国超过 88% 的观众在国内外发生重大事件时，会在第一时间收看中央电视台的相关报道；当同一个事件出现不同说法时，超过 85% 的观众更相信中央电视台的说法。

对电视真实权威性的依赖，有时也会产生可笑的后果。英国一家电视台曾经播放过一则愚人节新闻，声称意大利的通心粉树大获丰收，电视画面“真实”地表现了农民从树上收获意大利通心粉的镜头，大多数观众根本没有怀疑这则新闻的“真实性”。[①] 这个极端的例子说明，由于电视传媒长期对自身真实性的强调和积累，造成了电视受众对电视真实绝对信赖。相信电视在传播信息认知世界时的真实性，已成为电视受众对“电视真实”认知的固有模式。

电视强大的传播功能集中体现为传递信息资讯的即时、快捷、丰富、全面。今天，社会文明的发展，使得在传播过程中作为接收终端的受众的地位空前提高，为受众提供与现实生活密切相关的各类信息成为电视作为传播媒介的主要目标。

从电视受众角度而言，今天电视提供的资讯其丰富、快捷、全面、深度大大超过了过去任何一个时代，成为受众获取外部世界信息，由此建立与外部世界联系的主要途径。

首先，体现在丰富性上，20 世纪 80 年代开始，随着中国电视的高

① 苗棣、范钟离：《电视文化学》，240 页，北京，北京广播学院出版社，1997。

速发展，新闻资讯节目迅速扩大。据《2006 年中国广播影视发展报告》统计，截至2005 年，全国有 72 套频道的节目播出，资讯节目被作为各台的核心竞争力迅速成长。如今，《国际时讯》《时事快报》《南京零距离》《财经报道》《生活帮助热线》《凤凰气象站》《中国娱乐报道》《影视同期声》《东方体育快评》等节目，从国际国内时事要闻，到街边巷尾的民生百态，从国际石油价格到各类超市商品打折，从政治要人、体育明星、知名演员到寻常百姓的奇闻佚事，都能通过电视获得所有的新闻信息和服务资讯。

其次，在即时、快捷性方面，如今的电视受众总能在第一时间获取新近发生的事件的信息。电视技术的发展，卫星传输设备、卫星转播车使对各类突发事件进行现场直播成为可能，电视受众几乎可以在同一时间内看到世界各地发生的重大事件。现场性、即时性已成为当今新闻资讯节目的发展趋势。

另外，各类新闻评论节目，深度报道节目，为电视受众从不同层面把握外部世界提供了大量信息。

因此，电视受众从过去获取信息的单一的真实体验发展为以电视真实为基础的丰富、即时、快捷、多层面的求真体验。

2. 受众在"求真"的同时，也获得一定程度的审美体验

正如前文所述，由于电视所具有的双重属性，作为大众传媒的电视，在传播各种信息、资讯以及传递对客观世界各种认知的时候，不可避免地表现出其固有的影像特质，从而使受众在获得各种信息、资讯以及在完成对客观世界的各种认知的过程中，也一定程度上享受到审美的体验。

首先，受众通过电视获取的来自外部世界的各种信息，是一种直观、精确的声音与画面，这种方式往往更加形象、生动、鲜活。其次，由于电视运用影像语言符号，在传播信息过程中必然遵循影视艺术的规律，表现出影像艺术的特点。比如题材选择上注意典型性、概括性；叙述策略上注意故事性、生动性；同时视听表达上发挥影像独有的表现力，注意画面的优美等。最后，由于电视传播过程中所带有的影像艺术的特点，在呈现客观事实、阐释对客观世界的认知时，往往富于情感，带有感性色彩。因此在这种表述方式下，受众在对其认知时，也获得了一定的美的享受。

比如，四川地震一周年之际，各个媒体策划了很多专题报道，灾难发生时"可乐男孩"薛枭乐观、幽默、积极的态度曾为灰暗的灾难带来一抹亮色，在一周年后对这一人物的追踪报道中，电视报道显示出与报纸等传播媒介的差异。新华社的文章题为:《“可乐男孩”的快乐生活》,文章通过记者采访的形式,报道了“可乐男孩”薛枭一年来的生活状况,包括他的身体、学习、外界对他的关注,以及他有可能实现的美好未来。而辽宁卫视的节目《一年后的问候》,通过几个场景向观众展示了他的乐观、鲜活、青春的生命状态—— 宿舍里跟同学们一起聊天说外语的快乐,篮球场上奔跑时的活泼,课堂上学习时的专注……整个节目没有一句解说词,只有同期声和舒缓深情的音乐。节目结尾处,薛枭坐在校园中绿茵茵的草坪上,向观众倾诉他对未来的憧憬以及他对所有关心灾区的人们的感激之情,他深情的话语和纯朴的表情无法不让人感动。最后,在《好人一生平安》的歌曲和一组闪回的地震画面与现实场景的平行蒙太奇交替中节目结束,让人感到生命的顽强、爱心的伟大、生活的美好,唤起观众无限的感慨和情感的共鸣。由此,我们可以看到,电视作为大众传媒,其新闻报道不仅利用影像使事实更加真实、可信,而且还往往附着上一层情感表达的色彩。

由于电视受众在获取认知的求真中,通过生动、形象、鲜活的画面,获取了美的享受,达到了情感体验。因此,我们可以说,在求“真”的过程中,受众某种程度上也获得了审美体验。

二、在虚构类节目中,受众获得“审美”体验,并从中感受到“生活真实感”

1. 以认同“艺术假定性”为前提,受众获得“艺术真实感”的审美体验

相对于对非虚构类节目满足求真的期待,受众在虚构类节目中更多地获得美的体验。正如前文所划定的那样,电视屏幕上播出的各式各类文艺节目,包括:电视剧、电视综艺节目、电视艺术片、电视专题文艺节目,以及音乐电视(MTV)等,都属于虚构类节目。电视受众通过这些节目获得了赏心悦目的体验,满足了情感 、意愿和情绪的抒发,在情感层面唤起共鸣,在艺术欣赏中产生审美愉悦。

同样,电视受众在虚构类节目中审美体验的获得,也是以认同电视节目中的“艺术假定性”为前提的,即受众认可电视运用影像艺术语言和形式,进行艺术构思,通过想象、联想,进行虚构,表达作者真实的内心情感,最后从艺术接受的角度,感觉符合现实逻辑,产生情感共鸣,进而达到审美体验。不言而喻,受众审美体验的获得也是

以“符合自然逻辑”的“艺术真实感”为前提的。

另外，值得说明的是，当今电视观众在电视虚构类节目中的审美体验，更多地表现为娱乐和消遣的满足。这还是因为电视的传播方式、接受环境的日常化状态，受众将电视视为生活的一部分，将“仪式化观赏”和“注意力观赏”转变为“日常化观赏”和“伴随性观赏”，他们更愿意把电视节目作为一种工作之余的放松和紧张情绪的排遣。受众的这种心理期待作用于电视节目，使电视节目艺术性呈现为大众文化特色，美感也更多地表现为娱乐、消遣，甚至流于低俗。为此，应该深入地探讨怎样更好地提升电视节目的艺术品质，做到雅俗共赏。

2. 受众在获得审美时，也获得了“生活真实感”

我们经常会看到这种现象，一部电视剧，是否会有好的收视率，是否受到观众欢迎，往往决定于是否使受众觉得真实，也就是产生“真实感”。比如，由于《激情燃烧的岁月》《亮剑》等优秀电视剧出神入化地刻画了那个年代的军人风采，因而受到广泛的认可与好评，受众认为这些作品中的军人生活和情感被表现得“非常真实”；另一方面，《沙家浜》等一些电视剧作品则未被认可，原因在于其对人物情感的塑造脱离了现实生活，受众感觉“很不真实”。“真实”成为判定电视剧作品优劣的重要标准。

电视受众对电视艺术审美的要求，很大程度上决定于电视艺术是否能真实地反映生活，对电视受众而言，审美过程中其是否能够满足“真实感”似乎尤为重要。

之所以如此，是因为电视受众在电视艺术审美过程中的日常心理特性。电视自诞生以来很快便成为大众生活的必需品，几乎成为日常生活必不可少的一部分。因此，受众要求电视节目的内容与日常生活的情境与情感相符合。以电视剧为例，正像前文所说的，题材选择更加生活化，内容多取材于日常生活，围绕百姓身边发生的情感纠葛、生活波折、家庭伦常展开，比如早年热播的电视剧《渴望》《皇城根》《我爱我家》，及至后来的《婆家娘家》《亲兄热弟》《空镜子》《金婚》《不要和陌生人说话》《我的青春谁做主》等，一直延续着贴近日常生活的主题叙事；此外人物塑造也要求更接近日常状态，比如“李云龙”“石光荣”等脍炙人口的形象，性格突出，既有优良品质，又带有很多生活中的小毛病，一反过去“高、大、全”的英雄形象，更加生动、自然、真实。正因为如此，才受到电视观众的认可与赞同。由此我们可以说，受众在虚构节目中获得情绪宣泄、情感共鸣等审美体验是以更多的“真实感”或者说更多的“生活真实感”为前提的。

有意思的是，由于电视艺术对营造生活真实感的追求，也由于电视艺术日常化的传播方式和接收方式，从而造成了观众对真实性的迷惑。经常将艺术真实与现实生活真实相混淆。1992 年 1 月，中央电视台首播电视系列剧《编辑部的故事》，在《我不是坏女孩》上集播出的当晚，北京纺织机械所电话铃响个不停，大都是询问《人间指南》编辑部的知音大姐。《我不是坏女孩》讲的是知音大姐帮助一名轻生的女孩放弃自杀念头的故事。这个编制的戏剧故事由于拍摄手法的真实性、故事讲述的日常化，使许多观众信以为真，“剧中编辑部场景中的小黑板，上面有剧务随便写的一个电话号码——5014450 转 648，谁知现实中竟真有此号码，当晚就打进 100 多个电话……”① 像这样的情况，很难在电影或戏剧观众中发生。

三、在介于虚构/非虚构之间的节目中，受众满足了“真”与“美”的双重感受，最终达到真善美的统一

1. 电视节目中“美真同在”节目形态

事实上，就当今电视内容生产所包含的类型而言，大量节目处于虚构和非虚构之间，我们很难界限清晰地说出观众在其中究竟获得了较多的认知满足，还是更多地收获了审美体验。而这些形态杂糅、功能指向复合的节目才是目前电视内容体系中的主要构成部分。比如：

大量的专题类栏目中，越来越多的虚构手段被运用，像央视的《人物》《第一线》《讲述》《半边天》等，“情景再现”已成为普遍使用的表现手段。

在诸多的广告节目中，充满了精美的画面、优美的音乐和唯美的形象，编织的情节，诗意的叙述，给人一种美的享受。我们经常能够听到这样的说法，“与其看乏味的电视剧，还不如看精美的广告”。当今越来越多的精美的广告作品，既满足了观众的审美需求，也完成了广告商传递有效信息的功能。

在电视综艺节目中，往往综合各种信息、事件与文艺歌舞表演。比如“3·15 晚会”“年度新闻人物颁奖晚会”等，既有新闻事件的呈现、新闻人物的到场，也有小品、相声、歌舞等各种文艺节目，“春节晚会”更是将年度最大的新闻点与各种艺术形式杂糅在一起的“节目

---

① 张君昌主编：《〈编辑部的故事〉画外音》，20 页，北京，中国广播电视出版社，1992。

大拼盘”，受众在获取新闻信息的同时，也获得了情感与审美需求。

还有当今收视率较高的娱乐资讯节目，将娱乐与资讯杂糅在一起，为我们提供了各种娱乐界的资讯信息，它既满足了受众获取信息的求知需求，也满足了受众的娱乐需求。

在另外的一些新型栏目，比如益智类节目，包括央视的《幸运52》《开心辞典》；竞技类节目，包括湖南卫视《智勇大闯关》还有真人秀节目等，都是受众在获取知识和信息的同时，也获得了情感的娱乐与刺激。

还有大量的体育节目，比如NBA篮球比赛、中超足球联赛、体操、滑冰等各种体育赛事的直播，观众于其中获得的，似乎并非是胜负的信息，更多的是在这一过程中所体验到的人类力量之美、运动之美、竞技之美。最典型的是奥运直播，围绕着这场当今世界最大的体育盛会所诞生的各种节目样式——奥运宣传片、奥运MV歌曲、体育明星访谈，以及开幕式直播，它包含了多种信息、资讯、认知、娱乐、消遣、美感等元素在内的综合节目内容，我们已经很难说清观众从其中究竟获得了认知还是审美。

这种功能多样、价值指向多元的节目才是当今电视节目中主要的组成部分。真正代表着独有的电视“真实感”的特点——“真中求美，美中带真”。

电视在呈现“真实感”时所表现出的特有“真中有美，美中有真”的特质，使得电视受众在获取对客观世界认知的同时体验了审美愉悦，在体验美感的同时收获了对客观世界的有效认知，从而使受众对电视“真实”产生了更为良好的认同感。

2. 电视传播中真善美的统一

真善美是人类掌握世界的三种方式，分别反映了人的认识活动、实践活动和审美活动的能动过程及其成果。真是人类对客观物质世界及其规律的认识与把握，善是人类自由、自觉活动的目的要求及其实现，美是合规律性与合目的性的统一及其感性形式，它们既是人类实践活动内容互有不同的三个方面，又是实践活动不同价值形态对于人类的全面展开。

从电视传播与受众的关系上看，电视传播之真主要与受众的认知相联结，电视传播之善主要与受众的意志相联结，电视传播之美则主要与受众的情感相联结。由于人类劳动的本性和生活实践的必然性，渴求对外部世界和人自己的了解，这本身已经成为人的一种普遍的基本的需要。电视传播之真，即满足了人们求真的精神需要并进一步提高了人们求真的精神能力；电视传播之美，即满足了受众情感的需求并在更高层次上超越了直接功利的需求，通过人的愉悦感、和谐感、自由感等美感形式表现出来；电视传播之善即传播内容与人的社会需要相一致的结果。

因此，我们可以说，当电视观众在以电视独有“真实性”为起点，在获得求真的精神能力和求美的愉悦感、和谐感和自由感时，他们所获得的真理性的认识及其方法，不断地积淀为人的精神能力，从而激发出自身的创造性、智慧和力量，由此产生向善的力量。因此，电视传播以“真实”为起点，以“美”为过程，最终完成电视的“善”的本质功能，达到真善美的统一。

第五章

电视受众的审美需求

与其他艺术形式相比，当代电视受到商业社会的竞争压力更大，更需要在这个以受众为中心的快节奏消费时代里，满足受众的各种需求，才能够为自己生存和发展奠定基础、赢得空间。因此，与其他艺术形式相比，电视更需要了解电视受众观看电视时期待视野的具体构成，明确观众“看电视”这一行为背后的内在需求。厘清作为整体的电视受众观看电视时的目的组成，以及众多目的背后的内在需求，才能够找到创作者理念与电视受众心理需求的契合点，成功地将观众引入自己要营造的艺术天地中。

人类对世界的认识能力有感性、理性、知性三种。感性是人类在遇事处理中以个人情感为依据的心理过程，是生而俱有的，是一种表面的感受能力，大多时候甚至是没有明显逻辑理由的。理性和感性相对，是人类在感性认识的基础上，把所获得的感觉材料，经过思考、分析，形成概念、判断、推理的能力。知性则是指主体自我对感性对象进行思维，把特殊的、没有联系的感性对象加以综合，并且联结成为有规律的自然科学知识的一种先天的认识能力。野性而原始的感性可以直接给人类带来快乐，理性可能暂时抑制快乐，但当人类通过理性、知性为中介，将从感性认识得到的材料去粗取精、去伪存真，加以由此及彼、由表及里的整理和改造后，得到了对事物的全体、本质和内部联系的认识后，能够得到更高层次的满足。

与人类认识世界的三种能力相应，李泽厚先生从自然人化、积淀和文化心理结构立论，根据人的审美能力（审美意识、观念、理想）的拥有和实现出发把审美形态分为“悦耳悦目”、“悦心悦意”和“悦志悦神”三个方面。“悦耳悦目”对应着艺术的形式美，指的是人的耳目感到欢乐，是通过人的审美感受、积淀成为人化的自然，是人类所独有的心理主体。“悦心悦意”对应着艺术的形象美，指通过耳目愉悦走向内在心灵，而由于人类具有最高等级的审美能力，所以人类能够在道德的基础上达到某种超道德的人生感性境界，从而实现“悦志悦神”，也就是艺术的意蕴美。

与人类的认识能力、审美形态相应，电视受众对电视的需求，尤其是对电视的审美需求也是多种多样的。从日常经验我们大体可以了解到，电视受众收看电视节目的动机和目的主要有三种：轻松休闲、获取信息、获得一定的情感体验以及从中获得情感的满足。事实上我们可以把电视受众观看电视的需求分作三类：感官需求、情感需求和理性需求。这三种需求不仅分别对应着李泽厚提出的“悦耳悦目”、“悦心悦意”和“悦志悦神”这三种审美形态，也与人类认识世界的能力相关。

第一节　电视受众的感官需求

根据马斯洛的学说，人们对内心的五种需求不是同时产生、同时满足的，而是依次由低层次到较高层次产生，并且，人们总是优先满足较低层次的需求，只有当低级需求得到适当满足后，较高一层次的需求才能继续得到满足。很明显，在观众的“感官需求”、“情感需求”和“理性需求”三种需求中，“感官需求”是最基础的，或者说，最低层次的需求，是需要首先被满足的需求。

因此，要想更好地实现电视的审美功能，首先需要满足电视受众对电视的感官需求。

声音和画面作为电视审美的两大符号系统，承担着不同的功能。目前，一般所有电视节目都很注重电视的声音、画面质量以及声音与画面之间的配合关系，各种对画面构图、色彩、光影的研究、实践与创新，对声音层次的丰富、对声画关系的探讨与运用，对画面蒙太奇、声画蒙太奇关系的创建，都是从基本层面上尽量用当代电视的声画符号满足着观众的感官需求。

但仅有这些并不能满足观众感官需求的全部。由于观众是作为“立体”的人，观众的感官需求也是立体的，亦即是多层面、多形态的。从感官层面上说，电视受众的审美体验、审美需求也是多样化的，观众对电视声画系统的感官需求并不仅限于满足黄金分割比例，而有更多不同形态。因此，要更好地满足观众的感官需求，更需要具体探讨观众感官上的审美需求的具体形态构成。

从文艺美学的角度上看，人们对艺术形式的审美形态划分基本可以分为三类：优美的、崇高的、丑或怪诞的。观众对电视声画符号系统的感官需求同时有对这三种形态的需求。

一、优美

在文艺美学的经典范畴里，“优美”特指那些能够与审美主体相和谐的审美客体。“优美”的形式主要趋于和缓、平静，符合人类的各种生理、心理习惯，能够引发审美主体熟悉、喜欢、爱恋的情感。在电视审美活动中，审美主体就是电视传播中的受众。在日常生活中，观众需要在电视上看到“赏心悦目”的图案，听到“悦耳动听”的声音。一般来说，所谓的“赏心悦目”、“悦耳动听”对于观众来说，能够具体化为画面构图严谨、色彩对比和谐、光影效果显著；声音和谐，上下镜头之间的声音与画面能够形成有规律的大小、上下、左右、内外、前后、强弱、快慢、明暗、实虚、有无、曲直、急缓、动静等变化，而且这些变化不尖锐、不矛盾，是完全符合人类的各种需要和活动习惯，与电视受众的感官、情绪、思维合拍的。

很明显，观众对所谓“赏心悦目”、“悦耳动听”的要求究其根本，正是对电视声画各环节和谐的需求，是对声音与画面符号从整体到细节的对称、均衡、反复、节奏、对比调和等规则和比例的需求。因为这样的声画符号一般具有平静和缓、和谐融洽的审美形态，事实上正体现出观众对“优美”的电视声画符号的要求，能够给观众带来“优美”的审美享受。

“优美”的视听感受是电视受众对电视的最基本的审美要求。当代社会中人们的工作生活日益变得沉重、繁忙，看电视是绝大多数中国人放松精神、娱乐休闲的首选，这就造成了人们观看电视时常常是希望得到轻松、娱乐、休闲的享受，能够平复自己在学习、工作、社会生活中受到精神压力。优美的画面内容让观众觉得熟悉、亲切、和谐，观众不需要特别花费精力就能够欣赏，产生亲近、喜爱、心旷神怡等审美愉悦感，获得最基本的感官享受。

二、崇高

对于受众的审美体验来说，仅有“优美”是不够的。“优美”的艺术形象能够引发人们熟悉的情感，但是如果只有熟悉的情感，人们在电视中得到的审美体验将与在日常生活中得到的情感体验没有太大的区别，也就是说，“熟悉”、“亲切”不能带来“新鲜”、“刺激”，人们观看电视的审美体验将会变得庸常，电视将因为庸常在很大程度上失去它对受众的吸引力。因此，电视提供的审美形式绝不能仅仅是“优美”，而需要适当地引入崇高与怪诞。

“崇高”也是一个与“优美”一样古老的美学范畴。美学意义上“崇高”是指审美客体的形式或内容能够激起审美主体的某种苦痛或危险，从而感受到自身的渺小或不足；但是，审美的距离又让审美主体重新意识到自己的安全，从而体会到对审美客体的征服，进而激发和引起人的尊严及自豪感和胜利感，高扬人的尊严和价值。英国美学家柏克曾经有过一句著名的论断：“凡是可恐怖的也就是崇高的。”

电视受众或许不了解“崇高”这个美学范畴的具体内涵，也不了解为什么有些恐怖的视觉形象反而能够激发起自己的兴趣，但电视受众对“崇高”这种美学形态的喜爱却是非常鲜明突出的。

绝大多数观众都会有这样的经历：每逢电视新闻、电视纪录片或电视剧中播放那些灾难性的画面总能吸引住我们的目光。例如 2005 年 10 月，超强台风袭击浙江的时候，造成了巨大、甚至惨烈的后果；2004 年年底南亚发生大海啸时，电视屏幕上反复播放着海啸袭来时的滔天巨浪；2001 年报道“9 · 11”恐怖袭击时，更多惊心动魄的画面至今让人记忆犹新……从收视率可以看到，这样的题材总是电视高收视率的保证。人们为什么会对这样的题材表现出兴奋？要回答这个问题不仅需要从理性的角度出发，认为是观众从理性出发表现出了对事件进程的关注、对人物命运的同情、对人物精神的钦佩等。事实上，很多观众都津津有味地收看站在台风里的女记者们如何一边坚持报道一边被风吹得东倒西歪，反复“欣赏”飞机冲向世贸大楼、世贸大楼楼上往下坠落的人影、整个世贸大楼像巧克力溶化一样往下坍塌的画面。可见，人们对这些新闻的热情有很大一部分层面的原因是因为这些画面为观众提供了日常生活中没有的场景，能够为观众的感性经验提供新鲜的素材，能够以这些素材的危害性为大家带来新鲜刺激，从而提供了与人们平常在电视机前习惯看到的“优美的”艺术形式不同的美。

在不同的场合下，有一些人批判过电视画面的暴力、血腥等问题的存在，但事实上，具有一定暴力程度的电视画面受到观众的喜爱并不完全是因为观众道德感缺失，这些洪水、海浪、爆炸画面是普通人在日常生活中几乎看不到的，是能够激发起我们的恐怖感的，是一种“崇高”的美，这种“崇高”的美也是作为审美客体的电视受众正常的审美要求，在人们的审美需要中，这种形态的内容是对“优美”的补充。

在审美感受的形式上，人们既需要强烈刺激，又需要和缓平静；在审美感受的内容上，人们既需要熟悉、现实、严肃，又需要陌生、神奇、享乐。而各种形态的电视形式提供的审美刺激正好具备这两个方面的要求。“优美”的形式内容引发的是熟悉、喜欢、爱恋；“崇高”的形式内容引发的是崇拜、尊敬、恐惧；“优美”的艺术形象会为观众提供让观众觉得自己能够把握、能够直接欣赏、直接得到的审美快感；而“崇高”的形象却是首先让观众觉得自己不能把握，是需要观众经历从审美痛感到审美快感的升华的。但是，在这个有逆折过程的审美感受中，观众反而能以反证的方式更加肯定自己的优越地位、更加激发起人的自信。就如电视观众在观看灾难性的画面时，更能够体会到坐在沙发里的自身的幸福一样，进一步获得愉悦。

电视要真正让受众满意，需要为受众提供更丰富的审美感受，而不仅仅是单一的审美感受。虽然优美的审美感受能够让观众放松、休闲，但“优美”的声画符号系统从本质上看与人们的日常生活太接近，人们观看这样的视听形象固然能够得到暂时的放松，但这样的形象造成的强度却不够，不能够帮助人们迅速从日常生活的庸常状态中超脱出来；而属于“崇高”范畴的那些恐怖的、刺激的形象却有所不同，它们能够以强烈的视觉刺激让人们迅速摆脱日常生活的困扰，通过“震惊”的方式把人们领入一个陌生的、与现实生活隔绝的虚幻审美世界，进而也就把日常生活中的一切烦恼暂时都抛到这个虚幻的审美世界之外，从另一种渠道得到放松。

三、丑或怪诞

从观众对“崇高”的感官需求可以看出，真正要让电视受众获得感官上的满足，仅仅提供优美的视听形象是不够的，有时候，具有刺激性视听形象反而能够让观众得到另一种观感满足。

同样，观众对“丑”或“怪诞”也有所期盼。面对“丑”的形象，观众能够通过对这种形象的厌恶进一步确立对美的评判标准，“怪诞”的形象一方面能够以其非正常的形象系统提醒受众日常习以为常的形象事实上具有“美”的特点；另一方面也可以给观众带来优越感，带来别致的审美感受。正是由于这个因素，荧屏上始终有葛优、潘长江等一些“丑星”形象当红，“小沈阳”这种怪诞的形象也能够迅速在一夜之间红遍中国大地。“小沈阳”的各种搞怪动作、神态向人们展示着生活中很难遇到的、只能在电视中集中展示的各种非正常，从而反方面帮助观众确立了自己“正常”的主体确认感受，观众们在嬉笑中、在这样的怪诞的感性形象中获得了特殊的感官满足。

无论是优美的形象、崇高的形象还是丑或怪诞的形象都能给电视受众带来不同的感官满足，都能够实现电视的审美功能。但是，根据马斯洛的需求层次原理，人们在满足了基本需求之后才能满足高级需求，优美的感受是属于人们的基本审美需求，而崇高、丑或怪诞不属于基础性需求而属于丰富型需求，人们倾向于用这两种感官的美来平衡优美带来的日常感，但这两种美本身却难以成为吸引观众的常态的审美形态，在电视中需要被限定在一定的比例内。

在观众的日常经验中，这种限定事实上也在观众对电视的反馈中体现出来，通过对电视收视情况的长时间考察，人们常常会发现这样的规律：观众在一段时间内会对某种特殊的艺术形式（如怪诞的、恐怖的等）吸引，引起感官上的满足，但时间长了却会对此失去兴趣，进而产生厌恶。2005 年的《超级女声》捧红了中性化的李宇春，此后的《超级女声》乃至《快乐男生》《加油！好男儿》的选手中就涌现出了大量走中性化路线的女生、男生，而他们都没有得到李宇春那样的成功，乃至这些选秀节目本身都难以获得曾经的辉煌。这种现象在电视行业中并不罕见，电视行业中一再出现某一个特殊形态的节目突然走红，又在其他形式一窝蜂跟进后迅速没落的现象，这个现象从本质上说就有优美与怪诞的比例方面的原因。电视受众突然对某个形式感兴趣，究其原因，有时候并不完全是受众对这种形式本身感兴趣，而很有可能是人们借这种形式带来的特殊审美感受平衡此前另一种单一的审美感受。这是电视受众满足自己感官需求时的必然选择。因此，作为电视的从业者一方面需要对观众究竟为什么喜欢某种审美形式保持清醒；另一方面也需要随时关注受众对已有的各种审美形态的态度，尽量在适当的时机推出适当的审美形式，让我们的电视荧屏能够在优美、崇高、丑或怪诞这三种审美形态之间保持平衡。

英国的创意团队经常在超市、马路上观察市民，从各种生活的点滴细节推测这些电视受众在最近阶段的审美风尚，这种做法看似有些奇怪，但却对随时掌握电视受众的审美风尚动态是有帮助的。

四、自然情感到审美情感的转化桥梁

无论电视作品的感性形式是怎样的风格，对电视作品外在形式的推敲都是非常必要的。这不仅仅是对电视受众感性需求的满足，合适的、好的外在形式也是电视受众在观看电视时，从日常的自然情感向审美情感转化的关键，对电视审美的生成及其功能实现有至关重要的作用。

自然情感是人在自然的日常生活中都有的情感，而审美情感则特指人在审美活动中产生的特殊情感，审美情感作为人对客观事物的一种态度的体验，是以日常情感为基础的，就表现论而言二者的界限有些含混。美学家柏格森认为美感并非什么特别的情感，任一情感只要是通过暗示而不是通过因果关系产生都会具有审美的性质；科林伍德也认为审美情感仅意味着一般情感获得表现。但事实上审美情感与人的自然情感是有一定区别的，只有当审美主体能够从审美对象中得到符合其自身审美理想的快感，审美情感才能够产生。

因此，电视创作要想超越其“产品”属性成为“艺术品”，要想在满足电视受众基础的感官需求之外激起观众的审美情感，把观众带入自己预设的审美活动中，就更需要在外在形式上以观众的审美理想改造题材，将受众的自然情感转化为审美情感。

这种转化无疑首先在于对题材的外在表现形式的深度艺术加工，以期在题材能够引起的情感之外，借助形式加强或再造情感，形成艺术形式对题材的征服。这个结果将是实现作品形式美的更高要求，即通过这个过程之后，整体艺术作品最吸引人的地方不是题材引起的审美情感，而是艺术形式本身引发的审美情感。事实上，这样的作品在电视作品中屡见不鲜，最典型的就是各种电视频道、企业的形象宣传片。这些形象宣传片的内容事实上是空洞的，不过是某个频道节目好、某个企业产品好，甚至于好在哪里都不是一个短短的宣传片所能够承载的。但是，如果有特别符合观众审美理想的形式，这种内容空洞的宣传片就能够被观众津津有味地当做艺术品来欣赏。中央电视台文艺频道、戏曲频道、音乐舞蹈频道的宣传片就是以其形式上的特点脱颖而出，人们在欣赏这些宣传片的时候，甚至能够完全忘记它所宣传的内容主题，仅仅关注其形式自身的魅力，原先观看宣传片时应有的自然情感（了解某信息）被审美情感代替，电视审美由此得到实现。事实上，当前很多好的广告、宣传片都有类似的特点，以精美的形式帮助作品成为艺术品或准艺术品，这些形式的功能已经超越了满足人们一般的感官需求，而是更多地发挥了把电视受众引入审美活动领域的功能。

此外，为不同的题材推敲合适的形式也有助于丰富整体作品所引发的情感。艺术实践早已证明，由题材所引起的情感和由形式所引起的情感，其性质、指向是不一样的，甚至可能是相反的。譬如，由题材引起的情感可能是哀怨的、愤懑的、凄凉的、压抑的、消极的等，而与此同时其形式情感却可能恰恰是轻松的、愉快的、洒脱的、高昂的、优美的等，很多艺术作品就是以这种以哀写乐、以乐写哀的方式"倍增其哀乐"。电视声画处理手段中的声画对立也是出于这样的原理，让画面传达的内容与声音传达的形式之间产生微妙的对立关系，甚至用完全相反的声画符号去烘托内容，这就是以形式去征服内容，用形式情感去控制、渗透、改造、征服题材情感，从而让观众产生一种"混合情感"，如悲中带喜，或喜中带悲，笑中含泪，或泪中含笑，让人们的心处于一种无障碍的高度自由状态，从而让更感人的也是更悦人心胸的情感油然而生，作品的审美情感也就生成了。

可见，电视声画符号对电视观众感官的满足，导向了对电视观众感情的满足。

第二节　电视受众的情感需求

表现性美学认为，"艺术即通过为自己创造一种想象性经验或想象性活动以表现自己的情感"①。同样，人们进行审美活动时，审美情感也是必不可少的中介，甚至于，如果没有情感的加入，审美活动都是不完整的。所以，电视受众之所以能够从看电视这一行为中得到审美享受，很大一部分层面上来自在看电视活动中得到的情感满足，也就是说观众对电视的喜爱也有很大一份层面在于观众的情感需求能够在电视中得到满足。因此，电视观众的情感需求是电视观众观看电视、以审美活动的态度对待看电视这一行为的重要基础，也正因如此，我们需要重点研究电视观众情感需求的构成。

① ［英］罗宾·乔治·科林伍德：《艺术原理》，156页，北京，中国社会科学出版社，1985。

一、情感与压力

根据卡茨的“媒介使用与满足理论”，处于某种社会条件中的受众根据不同的心理倾向对大众媒介产生期望，并对媒介产生接触行为从而得到信息需求的满足。换句话说，该理论认为受众成员是有着特定需求的个人，其媒介接触活动是基于特定的需求，通过媒介使需求得到满足。当前，随着我国经济的快速发展，人们生活、工作节奏的逐渐加快，激烈的竞争、强大的压力和高效的节奏使人们越来越难以承受精神的重担，情感饥荒、心理隐患、家庭矛盾、职场困惑等一系列的情感问题成为当代人重要的精神压力，面对电视这种大众媒体的时候，人们也希望能够从中获得释放这些情感压力的满足。

这些压力除了生存压力（一般在电视观众中表现为工作的劳累程度、稳定性，而不是对温饱的渴求）外，还有表现为社会竞争的发展压力、身份压力，以及表现为复杂人际关系的情感压力；与生存压力的物质压力不同，后两种压力都属于人面临的精神压力。在社会生活中人面临的压力也有层次之分，通常，人们物质生活越好越能感受到来自精神领域的种种压力。尤其是当代中国社会正在进行经济结构的转型，越来越多人进入了社会合作的网络，处于社会合作的大网络中的一个小环节，这会为人带来很强的无作为感；此外也有很多人直接从事服务性行业，或在社会生活中处于“助手”的位置，这使得人们在真实的社会生活中常常感觉到自己处在被支配的地位，而人们也由于生存压力的原因接受并习惯于这样的社会角色。这种被支配的社会角色事实上让每个人的主体性地位受到压抑，人们倾向于在社会生活之外平衡这种来自心灵深处的要求，在这种情况下，看电视这种当代社会生活中最方便的娱乐方式就成为人们的首选。电视受众倾向于在看电视的行为中不仅得到感官的满足、放松自己劳累的身体与精神，也倾向于在看电视的行为中得到感情的满足，平衡自己在社会生活中感受到的各种精神压力。因此，人们看电视娱乐休闲成为人们看电视的主要目的，而这个目的的根本目标正是得到一定的情感满足。

二、舒泄与平衡

电视受众由于受到日常生活中种种压力的困扰，希望在业余时间平衡自己紧张的神经，能够在电视节目中得到休闲，得以舒缓紧张的神经，这是电视受众对待电视的基础性需要。无论电视机前的观众主要压力是来自非常现实的工作——生存压力，还是比较抽象的竞争——发展压力或其他精神压力，人们希望在观看电视的行为中舒缓各方面的压力的需求是相同的。无论人们的体力还是脑力都已在日常的学习工作生活中消耗很大，人们不希望在电视机前仍然过度消耗精力。电视受众的这种接受需求致使绝大多数观众希望电视节目的风格是轻松的。

事实上，收视率也体现了观众的这一需求。2006 年观众对中央电视台各类节目投入时间比为：

电视剧	30. 62%
电影	10. 86 %
综艺	10. 02 %
专题	9. 85 %
新闻时事	9. 1 %
青少	6. 86 %
体育	6. 23 %
其他（广告、导视等）	5. 99 %
法制	3. 46 %
音乐	2. 43 %
生活服务	2. 34 %
戏剧	1. 19 %
财经	0. 57 %
教学	0. 33 %
外语	0. 15 %

从这个收视率排序就可以看出，具有强烈故事性因素的影视剧的收视率总和超过了收视率的 40%，轻松娱乐的综艺节目收视率超过了 10%，三者占到了总收视率的一半以上，甚至于，同样具有轻松、娱乐特点的广告、导视等节目的收视率也远远高于实用性很强的教学节目、财经节目，甚至生活服务节目。这个数据充分说明了人们对待电视的总体态度是把它当做一个轻松娱乐的工具。

事实上，前面讨论电视对电视受众的感官需求的满足时曾经论述过，“优美”的电视声画符号应该是电视感性呈现的主流也源于此。“优美”的声画符号比“崇高”的、丑或怪诞的符号系统更为人们所熟悉，人们欣赏起来需要耗费的精力更少，根据实验美学总结出的人类心理美学规律，人们在审美时有“用力最小”律，即人们的审美快乐来自同所抱的目的相关的精力的最小的消耗。很明显，优美的声画符号符合人们审美的“用力最小”律，为接受带来的审美消耗最小，因而也更能够给电视受众带来轻松、愉悦的审美感受。

但是，虽然绝大多数电视受众都希望在观看电视的活动中得到轻松的娱乐与休闲，但不同的受众人群对“轻松”的定义是不同的，也就是说，不同年龄、不同职业、不同地区、不同文化程度的人虽然都要求电视能够实现“娱乐休闲”的功能，但是对于他们来说，什么是“娱乐休闲”是有所不同的。

前面分析过，当代电视受众之所以希望在观看电视的行为中得到娱乐休闲的享受，其本质的原因是作为社会生活中的个体都感受到种种不同的压力，而且不同的人群主导的压力是不同的。例如，对于工作不安定的体力劳动者来说，感受到的主要压力是生存的压力，是能够明确地感受到的体力消耗以及对物质生活的困扰；而他的公司老板感受到的主要压力可能却是来自于同行的竞争和社会生活中的人际关系。这不同的两个人都感受到了生活的压力，都希望在观看电视的行为中舒缓自己在真实的生活中的压力，可是由于他们各自感受到的具体压力是不同的，也就形成了不同的电视节目才能够舒缓他们各自的压力。同样，一个定位为中学文化程度的电视节目对于一个只有小学文化程度的观众来说可能是费解的，而对一个有研究生文化程度的人来说可能却是十分轻松的，是“娱乐休闲”的，所以，虽然看上去所有的电视受众对电视节目具有“娱乐休闲”功能的要求是共同的，但实际上，不同受众各自要求的“娱乐休闲”却是完全不同的。

这种由观众的多样化导致的娱乐要求多样化，长期以来正是困扰着电视制作者的重要因素。就以中央电视台每年都要举办的春节联欢晚会为例，中国13亿人几乎都要求春节的晚上能够从电视节目中得到轻松和娱乐，电视的制作者也尽力为大家提供轻松和娱乐。但事实上，由于中国当前巨大的发展不平衡，这个愿望事实上很难实现。当前的央视春晚收视率非常有规律地呈现出由北向南递减，恰正与中国经济由北向南递增的现象相映成趣；很多人至今还在怀念20世纪80年代初春晚能够实现的高收视率，但事实上，20世纪80年代初中国的社会分化远远不如今天鲜明，电视观众之间的差别远远没有拉开，或者换一句话说，那时候的电视受众感受到的压力是相似的，而现在的电视受众感受到的压力各有各的不同；所以，那时候能够让电视受众感受到轻松的因素是相似的，而现在让电视受众感受到轻松的因素却是各有各的不同。

因此，真正要让电视受众，尤其是目标受众能够在电视节目中得到轻松的感受，不是仅凭放之四海皆准的几条“原则”、“定理”就能够实现的，无论是口音与造型动作搞怪，还是说几个网络笑话脑筋急转弯，都只对部分受众甚至于仅仅是处于某一情境下的部分受众有效，而不可能成为对所有人、对电视受众的所有时刻都能起笑的制胜武器。一个电视节目真正要让自己的受众得到轻松与娱乐，需要从认识、体会电视受众在某一时间段感受到的主导压力入手，以能够舒缓他们特定压力的内容与形式，为电视观众带来真正的娱乐与休闲。

三、共鸣与认同

当今社会在不断进步的同时，人们的生活压力也在不断增加。但是，人们一方面各自都需要面对社会中产生的各种矛盾；一方面又由于社会生活节奏的不断加快，人与人之间的交流却也在明显地减少，人们不但越来越没有机会与他人直接交流自己的情感需求，甚至于在繁忙的生活中无暇顾及自己感情的表达。过去的人与人之间的情感交流正在逐渐演变为单个的人与电视机的交流。乃至于香港有个作家戏谑地写道：结婚前的第三者是另一个人，结婚后的第三者是电视机。

虽然看上去这样的结论有些荒谬，但事实上的确很多观众把电视节目当做了自己的情感交流对象。电视机里提供的丰富多彩的节目能够满足人们各种情感需求，而且是最容易、最便捷的手段，方便不同的人、处于不同情况下的人与电视机交流情感。

作为社会化的人，每个人都有与团体、与自然生命相认同的热切愿望，希望个体能够融入无差别的整体中，进而获得社会的归属感。现实生活中，人们虽然紧闭房门在自家甚至家中自己的房间里看电视，但由于电视内容是对外部世界的模仿，所以人们与社会的交流愿望能够在电视里获得幻觉般的满足。人们能够从各种电视作品中重新感受到与自然、社会的一种潜在的联系。在这种关系中，每一个生活中的普通一员又因为掌握遥控器而处在一种生活中所没有的、强势的主体地位上，电视受众能够、也更倾向于有选择地接触那些能够加强自己信念的内容，拒绝那些与自己固有观点相抵触的内容；倾向于在观看电视的行为中寻找自己的感情共鸣，进而希望作品能够表现出切合自己意愿的审美趣味和情感境界，期待作品表现出合乎自己理想的人生态度，期待作品流露出与自己相通的思想倾向。因为人们在那些能够契合自己关于社会、自然、当前、传统种种问题的看法的作品中，不仅能够因为作品表现出的种种相似的意识而实现作品与自己的交流，而且因为这样的作品能够完全“赞同”自己的主张而觉得自己的主张获得了作品所暗示的社会的认同，从而获得社会的归属感。

因此，在电视的传播与接受过程中，这种“自己人”效应是一种很重要的现象。电视受众看似被动地接受着电视中传达出的各种信息，事实上，他们却在接受活动中选择那些与自己有相似或相同观点的作品，并且将他们定位为“自己人”，继而将自己对社会、自然的看法带入作品中，在审美移情中获得情感的满足。

在现实的电视作品中我们的确看到了类似的现象，近年来，那些与当下社会紧密相连的作品一再获得很高的收视率。而当观众观看《金婚》等电视剧时，他们能够从中找到自己的身影，自己积蓄已久的感情在观看电视的同时也能够得到发泄和表达，同时，他们也能够通过剧中主人公在人生或道义上的成功，替代性地感受到自己在生活中不曾感受到的成功，从而得到身心的放松。

因此，被大多数观众接受的电视节目，往往体现出相似的特点：传达了大多数观众所处时代主流的社会内容与理想、愿望和思想感情；在情感、情绪的表达上符合观众所处时代的典型精神或社会整体情绪，能够引发对观众所处时代典型社会问题的深入思考。

四、净化与升华

观众看电视时，除了得到娱乐与消遣、找到情感的共鸣这些明显的需求外，有些需求甚至是观众自己都不能察觉的。

如果观众看电视都仅仅是为了满足浅层次的感官满足或者比较简单地找到情感共鸣，完成自己与他人的认同想象，我们就无法解释为什么那么多在生活中承受巨大压力的人，还会那么喜欢各种与现实生活相距很远的作品、悲剧风格的作品，或者能够加重自己危机感、压力感的内容主题沉重的作品。事实上，这样的作品不仅大量存在，而且大幅度的被人们所喜爱，甚至于很多生活中承受巨大压力的人看完这样的电视作品反而会感到特别轻松。

电视观众看电视的行为并不像自己想象的那样简单，或者说，在被观众称之为娱乐与消遣的里面，事实上夹杂着很多不易为自己察觉的审美诉求。人们在看电视时，除了通过找到情感的共鸣获得情感的满足之外，另一个重要的机制就是通过情感的宣泄达到情感的净化与升华。

众所周知，人类的意识由意识与潜意识组成，人的欲望则由本我、自我、超我三部分组成，人们根据道德、禁忌、习俗等外力因素，将大量被超我层面判定为“恶”的情感压抑到了潜意识中，但这些欲望与情感却是本我的欲望与情感，是力量最强大的，是时时要跳到意识层面来的。于是，人们在文化与本能、“本我”与“超我”之间存在着永远无法消除的冲突。法国象征主义诗人兰波所说的“生活在别处”正是说的这种状态：人的内心总是充满各种欲望和憧憬，无不向往别处生活的新奇和精彩，而现实生活中，人们这些隐蔽的愿望无法实现，无法实现这种走向“别处”的向往。为了平衡由“本我”的欲望引发的各种情感狂潮，人类必须学会一种自我解脱的方式，宣泄这些被自我与超我压抑的情感，并且通过这种情感的宣泄重新镇定自我，也就是实现情感的净化与升华。

每个时代宣泄情感的方式有所不同，在原始时代人们依靠的是巫术和各种宗教神秘仪式，但是人类进入文明社会以后，艺术创作与艺术审美就成为了人们进行自我慰藉的最好手段。人们可以在艺术营造的幻想中补偿这种心理缺憾，解决自身生存的潜在态势。对此，科林伍德进行了详细的论述。他把巫术活动与游戏作了区别。他的“巫术”概念包括了婚礼、葬礼、舞会等，实际上就是指仪式，游戏则包括各种娱乐艺术。他认为“巫术”（仪式）和游戏都旨在唤起情感，但游戏者在游戏过程里就把情感释放掉了，从而不让这些情感进入人们的日常生活，这也就是艺术的净化作用。

电视艺术是一种典型的娱乐艺术，即这种艺术的目的通常在于产生确定的、预期的效果，即在某些观众身上唤起某种情感，并在一种虚拟情境的范围之内释放这种情感。这种娱乐艺术以情感强度取胜，从内容题材看，电视艺术偏爱武侠、侦破、言情、家庭伦理的内容，惊险刺激、悬念环生的形式，这样才能够让作品产生强烈的情感冲突，也使它唤起通常与人的社会需求息息相关的情感，如善与恶的较量、本能要求与社会秩序的抵牾、义务与权利的冲突等，这些内容更能够帮助观众在心里激起波澜。电视艺术的创作者一般都会非常有意识地在很短的时间内迅速制造出强大的情感诱惑，并在以后过程中始终保持足够的情感张力，直到在结束后的瞬间彻底松垮下来。作为整体的电视受众一旦卷入这种强烈的情感刺激，便在其中跟随着编导者的预设挣扎、摆脱、游荡、抗争，直至结束后归复平静。这种过程让观众的情感产生巨大的波动，一再形成各种紧张、疲劳，但所有的紧张与疲劳却会在电视节目结束的一刹那全部转化为轻快，这样，原先郁积在观众情感的深层领域内的各种紧张、疲劳、郁烦一扫而空，从而不会被释放到人们的现实生活中，让电视受众感受到轻松和愉悦，这就是电视的净化—升华功能。在文化与本能、个体与社会、“本我”与“超我”之间，人类总是存在着永远无法消除的冲突。日常生活中的电视，制造生活的仿像，让受众在仿像中释放这些矛盾冲突累积出的焦虑，因而也就成为人们获得情感镇静的重要渠道。

最能够体现电视艺术的净化—升华的就是悲剧风格的和犯罪题材的电视作品在电视受众中很受欢迎。

悲剧看似给人带来痛苦，但是这种痛苦也是另一种情感的满足，另一种审美的享受。审美享受并不意味着都是轻松愉悦的快感，悲剧可以成功地将痛感转化为美感，这就是从亚里士多德时期就开始注意到的艺术的情感宣泄、迷狂、净化方式，它们引起的情感强度、令受众产生的精神快感和愉悦享受的作用，明显不能被其他情感方式所替代。人们在痛哭流涕之后不仅受到了崇高的洗礼，也释放了郁积的情感，得到了心灵的净化。所以，我们在日常生活中也会发现，生活中压力比较大、比较焦虑的人不仅爱看轻松娱乐的电视节目，有时候也很爱看悲剧性的电视节目，因为人们能够借悲剧作品将自己的生活压力、痛苦、焦虑释放出去，转而更积极地面对生活。

同样，美国心理学家也对电视中的暴力作了比较多的研究。一般来说，人们通常根据人类的模仿原理认为电视中的暴力内容对社会治安有不利影响，但是，"宣泄假设"的倡导者、美国加州大学心理学系教授费什巴赫提出了另一种与之截然相反的"攻击减少假设"。他们发现，在一定条件下，观看有暴力内容的电视节目反而会减弱观看者的攻击性行为。对于基于种种原因已经产生了攻击性倾向的观众来说，电视节目中的暴力可以替代性地转化现实中的攻击性行为，通过观看暴力节目，电视观众的攻击性冲动能够得到疏导。

虽然关于电视暴力对社会治安的探讨是一个复杂的课题，但这种"攻击减少假设"所根据的电视宣泄—净化情感功能却是明显存在的。从中国男女两性观众在电视节目的选择上呈现出来的明显特征就能看到电视对于人们情感净化—升华功能的作用。

一般来说，男性观众尤其是城市男性观众偏好体育节目，而女性观众偏好情节跌宕、感情强烈的情节剧，这个现象的产生究其根本，与男人与女人从整体上说感受到的具体压力的不同有很大的关系。在当代中国社会生活中，城市中的男人感受到的主要压力是工作压力，既包括在工作中付出的体力、脑力，也包括工作中感受到的竞争压力，从公司与公司的竞争，到个人与同事的竞争进而到内心中自己与自己的竞争，是当前社会中城市男性最主要的压力，这种压力既直接消耗人的精力又让人时时处于焦虑的"竞争感"中。这批人成为电视受众后，紧张、激烈的体育竞争恰恰将他们的"竞争焦虑"外化出来，工作生活中没有明确形象的竞争在此时被外化成了明刀明枪、规则鲜明的体育竞技，人们在观看体育竞技时，随着一方的胜利替代性地满足了自己内心的竞争焦虑，男人们在这种节目中得到了替代性的“成功”满足，平衡了自己的“竞争”压力，紧张、焦虑等各种负面情绪在看电视这个活动中得到了宣泄、净化与升华。

同样，电视受众能够在电视节目中得到情感的宣泄，电视节目能够通过营造虚拟的现实帮助受众实现代偿性的满足，净化、升华受众的欲望的需求，正是女性热衷观看的各种言情剧、偶像剧的基础。

在当代社会，中国女性承受着双重压力。一方面，因为同工同酬的缘故，中国女性与男性一样都要承担来自工作的生存压力、竞争压力和发展压力；另一方面，由于社会文化传统的惯性，女性在社会生活中还更能够感受到来自人际关系上的情感压力。此外，由于女性天然的特点和社会的某些传统习惯，女性往往还有一种特殊的来自内心的压力：对时光的敏感、对失去青春的担心和焦虑，以及由此形成的对自己现有日常生活的不满。与男性不同，女性的情感特征大多偏向感性，由于女性生理上的特征，女性比男性更能感受到青春的可贵、时光飞逝的无情，因而也更敏感、更惧怕生活的庸常，也有更多的幻想，所以，日常生活的庸常性对于女性来说也常常是能够成为导致她们情绪苦闷的一个重要因素，她们也更经常地憧憬与自己现实生活完全不同的梦幻生活。正如法国作家福楼拜在完成世界名著《包法利夫人》之后曾经说过“我就是包法利夫人”。女性大多都有“包法利夫人”情结。

很多人士认为所谓电视偶像剧只不过为女性营造了一个个不切实际的浪漫梦幻，这里的故事实质大多是“灰姑娘”的翻版。事实上，电视里的言情剧、偶像剧却与传统的“灰姑娘”文学故事或“灰姑娘”电影有本质的不同。文学或电影传统中的“灰姑娘”通常都有生活中的女性绝不具备的优势：天下无敌的美貌，就像传统的电影女明星往往都美艳至极，在光影下如同大众偶像一般不食人间烟火。这样的形象能够引起所有男性、女性受众的喜爱和艳羡，但对帮助日常生活中的女性宣泄对日常生活的苦闷却作用不大，因为过于遥远的距离让她们无法顺利地把自己带入这类角色之中。

但是电视剧里的女主角们却不同，偶像剧中人物设置往往呈现这样的模式：女一号通常是一个不美丽、不温柔、不高贵、不能干的普通人①，除了出身贫寒外，其他特质都与传统意义上的灰姑娘截然相反。如此平凡的女一号更接近现实生活中众多普通的女观众，更容易让她们成功进入角色。于是，当这些普通女观众看到如自己一样普通的女一号偏偏能够得到美丽、高贵、富有、能干的男一号②的喜爱，就更容易产生代偿性的满足。但当代偶像剧超越传统“灰姑娘”故事的地方还在于，通常有一个同样美丽、高贵、温柔、能干的女二号——通常还有未婚妻、青梅竹马之类的身份——深爱男一号，男一号却仍然拒绝了这位具备传统意义上“灰姑娘”美德的“公主”，继续喜爱非传统意义上的灰姑娘。很明显，女性观众从这样的故事模式中得到的是超越“灰姑娘”式的满足，是“民女打败公主”式的满足，出了现实生活中的一口恶气，平衡了现实生活中对美丽、青春、温柔、能力、出身等方面的焦虑感。

由此可见，女性更偏爱于那些能够释放、净化自己在人际关系中感受到的紧张的电视作品，借以平衡自己所感受到的相似的压力，尤其热衷于那些能够帮助她们摆脱琐碎的日常生活的“白日梦”。当代家庭题材电视剧、言情片、偶像剧恰恰从这个特点上契合了女性的需求。敏感的女性能够在无比接近真实的家庭题材电视剧中宣泄自己感受到的人际关系压力，更能够在虚幻的爱情故事中超脱日常生活的琐碎，替代性地满足自己的梦想，进而宣泄自己对真实的、日常的、琐碎的生活的不满，以“生活在别处”的方式净化自己的心灵。女性能够从这样的作品中获得力量，从而更平和地在日常生活中扮演自己应该扮演的普通人角色。正是由于这样的原因，在很多男性受众眼中婆婆妈妈、家长里短的家庭剧或不切实际、千篇一律、无聊的言情剧和偶像剧，却始终在女性中有自己强大的市场。因为女性对于这些特殊的压力，几乎只有在家庭剧、言情剧、偶像剧中才能得到宣泄。

第三节　电视受众的理性需求

人类情感图式总是大抵符合特定社会文化所占领的环境的适应性要求，并经常落后于社会存在的进步；人们更喜欢符合他们的情感，甚至可能是符合他们成见的东西。所以，人类的情感虽然是真诚的，

① 如《流星花园》中长得不好、脾气也不好的杉菜，《浪漫满屋》中个性糊涂、未成名的女作家智恩，以及众多韩剧中的女主角。

② 如《流星花园》里的道明寺、《浪漫满屋》里的大明星李英宰。

却并非无欺的。只以感性认知认识世界、只以感情支配的原则看待世界，人们常常会陷入“自盲”状态，而必须在感性中加入理性，把理智加入热烈的情感中，才能进入“自觉”的状态。因此，人们在看电视时不仅仅具有感情的需求，还具有满足人类与生俱来的理性、知性的需求。

一、求知欲

当代社会流行这样一段话：“没有知识也要有常识，没有常识就要常看电视。”人们日常生活的俗语以这种特殊的姿态反映了人们对电视的定位：电视是当代人最主要的信息接受途径之一，日常生活中，人们的很多知识、常识来源于电视。电视机前的受众在很大程度上希望通过看电视的行为满足自己的求知欲。

虽然电视受众看电视的最主要目的是得到放松、娱乐、休闲的享受，但是，正如科林伍德所说的：“当娱乐从人的能量储备中借出的数目过大，因而在日常生活中无法偿付时，娱乐对实际生活就成了一种危险。当这种情况达到危机顶点时，实际生活或‘真实’的生活在情感上就破产了……这时，精神上出现了疾病，它的症状就是无止境地渴求娱乐，并且完全丧失了对实际生活事务、对日常生计和社会义务都是必要的工作的兴趣和能力。”① 在电视中得到大量娱乐满足的观众不满足于仅仅得到娱乐，而要求电视能够满足自己更高层面的需求。恰好，针对人们的轻松、娱乐需求而言，人类的求知欲和审美欲正是高于娱乐、情感需求的更高层面的需求。从人类的发展史看，如果说，娱乐的需求主要产生在人们生存压力巨大的时期，是人们借以平衡生存压力的主要途径，那么，随着人类进入文明时代以后，也就是温饱和发展已经成为起码前提后，求知和审美的要求逐渐加强。这种精神需求的比重大小，在一定程度上甚至标志着文明与野蛮、先进与落后的距离大小。同样，针对个人来说，求知欲也是在受众的生存压力退却之后萌生的自然需求，也是人的理性的必然选择。当代艺术在过于追求所谓的审美和娱乐后反而使自己在精神上陷入了危机。就像贾樟柯导演在一次访谈中所说的，当下中国的文化现状是太追求娱乐了，而过于娱乐的时代往往在精神上就变得非常的脆弱。在这种情形下，人们更需要电视节目能够满足自己的求知欲望。

① [英] 罗宾·乔治·科林伍德：《艺术原理》，王至元，陈华中译，98 页，北京，中国社会科学出版社，1985。

从2004年开始，CCTV-10开始一再成为荧屏的热点就充分体现了观众中越来越强烈的对知识的需求。从2004年开始，《百家讲坛》掀起了一个个收视高峰。“阎崇年正说清十二帝”、“易中天品三国”、“王立群说《史记》”“于丹读《论语》”等一个个系列一再成为全社会关注的焦点。如果仅仅从电视的外在形式讨论，这样的节目能够走红是匪夷所思的：没有帅哥美女、没有美丽的画面，只有一个个长相平常的中年人在简单的构图中讲话，完全不能给人带来任何一种感官上的满足；没有跌宕起伏的情节、没有角色的扮演，也很难为观众带来感情的满足。这样的节目却能够走红，只因为它们的内容牢牢吸引住了观众，它们的信息量满足了观众求知欲，仅仅由于这一个原因，观众可以不在乎不够精美的画面、不标准的普通话，单调的色彩、光影与构图，牢牢地把遥控器锁定在这个频道上。

《百家讲坛》的成功，鲜明地体现出了观众求知欲的热烈，同样，在此之前，《幸运52》《开心词典》等娱乐节目的成功，除了其娱乐因素之外，其中蕴涵着的大量知识内容也同样是重要因素。生活中的《开心词典》不是电影《贫民区的百万富翁》，没有足够空间展示每一个参与者独特的人生，也没有太多主持人插科打诨的因素，观众之所以爱看，仍然与一个个题目以及它们的答案相关。同样，CCTV-2的《鉴宝》是一个以收藏为主要内容的节目，但由于节目每展示一件宝物都会有一小段相关知识背景的介绍，也同样吸引了很多并不涉足收藏的普通人，人们把它当做知识性节目对待，从中得到了知识的满足。

与之相应，《走近科学》栏目近年来为人们所诟病的也正是节目对电视受众求知欲的愚弄。从《走近科学》这个栏目的名称设置上，电视受众就已经存在着一个期待视野，期望在这样的节目中看到能够满足大家对科学的求知欲的信息内容，但是这个节目如今却常被人称做“走近伪科学”以示不满，有人在网络上这样总结《走近科学》的模式：28分钟的节目=27分钟的故弄玄虚+1分钟的莫名其妙。例如，花27分钟时间探讨为什么一个老人的身上经常会着火，最后一分钟却揭秘说是因为他的孙女经常在他身后划火柴；花27分钟渲染某地某人数次“死而复生”，最后一分钟揭秘此人身患“羊角风”……从客观上分析，这样的节目十分注重节目自身的叙事技巧，以巧妙设置悬念的方式吸引了观众的关注，从节目自身的审美规律上说是成功的，但是，由于节目最终给出的信息实在没有其应有的质量，便常常使观众陷于哭笑不得的境地。长此以往，这个节目形成了对观众求知欲的愚弄：利用观众的求知欲吸引观众观看，却最终没能给出任何有意义的知识信息，因此遭到观众的取笑、抵制也就不足为奇。这是观众的求知欲得不到正常满足之后的反应，是观众求知欲的曲折体现。

虽然电视节目可以通过内容信息满足观众的求知欲而获得成功，但观众求知欲的构成却是自有其特点的，不是所有有信息量的节目都能够得到观众的青睐。

这是2003年《百家讲坛》的部分节目表：

1月6日 小城镇　大战略——孔祥智

1月7日 我的书法观——欧阳中石

1月8日 走向文化的多元化——王一川

1月9日 饮用水水质与水处理技术——马 军

1月10日 金融资产管理与发展——刘鸿儒、柏世珍、金碚、唐旭

1月12日《在文学馆听讲座》（十九）文学创作中的未知结构（下）——余秋雨

1月13日 中国建筑文化的研究与创造——吴良镛

1月14日 建筑设计中的文化理念——彭一刚

1月15日《在文学馆听讲座》（二十三）漫谈艺术——钱绍武

1月16日 地区建筑文化分析——齐康

1月17日 建筑设计的地域、文化和时代特征——何镜堂

1月19日《在文学馆听讲座》（二十）创作与翻译（上）——余光中

1月20日 生态伦理——一场哲学观念的革命——叶平

1月21日 现代焊接技术——吴林

1月22日《在文学馆听讲座》（二十四）从现代观点看几首旧诗（上）——叶嘉莹

1月23日 美妙神奇的外国民歌（上）——陈自明

1月24日 美妙神奇的外国民歌（下）——陈自明

1月27日 科学与社会——曾志

1月28日 二十一世纪科技——约翰·吉伯森

1月30日 中国油气资源的二次创业——刘光鼎

1月31日 机器人技术发展状况——孙立宁

这是2008年《百家讲坛》的部分节目表：

12月1日 新解三十六计——打草惊蛇

12月2日 新解三十六计——暗度陈仓

12月3日 武则天（十一）垂帘听政

12月4日 武则天（十二）晋升天后

12月5日 武则天（十三）李弘之死
12月6日 武则天（十四）李贤之废
12月7日 武则天（十五）高宗殡天
12月8日 新解三十六计——隔岸观火
12月9日 新解三十六计——笑里藏刀
12月10日 武则天（十六）废黜儿皇
12月11日 武则天（十七）扬州叛乱
12月12日 武则天（十八）诛杀裴炎
12月13日 武则天（十九）燕啄皇孙
12月14日 武则天（二十）女皇登基
12月15日 新解三十六计——顺手牵羊
12月16日 新解三十六计——借尸还魂
12月17日 武则天（二十一）风声鹤唳
12月18日 武则天（二十二）请君入瓮
12月19日 武则天（二十三）汇聚贤才
12月20日 武则天（二十四）夺嫡大战
12月21日 武则天（二十五）重立庐陵
12月22日 新解三十六计——混水摸鱼
12月23日 新解三十六计——金蝉脱壳
12月24日 武则天（二十六）嵩呼万岁
12月25日 武则天（二十七）小宝兴衰
12月26日 武则天（二十八）二张乱政
12月27日 武则天（二十九）政坛博弈
12月28日 武则天（三十）神龙政变
12月29日 武则天（三十一）白发余威
12月30日 武则天（三十二）无字丰碑
12月31日 阿丘纪录

通过两张节目表的比较，我们可以清晰地看到，《百家讲坛》这个节目前后的巨大变化：2003年的《百家讲坛》是真正意义上的“百”+“家”+“讲坛”。2003年1月的节目表显示这个节目的内容涉及经济、文学、建筑、生态、文化、科技等各个方面，节目的主讲人也分别是各个领域的名家。甚至于蒙代尔、李政道、丁肇中等人也都曾经做客《百家讲坛》，他们或讲述各自的领域的前沿性课题，或对普通观众进行基础教育，应该说，这样的节目具有十分丰厚的信息量，能够最大程度满足观众的求知欲。但事实情况却是，这样的节目收视率非常低，广大观众并不认可这样的节目。相反，从 2004 年到 2005 年，《百家讲坛》从一个颇具学术意味的讲坛蜕变为一个仿佛“学术的电视书场”。思辨的内容消失，深度被抹平，可是收视率却大幅度上扬。2005 年来的《百家讲坛》几乎把全部时间都集中在对中国历史的讲述上，很明显，这样的选择是成功的，这样的《百家讲坛》赢得了很高的收视率。

《百家讲坛》的命运浮沉充分说明了观众要求电视满足其求知欲时的特点：绝大多数的观众更希望能够从电视上看到自己感兴趣的内容，而所谓感兴趣的内容主要是自己有一知半解的内容主题。中国人普遍对历史比较熟悉，这种具有民族性的知识欲特点成为《百家讲坛》凭借“品三国”“读《史记》”等历史讲座节目成功的一个主导因素。

同样的情形在 CCTV-10 其他一些节目中也是很明显的。例如《探索·发现》节目近年来也一再推出各种考古专题形成社会热潮，这都是中国人求知欲特点的反映。

电视受众有强烈的求知欲，满足观众求知欲特点的电视节目易于获得成功，但是，顺应观众的求知欲还是引导观众的求知欲却是当代中国电视需要反思、解决的问题。毕竟，“科技频道”不能等同于“历史频道”或“考古频道”。仅仅停留于满足受众的求知欲而不注意引导受众的求知欲，有时候反而会扼杀受众的求知欲。

二、伦理认同

观众的理性除了显而易见的求知欲外，还包括各种社会性情感需求。这些需求与人们一般的感情需求不同，它是与人们的人生观、价值观等理性意识紧密联系在一起的，事实上就是人们这些理性意识的感性体现。

每个人的人生体验是一个过程，只要人与社会的纽带仍然牢固，人类情绪的表现就不能不带有社会的性质。尤其是中国是一个社会性较强的国度，普通国人目前体验的大部分情感与其说是自我化、人类化情感，倒不如说是社会性情感。因此，中国的电视节目尤其不能超脱这种情感，而应该将它纳入自己的体系加以着重表现，并通过它引发人们加强对电视节目内容主题的关注，成为有力的强化剂。

这种社会性情感的集中表现是人们的伦理道德。无论电视受众的性别、年龄、文化程度等外在差异如何，只要是具有独立意识的社会人，能够进行独立思考与判断，自身都会具备一定的道德伦理价值观。当前我国统计电视观众时年龄的下限是 4 周岁，即使从这个年龄段出发，具备了道德伦理感的人也仍然是电视受众中的绝大多数。这样的人成为电视受众之后，也具有通过电视认同、固化自身的道德、伦理、价值观的需求。

但事实上，日常经验却告诉我们，人们看电视的时候更愿意选择娱乐性强而不是思想性强的作品，尤其不是明确提出道德说教内容的作品。这个现象的确存在，但这并不代表娱乐性强的作品中没有对人类理性需求的满足，只是因为这种需求表现得比较隐晦，很多时候连观众自己都未必察觉。但是，观众心中却也有一道道虽然模糊却又很明确的底线，因为当前电视节目主要面对的对象都是大众，所以这条底线事实上就是大众普遍认同的道德伦理价值观。

这条底线的存在非常稳固，以至于人们在日常生活中娱乐性、情感性再强的作品，一旦触碰这些理性的底线，就很有可能会被观众唾弃。2005 年重拍的电视剧《林海雪原》遭到的冷遇就可以证明这道底线的力量。如果排除理性因素，这部电视剧不应该被那么多人抵制，它所讲述的故事与同时期其他电视剧里的故事并没有太大的不同。它与此前此后都大获成功的《激情燃烧的岁月》《亮剑》《历史的天空》等一样，主角都是一个略有点“匪气”的英雄，都有一些爱情故事乃至三角爱情故事作为点缀。但不同的是，李云龙、姜大牙等带有“匪气”的英雄得到了观众的认可与喜爱，而带有“匪气”的杨子荣却遭到了观众的普遍抵制。这种抵制是以观众“感情受伤”的形式表现出来的，人们不能接受记忆中光辉高大的正面英雄杨子荣被描绘成一个痞气、匪气的人物。但是，虽然这种抵制看上去是观众的感性因素造成的，事实上是观众的理性因素造成的，事实上这是人们的理性对这种改编的抗拒。如果观众仅仅从感性上抵制这一类型的英雄，李云龙、姜大牙等人物也将遭受同样的命运，可事实上观众并不抵制他们，而仅仅抵制同一类型的杨子荣。这是因为李云龙、姜大牙等人物在观众心中并没有预先存在的前文本，观众对他们并没有形象的预设，观众可以用宽容的态度理性地接受关于“英雄”的再定义。而杨子荣不同，《林海雪原》对于好几代人来说是深入人心的著作，是“红色经典”，对杨子荣形象的改造意味着对观众心目中关于“经典英雄”的再定义，这不仅仅是在挑战大众的审美接受，也是在挑战着大众对待“经典”的尊敬。

虽然有关部门明令禁止歪曲、恶搞“红色经典”，而没有对是否能够“恶搞”其他经典作品制定明确的法律法规，但是实际情况依然是人们普遍表现出了对“恶搞”经典，甚至歪曲经典名著中的经典形象的作品的反感与抵制。电视剧《水浒传》中对潘金莲形象的再创造，《笑傲江湖》中对主人公的塑造与情节更改，尚未播出的《红楼梦》人物新造型，等等，观察比较这些在社会上、媒体上、网络上一再引起热议的经典改编话题，究其本质，大多可以归结为不单是某个“问题”之争，而是如何对待“经典”的根本立场之争，是极力满足观众感性需求的电视作品生产者与观众的理性需求之争。从各种争论中能够明确地看出编导者修改的目的是以满足观众的感官需求或感情需求为第一原则，自认为这样的修改能够得到观众的喜爱与认可，但实际情况却偏偏经常“马屁拍到马腿上”，遭到观众理性需求的抵制，因为这些改动触动了电视受众针对“经典”产生的社会性情感的底线。因为经典的艺术力量源于情节中潜在的超时空的“合聚模式”，种种原型性的场面能够触抵人们情感境界的深层，激发着人类共有的集体无意识并与作品本身所蕴涵的人类潜意识精神产生共鸣，契合了人类普遍的社会性情感愿望与审美情趣。因而，对经典的挑战事实上是对大众理性的一种挑战，遭到大众的集体反对也就不足为奇了。

观众的社会性情感底线虽然稳固，不能被轻易动摇，但这条底线的存在也非常隐蔽，以至于很多时候根本就不被观众自身察觉。就连主要作用于观众的感情需求的偶像剧也有这样的特点。前文分析过通常模式下偶像剧中女一号、男一号、女二号的象征意义，事实上这类偶像剧往往还有一个重要的角色：男二号。在一般偶像剧中，女一号、女二号、男一号三者就可以独立支撑起故事情节，满足观众的情感需求，但是，引入具有固定模式的男二号，却可以满足观众的理性需求，平衡单一满足情感需求时可能为电视剧带来的破绽。

通常情况下，偶像剧还有一个男二号①，这个角色与男一号的类型相似，通常也是美丽、高贵、富有、能干的，甚至于比男一号更富有、更温柔。但是，女主角通常会拒绝这个用功利的角度审视起来更合适的对象而选择男一号。这样的设置至关重要，如果没有这样的人物，电视机前被深深带入女一号角色的女性容易陷入一种隐秘的不安：女主角的选择是真的出于真爱还是功利因素的考虑？由于女观众看电视剧时已经将自己深深地带入了那个与自己很像的女一号，她们不愿意接受这样的可能：自己之所以同情、支持女一号与男一号的爱情，是因为自己与女一号相似，择偶标准都带有很强的功利因素而不完全是

① 如《流星花园》里的花泽类、《浪漫满屋》里的大公司老板明赫等。

单纯、真诚的爱情。这个潜在的隐喻显然与社会的主流道德伦理有很大背离，是绝大多数女观众自己不愿意承认、面对的。恰恰在此时，男二号的出现能够成功地平衡女观众这方面的焦虑。女观众能够看着男二号这么认为：我不是因为功利的目的才选择了男一号，你看，明明有更符合功利条件的男二号就在我身边，我却没有选，说明我选择男一号完全是出于纯洁的感情，我没有背离基本的道德观、爱情观。因此，大多数偶像剧中男二号的爱情失败会让女观众同情、惋惜，但是他的失败却能够让女观众获得极大的道德满足。如果反过来，偶像剧中的男二号是一个平凡、贫穷的形象，他遭遇失败就要让女观众大为不安了，因为这样的结局会形成对女观众道德伦理的指责。所以，以大众为主要目标观众的偶像剧中经常会出现男一号暂时破产①，男二号飞黄腾达，却几乎不能出现“王子战败穷小子”的模式。而相反，电影《色戒》中，很多观众从电影表层内容上误读故事，认为是女主角被“鸽子蛋”似的大钻戒收买背弃了责任、理想以及贫穷的初恋情人，而非议纷纷也就不难理解了。因为这个误读出来的故事实在太背离人们的一般理性了，即使在感官上、感情上都能够得到满足，观众却仍然可以用理性进行一票否决。

由于电视受众群体的庞大，受众的社会性情感要求一般也就是社会上的主流价值观，在大众对一些电视作品一直欢呼的背后，事实上是我们人性的基本道德底线的统一。

三、审美理想

与人类的求知欲、社会性情感需求相比，深层次的审美理想需求是更高层面的理性需求。

人类的审美意识从本质上说是一种超越性的意识，是对现实意识的超越。此前，无论是人的感性意识还是知性意识都还属于现实意识，而审美意识作为一种超越性的意识，是对生存意义的直接体验，是达到哲学高度的意识。在这种意识下，人类的最高审美理想不是达到现实层面的“悦耳悦目”、“悦心悦意”，而是达到非现实层面的“悦志悦神”，亦即要求艺术品能够超越以社会为本体的局限，以人生为本体，站在哲学、历史和人类的高度审视人生。因此，仅仅在内容层面满足受众的社会性情感需求还不能完全满足所有观众的所有需求，对

① 如《情定大饭店》的结尾，富有的美国律师花费了全部积蓄挽救女主角所在的饭店，处于“暂时破产”状态。

于进入到审美层面的电视观众来说，最高的审美需求是能够使受众从电视的内容和形式上获得更深层面的鉴赏和领悟，也就是满足受众的审美理想。

从美学意义上说，受众的审美理想来源于潜藏在受众无意识中的自由要求，当受众在具有审美形式特征的事物的刺激下，这种自由要求能够突破非自觉意识的防线，转化为审美理想。这种审美理想表现为审美的兴趣、期待，朦胧不明确具有鲜明的指向性，它是审美意识创造的动力。而人类的审美注意总是按照审美理想的要求选择感性意象，舍弃不符合审美理想的感性意象，然后按照自己的审美理想再造这些材料，使他们具有审美意义。

我们在现实生活中看到，电视受众并不仅仅满足于电视为人们带来的表层的感官享受和感情上不由自主的沉醉，那些揭示深刻的人生意蕴和领悟高尚的人生价值的优秀电视纪录片、电视剧等往往能够赢得更热烈、更持久的成功，甚至于许多人就是以它们作为衡量这些类型电视作品价值的最高尺度。近年来，很多电视受众喜欢上了纪录片这一电视类型。2005 年以来，播放较多纪录片的 CCTV-10 收视率一再攀升，甚至于中国出现了“新纪录片族群”，许多受过高等教育的年轻人最喜欢的电视样式不再是电视剧或综艺节目，而是纪录片这种能够承载理性思辨的节目样式，这一群人欣赏的是纪录片中对世界的探索和对人生的追求，是对表现主题的升华和凝练，是对事物规律本质的把握，对问题深层次的感悟和思索。纪录片在这种探索和追求过程中表现出的人生和社会意识会对观众形成触动，这种触动事实上是对受众审美理想的触动，一旦电视片深入到观众内心深处的审美理想，他们便会为它的表现力所震撼和折服，通过这种理性需求的满足而得到强烈的审美满足。

但是，受众的审美理想却受到两方面的条件制约而各不相同。一个是受众心中无意识的自由要求被释放的强度是不同的；另一个是受众对特定感性形象的感知程度是不同的，不是所有的感性形象都能够将所有的受众的无意识要求从非自觉意识的防线中解放出来。在具体的审美活动中，这就表现为受众以自己的精神创造对象，将自己精神化为主观图式投射到作品上去，从而创造出属于自己的作品来的能力是不同的。一般来说，文化程度较高、审美经验较丰富的受众审美理想也比较高，对自由的呼唤比较强烈，对能够刺激自己的感性形象的要求也比较高，这就常常体现为文化程度较高的电视观众喜欢高雅、深刻的电视节目。

电视受众的构成是丰富的，尽管根据调查，中国电视受众以初中文化程度的居多，但是，随着当代高等教育的不断普及，具有较高审美理想的电视观众在不断增加，也意味着受众的审美理想在不断改变。虽然绝大多数人看电视是为了得到娱乐，可不同的人得到的“娱乐”层面是不同的，有些受众从电视节目表层符号体系中就可以得到审美愉悦，但是也有一部分受众不能仅仅从中得到审美的满足，而需要更高深的内容或更深刻的思想。电视要面对的是受众这个整体，对于这一部分受众的审美需要，也应该予以满足。否则，电视拒绝的不仅仅是这一部分受众本身，而意味着放弃对更高层面审美理想的追求。

四、主体性需求

观众的理性需求中另一个重要的需求是确立自身主体地位的需求，这与人类需求层次中的“自我实现需要”相对应。

通常意义上，人们会把电视受众形容为“沙发里的土豆”，这一经典的电视受众形象是坐在沙发里吃着薯片，不加选择、无条件地接受电视传送的所有信息。

但事实上，受众在电视机前不全是“沙发里的土豆”，或者不是在所有的时间里都是“沙发里的土豆”。电视是一个开放的平台，它为观众提供了互动、参与的机会。

从最初的观众来信选读开始，中国的电视就在为受众提供参与的机会。从电视的制作方来看，电视的制作者也一直有意识地在尝试把受众纳入自己的传播过程中来。20 世纪 90 年代末期中国娱乐节目兴起的时候，随机选择观众作为嘉宾、引入现场观众、引入电话参与，以及此后的网络互动等，都是为了给电视受众营造出能够主动参与的想象。

之所以电视要给受众营造这种想象，是因为随着社会文化背景的变化，电视受众的平民意识、主体意识在加强，人们不满于自己在电视机前的被动地位。人们在电视机前接受知识、获取信息的时候，或许还能够接受电视的权威感，安于自己的被动地位，但是在其他以娱乐、审美为主要目的的收视行为中，人们的主体意识张扬，就要求能够在电视面前具有更多的主体地位。

受众的主体需求的确立需要在两个层面上得到满足。

第一个层面是行为参与需求，也就是直接进入电视节目的需求。20 年前，人们如果看到街头有人在拍电视，第一反应通常是躲开或者围观，就算被人推到话筒面前，其表现也常常是惊恐的，这体现了人们对电视的敬畏，以及这种敬畏背后对电视绝对主体地位的认同。可是当代的普通人却很习惯于在电视面前发表自己的感受，这意味着观众在意识层面把自己与电视放在了平等的地位上。甚至于，当代中国电视受众“上镜”的需求是十分强烈的。2005 年《超级女声》最引人注目的地方恰恰是“海选”环节，“海选”对于众多参与者来说最大的吸引力就是能够让所有参与者在电视上露面，对于观众来说就是看到无数普通人能够在电视上露面，不管是从现实层面还是从替代层面，都能够帮助受众实现自己的主体参与意识。

第二个层面是间接进入电视的精神参与需求。由于电视播出机构的资源非常少，而电视观众的需求非常庞大，所以事实上电视受众心中很清楚，每一个人都直接参与电视是很难实现的，如果仅仅以直接参与电视作为满足自己主体地位需求的实现是很不现实的。因此，电视受众在显在意识层面是能够抑制自己的主体参与欲望的，或者说，把自己的主体意识从显在的意识转化为内在的需求，以精神参与的需求代替行为参与的需求。

在生活中，我们常会发现一部分电视受众会比较偏爱含蓄美，也就是偏爱那些带有模糊性、多义性、空白性的作品，总是喜欢那些潜台词丰富、有“言外之意”的作品，而不喜欢那些表现得过真、过实、过满的作品。这个现象除了与受众不同的审美经验、审美理想有关外，也由于这种作品能够满足电视受众内在的主体参与需求。这是因为，一般来说，审美活动事实上是受众面对艺术品的再创造活动，是受众通过知觉、情感、想象对艺术品所传达的信息进行译解的过程。在这一译解过程中，受众的审美投射机制的发挥同艺术创作一样也显得极为重要。根据接受美学的观点，艺术欣赏的基本规律不是观众被动的再现对象，而是他们以自己的精神创造对象（观众心目中实现了的作品），即将自己精神化为主观图式，投射到作品上去，使作品在某种程度上符合主观图式，从而创造出属于自己的作品来。于是，当电视受众在观赏具有大量“空白”的含蓄型电视作品时，需要电视受众大量调动自己的审美经验，增强自己在看电视这一审美活动中的主观能动性，根据自己的审美经验，充分调动自己的投射能力，把自己的主观图式积极地投射到作品中去，以填充作品的空白，从而使作品得到译解，最终在这些含蓄的作品中获得审美投射的快感。很明显，这一过程不符合人们审美的“消耗最小”原则，但是，正是由于这种含蓄型的作品要求观众分担译解的困难，反而能够为观众提供克服译解困难之后获得的艰辛的愉快。虽然观众也可以在含义过真、过实、过满的作品中得到一定的愉悦，但很明显，这种经历艰辛之后的愉快比之于那种不必克服译解困难的直接的愉快更高一层，因为这是人们在充分调动自己的主体能力的同时，也充分实现了自己的主体参与。事实上形成了受众与传者的暗中交流，受众能够从这个交流的结果中得到主体地位确立的快感。

也正是由于这个原因，电视受众对平铺直叙的电视作品的排斥也就不难理解了。“人们对显而易见的意义往往持一种怀疑与轻蔑的态度。显而易见的意义是如此唾手可得，与普通常识简直没有什么区别，神秘论的追随者们认为，这对他们的智力都是一种致命的浪费与损伤。”① 电视作品中如果缺少悬念与潜台词，对一部分主体性要求很高的观众来说，就是对他们确立自身主体性地位需求的忽视。

在电视剧和其他电视片广泛设置的“悬念”就是这种交流的代表。电视剧、电视纪录片中很善于利用制造悬念来实现电视节目与受众的交流与互动，通过悬念，电视受众被有效地组织进了电视审美活动中来，积极地构建自己的期待视野，并用自己的期待视野与电视提供的文本相映照，从而进一步确立自己在整个审美活动中的地位。

事实上，除了电视剧、电视纪录片等叙事性节目，其他电视节目也一样能够制造悬念，提高观众的主体参与意识。例如，在拉镜头、摇镜头中，空间不是和盘托出，而是逐渐展开的，在起幅和落幅之间有一段时间差。如果电视节目能够利用这一特点，在起幅上制造悬念，吸引观众的注意力，在落幅上表现结果，就能形成悬念的起伏。同样，跟、移镜头也能够使观众产生一种亲临现场逐步深入的感觉，产生强烈的悬念感和解密需求。如果能够善用这些镜头，就算在普通的电视节目中，也能够在一定程度上满足电视受众的参与要求，从而满足电视受众主体性确立的需求。

① ［意］艾柯等：《诠释与过度诠释》，王宇根译，第1页，北京，生活·读书·新知三联书店，1997。

第六章

电视类型节目的受众期待与满足

在以上关于受众研究的基础上，这一章专门就电视类型节目与受众审美需求之间的关系作进一步的探讨。

类型化是中国电视节目生产与传播的一个重要的现象和趋势。这既是电视媒体传播规律的必然要求，也是电视传播规律反向制约甚至在一定程度决定的电视节目生产的典型表现，这其中的一个核心要素就是电视受众在长期收视过程中形成了对电视节目类型化的收视需求。研究电视类型节目的形成与发展离不开对电视受众收视需求的研究。

多年来，在电视节目类型化生产和传播的基础上，中国电视节目体系逐渐形成，包括电视新闻节目、电视综艺节目、电视娱乐节目、影视剧节目、电视财经节目、电视法制类节目、电视生活类节目、电视服务类节目、电视科教类节目、电视纪录片、电视广告等①。尽管说“众口难调”，但是完全可以说，丰富多样的电视类型节目中极大地满足了受众各个方面、各个层次的收视需求。那么，电视节目的类型化生产是在哪些方面、哪些层次上，怎样满足观众的收视需求尤其审美需求的呢？这其中的关系显然比较复杂。本章仅就这一问题作一粗浅的探讨。

---

① 关于电视节目类型或电视节目形态的分类，学术界有诸多的观点，本文根据行文仅做此简单分类。

第一节　电视类型节目的再次归类

事先要做一个假定，这一假定在此后会得到论证，那就是不同类型的电视节目在满足观众的收视需求方面存在共同的特点，也就是说有几种相近特征的类型节目会满足观众的同一种收视需求，因此我们没有必要对所有电视节目类型逐一进行研究。因此，我们有必要对电视类型节目进行再次的归类和划分，而归类的标准就是找到不同类型的电视节目拥有的共同的受众收视需求及其特征。

我们知道，电视节目类型学研究有的是为了方便研究，有的是为了方便节目编排和节目管理，有的则是追求科学的规范性和逻辑的周延性，还有的是为了突出自身分类的独特性和个性。我们既然是研究电视节目对受众收视需求的满足，自然是将受众收视需求作为重要标准。

中国电视节目体系的建立是中国电视媒体发展的一个重要内容，我们对于电视类型节目的归类就从考察中国电视的发展历程开始。众所周知，电视作为一个强势媒体的根本属性是媒介，媒介的天职是传播信息，准确来说，是对新闻的传播，而判断新闻价值高低的首要标准是时效性，时效性的实质是事件发生时间与媒介传播时间之间的距离，距离越短，时效性就越强，被传播的新闻的价值就越大，对于受众的信息需求的满足程度也就越大，而两者之间距离越长，时效性就越差，被传播的信息的价值就越小，或者被其他媒体的信息传播所取代，对于受众来说，受众对正在发生或刚刚发生的事件抱有强烈的知情欲，而对时效性较差或已从其他媒体获知的信息则较为冷淡。这一点集中反映近几十年来不断更新的“新闻”的定义上：20 世纪 40 年代，对于“新闻”的定义是“最近发生的事件的报道”，到了 80 年代，新闻的定义发展到“当天的事情当天报”，到了 90 年代，随着卫星直播技术、网络通信技术等发展，新闻的定义已经发展至“正在发生的事情现在报”。从“新闻”的定义本身，我们就可以看出信息的传播越来越强调“时效性”，或者说时效性对于新闻价值的决定性作用，可以说，对于新闻来说，从电话连线到现场报道、从现场直播到 SNG 都是通过增加新闻传播的时效性从而提升新闻价值的手段。

对于 20 世纪最伟大的发明之一——电视来说，信息传播是其最主要职能，时效性是首当其冲的本体追求。但当考察中国电视发展史的时候，大家会发现最初的中国电视并没有把信息传播以及时效性放在首要位置。众所周知，中国电视事业起步于1958年，当时“电视”是作为“广播”的“兄弟”面世的，与“电声广播”相对，电视当时被称之为“电视广播”，所以广播电视一直被称为“兄弟媒介”。这种关系一直延续到90年代初电视媒体走向强势地位之前。其中的主要原因在于受到当时技术条件的限制，如那时没有现在技术水平的摄像机、编辑机，也没有可以储存图像的录像机，更没有直播卫星、SNG，当时的所有节目仅限于演播室内原始现场直播的新闻播报（中间穿插由胶片拍摄的新闻消息或者图片新闻）、文艺节目、电视小戏等，或者播放新影厂提供的新闻纪录电影或者电影公司提供的电影片（包括美术片、戏剧片）等。可以说，从电视诞生以来，电视新闻对于电视来说是非常重要的，但是从量的角度来看，它占据电视节目播出总量却很少，其中的主要原因就是电视缺乏报道新闻事件方面的技术手段和报道手段。

尽管电视新闻的报道空间有限，但是电视台又必须保证一定的节目播出规模，所以电视不得不播出大量的艺术性节目：如可以在小演播室中直播的小型综艺晚会，如只有一个场景两个人物三四个情节的“电视小戏”，或者直播播出由胶片拍摄的故事电影、新闻纪录电影等。尤其在90年代末（1979），在文化部拒绝向电视台提供电影的背景下，当时的中央广播事业局在青岛召开的第一次全国电视节目会议上建议各地电视台凡有条件的都可以制作电视剧，并在国庆30周年时举行全国电视节目联播。为了拍好电视剧，年轻的电视人不得不向电影人虚心学习，于是电视与电影在艺术的名义下产生了“姐妹”关系。作为电视主要的借鉴和学习对象，电视向电影学习了如画面拍摄、蒙太奇、色彩、节奏、叙事等各个方面的经验。再加上80年代之后开始的“影视合流”的推动下，电影和电视便开始结为更为亲密的“姐妹”关系。所以，在改革开放的头十年当中，在新闻改革还没迈开步伐的时候，在缺乏实现时效性的技术手段的时候，电视更多转向了艺术性内容的创造和传播。这期间，电视更是被普通老百姓理解成艺术创造和传播的手段，电视剧、综艺晚会、电视文学节目（电视诗歌散文）、电视艺术片（电视风光艺术片），等等，诸多电视艺术节目样式的探索更使得电视的艺术身份更加突出，“小剧场”、“小影院”的称号就是这样得出的。

由此也可以看出，电视与广播的“兄弟”关系是天生的，而电视与电影的“姐妹”关系是后天的，而“兄弟”关系赋予了电视的媒介属性，这是第一性，而“姐妹”关系赋予了电视的艺术属性，这是第二性，因此可判定电视是融媒介与艺术于一体、融媒介属性与艺术属性于一身的双重本体。

在此期间，基于电视广泛的渗透力和影响力，电视的社会责任与服务功能很早就被发掘出来。在刚刚开办不久的1959年，北京电视台就开办了教授汉语拼音的电视讲座，这是中国的第一个电视教育节目。1960年，北京电视台创办了亚洲第一所电视大学，至1966年毕业八千多人，单科毕业5万多人，是亚洲创办电视教育的先驱者。在电视创办之初，电视服务类节目《为您服务》的前身——《生活知识》与《您知道吗》两个小栏目就诞生了。体现电视的服务功能的电视知识普及类节目从此成为中国电视的主要内容之一。

自1978年12月起，由北京电视台更名而来的中央电视台开始使用电子新闻采集设备（ENG），录制的新闻节目两小时到三个小时后即可播出，大大提高了新闻时效，也正是在ENG技术的支撑下，《新闻联播》诞生了。1981年中央电视台又购置了电子现场节目制作设备EFP，大大提高了现场新闻的采集能力和编辑能力。到了1980年代，ENG、EFP在各地电视台得到普及，新闻转播车开始在电视新闻报道中得到广泛运用。到了1990年代，全世界都被CNN直播的海湾战争所吸引并感受到电视直播所带来的震撼，电视新闻的现场直播模式一时成为电视新闻从业者讨论的焦点，中国电视新闻改革从此开始迈开步伐，这其中的标志就是1993年《东方时空》的创办。对于中国电视来说，《东方时空》促进了电视从娱乐工具到以新闻作为立台之本的改变，逐步确立了电视在中国媒体格局中的优势地位。《东方时空》创办之后，电视新闻尤其通过电视评论参与社会、引导舆论的价值逐渐被人们所关注，不少电视台开始逐步确立了“新闻立台”的理念。自创办以来，从《东方时空》之中不断孵化出的品牌栏目数不胜数，如《焦点访谈》《实话实说》《新闻调查》《面对面》《高端访问》《纪事》，包括目前的《新闻1+1》，等等，都与《东方时空》有着千丝万缕的关系。也是从1993年开始，中国的电视台从相对弱势的媒体开始超越平面媒体和电台，从而一路跃升成为强势媒体。

20世纪90年代以来，电视新闻报道随着DNG、SNG技术的发展日新月异，重大新闻的现场直播更是成为电视台的家常便饭，新闻频道的直播常态化也在情理之中。在DV摄像机的普及下，民生新闻的出现以及后来的风生水起，似乎都显得顺理成章，可以想象，没有 DV、没有快捷的编辑技术，民生新闻肯定无法诞生。总之，在 20 世纪 90 年代之前被忽略的电视，作为新闻传媒媒介的传播本性在新世纪得以强势回归，电视新闻报道的时效性得以极大的加强，所以在面对《东方时空》《实话实说》《焦点访谈》等新闻栏目涌现的时候，无论业内一线记者还是学者专家谈到多还是“回归”、“本性”，足可能反映出这一点。

同时，在“制播分离”的推动下，在民营资本可以涉足的非新闻类电视节目中，中国电视剧、电视综艺节目、电视娱乐节目等也得到了迅猛的发展。在“制播分离”的推动下，电视剧年生产规模节节攀升，根据国家广电总局公布的数字统计，2001 年获得电视剧发行许可证的剧集数约为 8877 集；2002 年约为 9005 集；2003 年 489 部约 10381 集；2004 年持续走高，达到 505 部，共 12265 集，2005 年达到 514 部 12447 集；2006 年为 13847 集，2007 电视剧产量达 529 部 14670 集；虽然 2008 年生产并播出的国产剧数量没有增加，但只是比 2007 年少了 100 多集，达到 14498 集。①

从 20 世纪 90 年代以来，中国电视综艺节目在节目理念、节目样式、操作模式等方面都有着较大的改变，但其中有一个倾向越来越突出，那就是娱乐化倾向。从曾经辉煌的《综艺大观》《正大综艺》，到“快乐至上”的《快乐大本营》《欢乐总动员》，从“知识就是财富”的《幸运 52》《开心辞典》，再到当下最热火的《非常 6 + 1》《超级女声》，综艺节目中娱乐的成分越来越多，实现娱乐的手段也越来越多。所以，就有不少电视工作者就干脆以“电视娱乐节目”来取代原有的“电视综艺节目”的称谓。为此，笔者曾按照观念的主导地位，将中国电视综艺娱乐分为四个阶段：综艺表演（主要是晚会）的阶段，游戏娱乐节目（快乐大本营，非常大赢家）、益智节目（幸运 52、非常 6 + 1）和真人秀节目（超级女生、梦想中国）为主导的四个阶段。②

随着教育事业的发展，随着人们科学知识水平的提高，最初电视讲座式的教学节目和手把手传授生活常识的节目已经不适应社会的发展，《空中课堂》等一大批教学类节目退出央视的电视荧屏，而教学类

① 以上数据详见国家广播电影电视总局网站。

② 张国涛：《电视综艺的观念演变》，《现代传播》，2005（6）。

节目开始专门由中国教育电视台负责①。1998 年，在“科教兴国”战略的背景下，中央电视台创办第十套节目——科学·教育频道，正式将电视的教育与服务功能提升到频道的战略层面，《走近科学》《百家讲坛》《科学之光》《当代教育》等一系列栏目出现。虽然在最初阶段电视教育、服务类节目都遭遇到了收视率压力，但是在探索过程中，它们部分有效解决了节目叙事与传播效果之间的矛盾，先后出现了电视烹饪类节目如《天天饮食》，电视医药类节目如《中华医药》，电视讲座类节目如《百家讲坛》等品牌栏目。

可以断定的是，如果从历时性角度来考察，中国电视荧屏上的节目内容应该是经过电视观众多轮选择并且优胜劣汰之后的结果。虽然，从节目内容归属的角度来看的话，这些类型节目显然有着很大区别。但是，我们归纳一下也会发现，如果从节目的功能和价值来看，这些类型节目大体上有三种功能与价值取向：

一是以时效性为第一价值追求的类型节目，即资讯②（信息当中时效性的内容，叫资讯）传播类节目：包括电视时事新闻节目、电视体育类节目、电视财经类节目、电视法制类节目等非虚构类内容的节目类型。这些类型节目是以电视作为传播媒介，追求在事件发生的最短时间距离内及时传播有价值的信息。电视资讯传播类节目除追求时效性之外，还追求对正在发生或刚刚发生的客观事件反映的准确性、全面性和客观性，要尽其所能尽可能地接近事件本身，以达到揭示事件真相和全貌的目的。而往往事实是新闻的渐近线，毕竟新闻是记者眼中和手中的新闻，而不是客观事实本身，再加上电视新闻报道的技

① 目前中国教育电视台也发展成为拥有五个电视频道（其中 CETV-1 为上星频道）：CETV-1 为综合教育频道，主要播出教育资讯、校园时尚、能力素质和公益服务四类教育教学节目；CETV-2 为继续教育频道（即教学频道），主要播出中央广播电视大学现代远程教育课程；CETV-3 为人文教育频道（面向北京的少儿和社区），主要播出少儿和社区服务的节目；CETV- 空中课堂，主要为农村中小学和教师培训提供示范教育服务；CETV--早期教育付费电视频道（简称“早教频道”），2005 年 10 月 1 日开播，为 0 至 8 岁婴幼儿健康成长提供专业资讯服务。

② 资讯——它是用户因为及时的获得它并利用它而能够在相对短的时间内给自己带来价值的信息，资讯有时效性和地域性，它必须被消费被利用；并且“提供—使用（阅读或利用）—反馈”之间能够形成一个长期稳定的 CS 链，具有这些特点才可以称之为资讯。资讯和新闻的区别在于：资讯包括了新闻、供求、动态、技术、政策、评论、观点和学术的范畴，时效范围远宽于新闻。例如今天的新闻明天不再是新闻，但今天的资讯明天也可能作用依然。

术环节非常复杂，电视新闻报道很难达到纯粹的客观、全面、公正的理想境界。总之，资讯传播类节目的生产与传播，是以时效性作为第一追求的，此外还有涉及新闻价值的客观性、准确性、深度等。

二是以审美性为第一价值追求的类型节目，即艺术传播类节目，包括电视综艺、电视电影、电视剧、电视音乐、电视戏曲等。艺术传播类节目在内容层面上由于是虚构性内容，包括时间、地点、人物、事件等均存在虚构的成分，所以艺术传播类节目往往与以时效性为追求的资讯节目相反，体现出反时效性或者是非时效性的倾向，转向追求获取自身精神愉悦的娱乐性。

尽管不存在时效性问题，但是这些节目存在一个播出时机问题。这些艺术性类型节目除了将电视作为艺术的传播工具之外，还要把电视当做艺术创造的手段，体现了艺术创造主体的创造能动性。这种内容在更大程度上是电视作为创造手段，使其成为“作品”之后在电视这个传播平台上进行传播。这些内容中的事件本无发生，但由于人类对故事、对娱乐的审美需求，人运用自身的虚构和想象能力进行“从无到有”的创造，这些内容达到的理想境界是对人的精神需求的充分满足。

三是以实用性为第一价值追求的类型节目，我们称之为知识①传播类节目，即这些无论是什么样的类型节目，其基本目的就是要进行知识的传播，包括电视生活类节目、电视服务类节目、电视科普类节目、电视教育类节目、电视法制类节目等。相对资讯，知识肯定也是有价值的，对人们的生活是直接有用的，但其与资讯的区别也非常明显，首先知识的时效性比资讯要弱，受众面有可能是层次性、对象性的，也就是说知识对于需要的人才具有直接的实用性，实用性与审美性在艺术中一直是相抵触的概念。在18世纪以前，艺术是分为实用性艺术和美的艺术，但到了18世纪，德国美学家巴托将“美的艺术”定义为

---

①《中国大百科全书·教育》中“知识”条目是这样表述的：“所谓知识，就它反映的内容而言，是客观事物的属性与联系的反映，是客观世界在人脑中的主观映象。就它的反映活动形式而言，有时表现为主体对事物的感性知觉或表象，属于感性知识，有时表现为关于事物的概念或规律，属于理性知识。”从这一定义中我们可以看出，知识是主客体相互统一的产物。它来源于外部世界，所以知识是客观的；但是知识本身并不是客观现实，而是事物的特征与联系在人脑中的反映，是客观事物的一种主观表征，知识是在主客体相互作用的基础上，通过人脑的反映活动而产生的。

真正的艺术，而将实用性艺术驱逐出了艺术的领地。在信息时代，电视对于每个家庭来说已经变得不可或缺，因为人们需要电视带来的时效性资讯与艺术性内容，同时还有知识传播类电视节目带来的具有直接实用性的知识。

总之，资讯传播类节目的时效性、艺术传播类节目的审美性、知识传播类节目的实用性，构成了电视节目不同的价值取向机制，这三种取向也成为电视节目体的三种基本价值取向。在电视节目体系中，三种基本价值取向——时效性、审美性、实用性——三位一体，各执两端，互为支撑：时效性节目以客观、准确、真实作为主要追求，在资讯传播时较少加入主观性成分，故很少体现审美性的成分；审美性节目较多地体现了创作者的主观情志和审美意图，它既不追求时效性，也不追求实用性，但也不排斥时效性与实用性；实用性节目注重节目的有用性、准确性，既不追求时效性，也不追求审美性，但可以借助加强时效性与审美性来增强其传播效果。电视节目的三种价值追求，规定了电视节目的功能定位，而在现实中，电视节目由于受到各个客观和主观方面的影响，从而偏离自身的价值定位，但诸多实践证明，这样的节目肯定会面临各式各样的难以解决的问题，最后从而面临被淘汰的风险。在节目的基本价值取向之上进行进一步挖掘和开发的电视节目，可以运作多年而持续不衰，成为荧屏的常青树。梳理每一次电视节目潮流都会发现，真正推动电视节目风生水起，就是来自于基本价值取向给电视节目带来的无穷动力。

第二节　电视受众需求研究：以价值为核心的收视行为

以上我们分析了电视类型节目的再次类分问题，接下来从需求角度对电视受众的收视行为作一分析。

一、受众收视行为是以价值为中心的选择行为

在中国，电视台林立，电视频道众多，尤其在数字电视快速发展以来，一个普通家庭就可以收到上百个甚至两三百个电视频道。在频道的发展过程中，电视频道发生了从综合化到专业化、从普众化到细分化的转变，时至今日，专业电视频道按照受众群体的大小，可以分为综合频道、大众化专业频道、分众化专业频道和小众化专业频道。综合频道就是中央电视台一套节目以及大多数省级卫视；大众化专业

频道主要以新闻、电影、电视剧、体育、综艺娱乐为主要内容的专业频道；分众化专业频道，如财经、历史、探索、国家地理等频道；小众化专业频道，如机场、高尔夫、网球、围棋、育婴、早教等频道。其中综合频道由于其无所不包的内容定位，近些年来多家省级卫视都在综合定位的基础上进行了“个性化”的战略定位，所以出现了传统意义上的综合频道与个性化的综合频道，如以“电视剧大卖场”为特色的安徽卫视、以“快乐中国”为定位的湖南卫视等。不同受众范围、不同受众层次，各种个性定位的电视频道，为广大受众既提供了大众化、专业化的新闻、娱乐、影视、体育等，还提供了特殊性、个性化的信息资讯和娱乐内容。

可以说，对于一个电视受众来说，信息资讯的丰富程度“不是受众看不到，就是受众没时间看”，甚至可以做出这样一个判断，对于单一的一个受众而言，目前所处的“信息时代”越发成为一个“信息泛滥、信息冗余、信息垃圾”的时代。从受众角度来说，面对这么多电视频道，这么丰富而专业的内容，观众肯定已经不再是一个电视提供什么就接受什么的受众，而是拥有着许多的选择机会，最终真正影响他作出决定的因素到底是什么呢？

但是，我们必须面对一个事实，就是受众在打开电视或观看电视的时候，只能在一个时间点上选择一个电视频道，那么是什么因素，决定了受众是选择这个频道，而不是那个频道呢？这似乎是一个随机行为，但是其中应该有一些奥秘值得我们研究。

受众是如何选择和使用媒体的呢？媒介使用与满足模式理论认为，受众对于媒介的使用都是基于自己的需求，都是为了满足自己的愿望。电视节目对于人的需求与愿望的满足，其实是节目对于受众来说存在一定的“有用性”，这种“有用性”就是我们平常所说的“价值”，也就是说，人们选择一个电视节目看似是一个随机行为，实质上是一个根据自己的需求而进行价值判断的行为，即媒体使用与模式理论所说的有没有满足受众的愿望和需求。众所周知，我们在现实生活中根据已有的经验和认识能力，可以很快地判断出一个事物、现象、矛盾和问题所具有的价值性质和价值数量，为我们的大脑经过思维产生出如何处置该事物的行为意识做好思想准备。价值判断是每个人日常生活中发生频率最高的认识思维活动，是我们对刺激和影响感官的各种事情或物体是否产生兴趣、是否进行进一步的认识和思维，是否采取人体行为加以处置的前提条件。

也就是说，对于大部分的受众来说，刚刚打开电视机的时候，对于电视内容的选择可能是随机的行为，是一种无意识的选择，因为在他打开电视机的时候他并不知道电视正在处于哪个频道，播出哪些内容。如果看到就是自己喜欢的频道，或者在播出的内容符合自己的口味时，遥控器就会锁定这个频道观看。这个收视行为有可能直至当节目结束或插入广告时才随之结束，或者转换频道另选择其他内容，而再次观看电视与这次收视行为没有关系，不存在惯性延续关系。

但是无论如何，凡是有观视经验的受众对于电视频道、电视内容的选择，在很大程度上属于习惯性收视行为，包括对一个频道的习惯性选择，如政府官员对于中央电视台综合频道（CCTV-1）的热衷，体育迷对于中央电视台体育频道（CCTV-5）的热爱，北京老百姓对于北京电视台影视频道的热爱，等等。还包括观众对电视节目类型的惯性，比如对于一场顶级赛事，球迷哪怕是晚上点灯熬油也要守在电视机旁边等待观看，如对于一部电视剧，电视剧迷就会产生习惯性的约会性收视行为。在鲍尔眼里，这些观众正是他所认为的“固执的受众”。

无论是固执性受众，还是随机性受众，其实在观众做出任何收视行为的时候，观众在潜意识或显意识之中都是对价值的一种追求，即这类节目对观众来说是有“用”的，这种“用处”有可能是对节目提供的信息的知晓、观点的接受、窥视欲望的满足，还有可能是娱乐、消遣、精神的放松，还有对节目传播知识的接收。反过来说，电视节目是可以提供这样有“用”的信息、观点的功能，或者说具备娱乐、放松、消遣的功能，或者说接收对生活和学习有用的知识，以达到充实自己的目的。

观众观看电视，这种使用媒介的行为，从价值角度来分析其实就是一个价值选择的过程，如果从另一个角度来说，电视节目播出的过程，其实是一个为观众提供价值的过程，或者说节目价值在时间过程中逐步释放的过程。这种过程是一个主客体双方互动、交流的过程。

二、电视受众收视需求的类型

关于观众与电视的关系，传播学有着许多的研究，也有许多研究模式的提出，其中使用与满足模式是一个很有效的进行受众分析的理论模式。

使用与满足模式的理论起点是“不问讯息如何作用受众（what can the message do to the audience），而问受众如何处理信息（what can the audience do with the message)"[①]，鲍尔认为，受众是顽固的，不是那么好欺负的，对于顽固的受众来讲，讯息不是被动接受的，而是主动发现的。对此，施拉姆还提出了一个形象而准确的比喻：受众参与传播犹如在自助餐厅就餐，每个人都根据个人的口味及当天的售价来挑选某些品种、某些数量的食物，而自助餐厅供应的大量的、五花八门的饭菜就相当于媒介提供的林林总总的讯息。[②] 这就是施拉姆有名的"自助餐厅"理论，总之，他们认为，受众与媒介是使用与被使用的关系，使用得顺手，令人感到满意，那就继续使用，否则就终止使用。可见，使用与满足模式是从受众的需要出发研究传播过程的，特别强调受众的作用，突出受众的地位。

在电视频道众多、信息泛滥的时代，"自助餐厅"理论似乎更加适用，此时的受众肯定不像"魔弹论"所认为中弹即倒，而是像一个由信息构成食品、媒体构成餐厅空间的主人，他在这里拥有很多的选择空间，他选择什么只有他自己的愿望和需求才能决定，他是他自己的主人。这也好比我们生活中的超市，我们都需要超市，因为超市有着非常丰富的我们生活中需要的用品，但是我们前往超市的时候并不是购买超市里的所有物品，而只是选择自己当前生活中正需要的用品。这与"自助餐厅"的比喻甚为相似。在这种情况下，我们对于受众收视行为分析的重心，就应该放在受众的需求之上了。

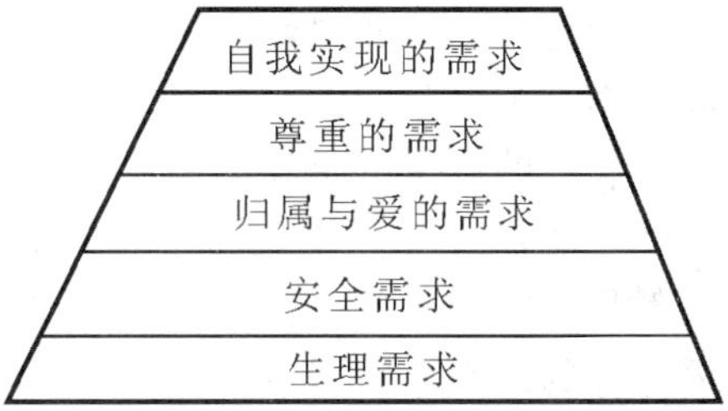

根据马斯洛的需求层次理论认为，人的需求分成生理需求、安全需求、社交需求、尊重的需求和自我实现的需求五类，依次由较低层次到较高层次（如右图）。生理需求——是对食物、水、空气和住房等的需求，这类需求的级别最低；安全需求——包括对人身安全、生活稳定以及免遭痛苦、威胁或疾病等的需求；社交需求（归属与爱的需求）——社交需求包括对友谊、爱情以及隶属关系的需求；尊重的需求——既包括对成就或自我价值的个人感觉，也包括他人对自己的认可与尊重；自我实现的需求——其目标是自我实现，

---

① ［美］雷蒙德·鲍尔：《固执的受众》，见李彬：《传播学引论》，232页，北京，新华出版社，2003。

② ［美］雷蒙德·鲍尔：《固执的受众》，见李彬：《传播学引论》，234页，北京，新华出版社，2003。

或是发挥潜能。[①] 人们现在已经开始越来越多的关心艺术、关心自身、关心上层建筑的东西，和要求一种生活的品质。

如果依据受众使用电视所满足的需求不同，大致可以把电视观众的收视行为区分为以下几个类型：

1. 延伸型需求

依据麦克卢汉的理论，媒介，是对自己身体的一种延伸。“在机械时代，我们完成了身体在空间范围内的延伸。今天，经过了一个世纪的电力技术发展之后，我们的中枢神经系统又得到了延伸，以至于能拥抱全球。就我们这个行星而言，时间和空间差异已经不复存在。我们正在迅速逼近人类延伸的最好一个阶段——从技术上模拟意识的阶段。”[②] 人在某个特定的时刻总是生活在一个特定的空间中，而人的本性却对异时异地或者说其他时空中正在发生的、已经发生的、将要发生的事件，或者说自己未知的事件充满好奇心，而媒介此时就充当了满足人类好奇心的工具。与其说是为了满足好奇，不如说是对自己主体的需要。

人为了自身的生存与发展，在满足自己生理需求的前提下，最重要的是保证自己的安全需求，包括人身安全、生活稳定以及免遭痛苦、威胁或疾病等。所以，人们不但需求像食物、空气、水等物质食粮以保证身体上的稳定性，同时还需要像信息一样可以消除心理和精神上的不稳定性的精神食粮。其实，每一个人都有一种潜在的内在心理冲动，即在第一时间获得保证自身安全、生活稳定以及免遭痛苦、威胁或疾病等的信息的欲望。这些信息的取得，如果仅仅依靠自己的所见所闻显然是力所不能及的，因为毕竟每个人所处的空间、所拥有的时间都是有限的，这也是媒介之所以产生的最初动因之一。现代大众传播媒介的出现，使得人们的视听器官得以延伸到世界的各个角落，神话当中的“千里眼”、“顺风耳”的角色从此由广播电视等媒介来担当了。尤其电视的出现，解决了媒介以画面和声音的方式将现实的四维时空向可视的三维时空的转换问题，使媒介传播信息的丰富程度与可视化层次提高到了一个新的水平。

人们对资讯信息的接收，实际上是人们把电视等媒介当做自身器官的一种延伸，是人类基于生存与安全需求而产生了一种超越于自身

---

① ［美］马斯洛：《人类动机的理论》，北京，中国人民大学出版社，2007。

② ［加］马歇尔·麦克卢汉：《理解媒介：论人的延伸》，何道宽译，北京，商务印书馆，2000。

器官能力之外的延伸性需求。在当代，这种延伸性需求，已经很多元化了。

政府官员对于《新闻联播》的关注，那是洞悉中国高层政坛的动向和脉搏，这可能会直接关系到自身的政绩和升迁，就像政府官员必看《人民日报》和当地党报一样。

人们对法制、军事、财经、体育等时效性资讯的关注，从延伸性需求方面都可以得到很好解释：法治资讯可以让人们知道自己工作和生活环境的安全性；军事关系国家安全，国家安全直接关系自身家庭的安全；财经可能直接关系人们财产的安全，直接影响到自己银行账户和股市资金的涨跌；人们关注激烈的体育赛事，甚至点灯熬油地观看体育赛事的现场直播，虽说不是直接关系到自身的安全，但是作为一个球迷在没有得到确定性信息的时候，总是为自己热爱的球队抱以担心和期待，而且直接提供了在第一时间知晓结果的信息传播渠道，在直播过程中球迷全程伴随结果的产生，还能体会到一种参与式的体验和愉悦。

在当代，对媒介的使用方式和使用程度，已经是区分一个是否与时代同行、与社会同步的标志。在很大程度上，城市与农村的区别，就区别于对于媒介的使用上，尽管技术的普及不断使两者之间的鸿沟拉平，但是城市对于媒介的使用总是引领着潮流，其中一个主要方面就是城市居民对于媒介使用的全面性和深入性。总之，在现代社会，人们都会自觉进行身体延伸或者感官（主要是视听器官）延伸，满足自身无处不在的安全的需求，实现个人的生存与发展。

2. 调节型需求

在现实生活中，人们对于物质的需求是通过社会分配解决的，人让度一部分属于自己的自由给工作，在工作中付出一定体力和智力创造一定数量的财富，而社会按照一定的规则将其所创造财富的一部分以货币的方式归还给个人，用以满足人在生活中的物质需求，以保证劳动力的持续劳动。除物质层面的需求外，人还要有一定的精神需求，如尊重的需求，爱的归属的需求等。不过，这是人的一种理想状态，人在更多时候是处于不平衡、不满足、不和谐的状态之中，而且是社会上大部分人、或者说一个人在人生中大多数的时间中，其心理和精神上都会存在一定的压力从而产生寻求一种精神调节的需要。在社会中，每一个人都感受到来自各个方面的压力：财富的稀缺、工作的劳累、受控制性的行为、工作的不稳定、心理的孤单等，可以说，对于现实的人来说，压力处处时时都存在，而真正能够全面的解决却少之又少。而这种来自社会的各种压力，很少有人能够通过自我的调节完全实现一种心理上的平衡状态，而是更多求助于外在机制的协助进行调节。每个人都需要寻求一种解决方案。但是因为现实条件的原因，社会为每一个人提供乌托邦的解决方案是不可能的，现在几乎每一个家庭都拥有的电视在一定程度上充当了这个解决方案中的一个重要部分。

观看电视由于其高度的家庭普及性、“惠而不费”的易得性、海量内容的丰富性等，成为现代人进行精神调节的一种主要方式之一。电视高度的家庭普及性是电视被广大民众选择的重要原因，人们上班毕竟只有8个小时，其余之外的16个小时中甚至10个小时在家中度过，电视摆在客厅最为显著的位置，由此可见电视在中国观众心目中的重要性。“惠而不费”，意即如果观众有时间，观众可以几乎没有成本的费用就可享受无比丰富的内容，相对于电影的高票价，旅游休闲的高消费来说，可以肯定地判断观看电视付出的费用最为低廉（也就只是付出一些电费即可）。目前众多电视频道几乎提供各个方面的海量信息，可选择内容的丰富性甚至远远超出了人们的正常需要。

实际上，观看电视在客观上并不能让观众的财富增加，也不能减轻工作的劳累程度，更不能在使人身获得充分的自由时，还能保证工作的稳定等，不过观看电视却可以使观众在心理和精神上得到放松和调节。一方面，电视通过提供明星资讯、娱乐性新闻，以使观众在满足中，忘记现实生活中的忧愁和烦恼；另一方面，电视还可以提供比现实生活当中更惨的边缘、悲剧人物，使观众在震撼中感受到自身生活处境的相对美好，由此使心理得到一丝的或者暂时的精神安慰和补偿。

表1　观众的心理危机感和解决方案示例

观众的社会心理压力	“乌托邦”的解决方案
稀缺（在社会中的实际财产，和周围人相比的财产数量）；财富分配不均	富足（消除财富分配的不均，物质资源富足）
劳累（工作过于辛苦、重复劳动、城市生活的重重压力）	活力十足（工作与娱乐相结合、回归到田园生活）
沉闷（一切都是安排好的、可预期的、机械化的，日常生活毫无乐趣）	激情（充满热情、惊喜，戏剧化的场面、积极的生活态度和方式）

续表

观众的社会心理压力	"乌托邦"的解决方案
受控制性的（生活的各个方面都受到控制和局限，不透明、压抑）	透明的（生活的各方面都是透明的、自由的，社会交流和社会关系都诚实可靠，不受局限）
破裂（工作流动、搬家、孤立的公寓系统，感觉社会破裂，自己处于孤单的境地）	共同体（整个社会是个共同体，人与人之间的关系紧密，大家拥有共同的利益，在一起快乐生活）

这里还可以进一步探讨的是，无论电视节目如何能使人忘记过去、忘记忧伤、忘记痛苦，但等到电视节目一结束，观众还不得不面对残酷的现实、无情的冷暖、无边的痛苦等，甚至可以说，这种电视式调节具有一定的欺骗性，但是我们同时又知道，这种欺骗性是一种符合观众主观意愿的欺骗性行为，电视既从来不会从观众这里收取一分钱，也不会因此而得到直接的好处，所以顶多是一个"善意的谎言"。而且更主要的是，观众是一种主动收视行为，而不是强迫性、被迫式的收视，所以电视这种欺骗性不带有任何的故意和恶意，由此精神性调节或许才能实现。

3. 充实型需求

从受众的角度来说，延伸型需求是基于个人生存与社会认同的需求，是对个人信息来源在一种"空间范围"上的拓展，而调节型需求是基于个人心理上的不平衡的现实，是对个人"内空间"即精神世界的一个调整和校正，而充实型需求就是为了完成个人的自我实现、人生层次的提升，这就需要掌握更多的科学知识与生活技能，这一过程我们更多称之为"学习"。

在传统社会中，学习更多是通过学校的教育完成的，而广播电视诞生之后，通过广播、电视传授某一方面的知识以帮助人们完成学习成为一种共识，并且满足由于种种原因耽误了学习机会而渴望学习的低学历人群的迫切需要，所以在开办电视之初，电视就开设了电视讲座，做法虽然极其简单，但也获得了广大观众的普遍认可。后来，随着九年义务教育的普及以及高等教育的发展，学校教育的课程教育足可以满足适龄青年的各种学习需要，所以电视在满足大众学习方面的责任也相对趋弱。

新闻资讯的传播是电视媒介的本性决定的，艺术传播类更多体现了受众的娱乐审美需求，那么，电视的教育功能、服务功能则是管理者、传播者所赋予的社会功能和媒介责任。

第三节　资讯传播类节目的受众期待与满足

一、资讯传播类节目的形态及其受众期待

1. 资讯传播类节目的形态形式

新闻消息类：《新闻联播》《中国新闻》《晚间新闻》《午夜新闻报道》《整点新闻》《经济信息联播》《体育新闻》《凤凰早班车》《娱乐现场》《综艺快报》《影视同期声》《中国电影报道》《世界电影博览》等。

深度报道类：《新闻调查》《经济半小时》《中国财经报道》等。

新闻专题类：《焦点访谈》《共同关注》等。

新闻访谈类：《面对面》《高端访问》《新闻1+1》《今日关注》《实话实说》等。

新闻杂志类：《世界周刊》《东方时空》《中国周刊》等。

现场直播类："柯受良飞越黄河特别报道"、"三峡工程大江截流特别报道"、"香港回归72小时特别报道"、"神七飞船发射特别报道"、"第15届多哈亚运会开幕式特别报道"等。

2. 资讯传播类节目的受众期待

任何节目都要考虑受众的期待，资讯传播节目也是如此。对于新闻消息类节目，受众期待的重点在于节目能否呈现所报道事件的结果。无论是《新闻联播》，还是《中国新闻》，都重点报道发生了什么事件及其结果。但由于政治的原因，时政新闻的报道大多数采用了新华社通稿，以保证口径的统一和鲜明的政治立场。而近年来涌现的民生新闻则关注发生在街头巷尾老百姓身上和身边的各种大事小情，由于不涉及政治敏感问题，所以在报道方式上就表现得相当鲜活。同样是新闻报道，体育新闻报道也是一个比较独特的报道领域，它不同于一般的时事报道，由于较少涉及意识形态方面的因素，体育报道往往呈现出个性化、多样化的报道样态。

对于深度报道类节目，受众期待的重点在于节目如何展示节目制作者对事件挖掘和剖析的深度。《新闻调查》自1996年5月17日开播十多年来，栏目一直坚守媒体的责任与良知，秉持理性、平衡、深入的职业理念，在借鉴西方调查性报道成功经验的同时，紧密结合中国国情，从内容到形式，打造出了一个具有中国本土化特色的调查性报

道的电视品牌，其成功之处就在于每一期节目都尽可能选择一个具有深度的事件或者话题，并在科学的采访基础上努力探寻并告知受众事实的真相。

对于新闻访谈类节目，受众期待的重点在于节目如何揭示新闻事件的第二落点，通过时事评论员的深入观察，通过事件的相关人士，如亲历者、见证者等的讲述，揭示现象背后的真相，表象背后的真实。凤凰卫视的《新闻今日谈》，针对突发的新闻事件和当下最热门的时政问题进行评说。在观众最关注的时候，及时快速的切中要害，做出分析、评论，让观众在看到事件表象的同时，把错综复杂的关系，抽丝剥茧，旁征博引，点出问题的本质，让观众洞悉事件的内幕和真相。

对于新闻杂志类节目，受众期待的重点在于节目如何把当天、当周发生的大事、要事，梳理出来，并给出媒体的立场和观点。新闻杂志类的最大特点是在于其综合性，体现在内容的综合性、形态的综合性、报道方式的综合性，换句话说，就是各种内容、形态、报道方式“杂”。典型的如《东方时空》，其中有连线报道、有流行歌曲、有访谈、有评论等，由主持人完成各个板块的串联，故事、人物等最后由主持人找到一定的逻辑给串联起来，并且用言简意赅的语言给出评点来。所以，此类节目的主持人非常重要，往往个人的智慧和经验标志着这个节目的高度和深度。1993 年，《东方时空》创办之后，电视新闻尤其通过电视评论参与社会、引导舆论的价值取向逐渐被人们所关注。

现场直播类新闻特别报道重在呈现过程，受众期待正在发生事件的过程所产生的悬念魅力。我们经常见到的两种直播，一种是新闻时事的现场直播，一种是体育赛事的现场直播。在新闻时事的现场直播中，电视台一般设置主持人，另外邀请一位到三位嘉宾在座，对进行的事件分析并解读。在这里，之所以称为嘉宾，而不能称之为时事评论员，这是出于政治的考虑，嘉宾的出现，不是对时事做评论，而且在解读的过程中，嘉宾较少有个人的感情色彩融入其中，都表现得比较客观和现实。但在体育赛事的现场直播中，由于不涉及政治因素，体育解说更多像一个评论员，评论就要求各个嘉宾能够展现出个人对正在发生的赛事的深刻理解，做出个性化的评说和解读，个人感情色彩显露无遗，而且在体育解说中越是有个性的解说员往往越能吸引更多观众的目光。

二、资讯传播类节目传播中的意识形态问题

从以上可以看出，作为一个整体，资讯传播类节目的生产与传播是以时效性作为第一标准的，在满足受众的需求类型上，主要是为了满足受众的延伸型需求，资讯传播类节目实现着电视作为媒介的基本功能，担负着电视作为大众传播媒介的社会责任。但是，在现实社会中，任何国家的电视媒介或者由政党、政府来控制，或者是由商业利益集团所控制，或者作为公共媒体介于之间，总之，电视媒体的任何资讯传播节目中，都存在一个意识形态的控制与受众使用过程中如何进行选择的问题。

传播学者拉扎斯菲尔德和默顿认为："大众媒介是一种既可以为善服务又可以为恶服务的强大工具；而总的说来，如果不加以适当控制，它为恶的可能性更大。"这一理论似乎给政府管制媒体提供了理论基础。所以，在很多国家中，媒体都处于政党、政府的控制之中，电视台的新闻传播具有强烈的意识形态特征。在中国新闻理论是以"喉舌论"为中心的，电视新闻报道更多是一种宣传，更多体现着意识形态、舆论引导的需要。媒介作为一种宣传工具，也更多体现着领导者的意志和意图。

在商业利益集团为主导的媒介体制中，电视台的新闻报道往往以客观、公正为追求，实质上也都体现着商业资本利益集团的需求，但客观、公正的媒体态度可以使其争取公众的信任和扩大社会影响力，由此获得更大的商业利益。在欧美，关于大众媒体的"第四权力说"比较盛行，而记者可以号称为"无冕之王"，实质上权力与政治之间保持着一种利用与被利用、牵制与被牵制的复杂关系。

在欧洲，不少国家的电视媒体坚守着公共媒体的身份，不以商业利益为主要追求，力图成为介于政府与民众之间的公共领域，但始终于政府资金与商业资本之间徘徊。在新闻传播中，公共媒体坚持公共利益至上，但客观上却很难达到理想的效果。

所以，无论哪个国家的媒体，都不可能纯粹将时效性作为唯一追求，新闻媒体既是社会信息的载体，又是文化意识形态的载体。由媒体来传播的信息，其传播的时间和时机是由媒体所属的利益阶层，以及媒体的意志决定的。在新闻选择上，他们可能决定什么新闻可以播，什么新闻不可以播。在播出时间上，他们可以决定这条新闻及时播报最有效果，也可以决定这条新闻选择一个时间进行播发，才可以适合社会的承受力。在播出形式上，他们可以选择一种适合的方式进行。

总之，这些都无不体现着媒体从业人员的文化理念、价值观念、政治倾向和政治主张。特别是作为产业经营的新闻媒体，更是一定利益集团的“工具”和“喉舌”。所以新闻媒体具有阶级性、倾向性、党派性或政治性和集团专用性。

在中国，最高层面的媒体都是由中国共产党命名或者以国家的名义主办，如党的中央机关报——《人民日报》、共产党中央委员会主办的刊物——《求是》杂志、国家台——中央人民广播电台和中央电视台，在新闻报道中，要体现党的意志，体现国家意识形态层面的意志。就广电媒体来说，中央电视台的《新闻联播》、中央人民广播电台的《新闻与报纸摘要》尤其是体现党的意志的典型。近年来，在和谐社会的建设氛围中，中央电视台《新闻联播》的新闻报道也不断得到改进。2003 年 3 月 28 日中央政治局讨论发布了《关于进一步改进会议和领导同志活动新闻报道的意见》，按照《意见》的精神，《新闻联播》以往每年春天召开“两会”时长而又长的报道局面得到了根本性的改观。

三、个案考察:《新闻联播》

中国 30 年改革开放的一个重要方面，就是中国电视媒介的迅猛发展和新闻报道话语空间不断的开放。从媒介角度看，中国波澜壮阔的改革开放，不但是电视媒介时时刻刻在传播的内容和对象，而且一定程度上电视媒介还在塑造着中国老百姓对于改革开放的集体记忆。那么，如果想集中考察和梳理中国社会三十多年改革开放历程的话，中央电视台的《新闻联播》无疑是最为典型并且最为合适的一个样本。

《新闻联播》创办于 1978 年 1 月 1 日，就在当年的 12 月，具有伟大历史意义的中共十一届三中全会在京召开，开启了中国改革开放的新时代。历史的巧合，使《新闻联播》肩负起记录时代变迁的重任，责无旁贷地成为中国改革开放最忠实的记录者。在最根本意义上，《新闻联播》的创办是电视作为媒介必然要表达的本体诉求，因为媒介的天职是用来传达信息的，所谓的“新闻立台”其实也是媒介组织（电视台）的言中之意，如果一个电视台连新闻都做不到位的话，显然这个媒体是偏离电视作为媒介的本质的。从这一点来说，《新闻联播》的诞生，标志着中央电视台开始真正承担起作为国家电视媒介理应承担的使命与责任。

目前，《新闻联播》是中国收视率最高、影响力最大的电视新闻栏目，同时它也是全世界拥有观众最多的电视栏目。不过，对于中国来说，《新闻联播》的重要性和意义已经完全超越了它仅仅作为一个电视栏目的功能。1982年，《新闻联播》被中央确定为官方新闻发布的重要管道，《新闻联播》的政治地位由此确立，从此《新闻联播》成为国内地方官员和老百姓观察中国政治动向、国外观察中国政治生活和变化的主要窗口。

其中新闻的先后次序排列不是以其重要性，而是以国家领导人的排名先后而定的。20世纪80年代曾经有一段时间，国外记者经常通过《新闻联播》中中央领导人露面机会的多少和镜头的长短来分析中国高层的政治变局。90年代以来，中国市场经济逐步确立，《新闻联播》的经济内容也越发增多。在2007年股市红火的时候，有股评家甚至总结出一条经验，说炒股一定要看《新闻联播》，哪天晚上一个企业要是上了《新闻联播》，那么第二天它市场上的股票肯定会大涨，诸如此类。21世纪以来，在“三贴近”的指引下，《新闻联播》在大型活动宣传和有关民生的“主题宣传”方面做出了很大的努力，会议报道相对减少，改进了时政报道和主题报道的可看性与亲切感。尤其2007年底，四位播音员新人走向前台，更令全国人民眼前一亮，获得普遍好评，彰显出《新闻联播》不断改革创新的决心和努力。

三十年来，《新闻联播》在中国独一无二的特殊地位使其一度走上神坛，对于地方来说，大家都想把《新闻联播》变为宣传地方形象、向中央汇报政绩的一个主攻阵地。地方官员的政绩、各行各业的发展，如果上了《新闻联播》，那将成为地方官晋级提升的重要政治资本。而对于电视台及其记者来说，也是如此：在地方台，一个新闻记者的成绩莫过于一年之内能在《新闻联播》上一条新闻（当然是正面新闻），一个地方台的年度成绩也莫过于一年之内能在《新闻联播》上几条新闻。这种“神话化”的倾向，显然是《新闻联播》由于地位过于特殊和巨大无比的影响力而产生的负面影响。

中央电视台《新闻联播》在创办初期时确立的“由全国各电视台供稿”的新闻采集模式、“由全国各地电视台转播”的新闻播出模式、“严肃、端正、稳重”的新闻播音语风、被称为“联播体”的新闻表述方式等，后来成为全国各地电视台创办地方版《新闻联播》的模板。以至于90年代中央电视台在创办《东方时空》等一系列新闻栏目时，改变在《新闻联播》影响下所形成的“联播体”语态一度成为央视人不得不面对的棘手问题，至今《新闻联播》的类似问题仍然存在。这或许应了“存在即合理”这句话，正是那种最让网友们诟病的“模式化”表述方式，反倒成为《新闻联播》顽强生存下来并能延续几十年的护身符，因为在某些时候，“模式化”往往是最安全的。

第四节 艺术传播类节目的受众期待与满足

作为电视节目体系中重要的一项内容，艺术传播类节目扮演着非常重要的角色，尤其在“小剧场”、“小影院”的基础上，电视的艺术身份非但没有因为电视新闻的崛起而削弱，反而有所增强。电视剧目前也已上升为老百姓喜闻乐见、老少皆宜的“文化大餐”，而电视综艺晚会、电视娱乐节目，在模仿港台、欧美节目样式的基础上实现了快速的发展。

一、艺术传播类节目的形态与特点

1. 艺术传播类节目的形态形式

电视艺术传播类节目，大体上可以分为两类：一种是将电视作为传播手段，按电视传播规律进行传播的艺术性内容，电视在很大程度上扮演着一个“再现者”的角色；一种是将电视作为创造手段，按照电视特性和规律生产的并由其传播的艺术性内容，电视在很大程度上扮演着一个创造者的角色。

众所周知，我们已知的艺术类型包括音乐、雕塑、建筑、美术（绘画）、文学、舞蹈、戏剧、电影等，雕塑、建筑、美术由于属于静态艺术，较难利用电视动态的视听手段所表现，所以很难单独成立一档栏目进行表现。而音乐、戏剧、舞蹈、文学（小说、诗歌）、电影、杂技、小品、相声等艺术形式，在表现方式上与电视的视听语言有着很大的相通性，所以形成了各式各样的艺术传播类节目：

电影：《佳片有约》《动作九十分》等；

电视戏曲节目：《空中剧院》《名家名段》等；

电视相声小品：《周末喜相逢》等；

电视音乐节目：《同一首歌》《新视听》《风华国乐》《民歌中国》《经典》《CCTV 音乐厅》等；

电视舞蹈节目：《舞蹈世界》等；

电视美术节目：《美术星空》等；

曲艺杂技类节目：《曲苑杂坛》等；

电视文学节目：《电视诗歌散文》等。

以上是在很大程度上将电视作为传播手段的再现类艺术类节目，而电视创造作为创造手段的艺术类节目，则包括电视剧、电视电影、电视综艺晚会、电视娱乐节目等。

电视剧：以电视的视听手段讲述虚构性故事的艺术体裁。近年来流行的电视剧类型有：革命战争剧、历史正剧、青春偶像剧、家庭伦理剧、古装戏说剧、古装武侠剧、名著改编剧、刑侦涉案剧、农村生活剧、都市言情剧、谍战反特剧、情景喜剧等。

电视电影：与胶片电影不同，电视电影是以电视的视听手段和技术方式拍摄的故事影片。在规模上，相当于电视剧发展之初的单本剧，但要比单本剧的故事更为丰富，只不过是用电视摄像机拍摄、磁带录制，并供电视台播出的故事片。近些年来，电视电影：《劲舞苍穹》《杨守敬与吕贝卡》《大戏小戏》《公鸡打鸣母鸡下蛋》《王勃之死》《大沙暴》《情归天尽头》《古玩》《刑警张玉贵的队长生活》《王忠诚》《中国桥》《毛泽东的亲家张文秋》《家有轿车》《青春与共》等。

电视综艺晚会及晚会类栏目：《综艺大观》《欢乐中国行》《正大综艺》《春节联欢晚会》《拥抱太阳——庆祝中国共产党诞辰86周年文艺晚会》等。

电视娱乐节目：《快乐大本营》《幸运52》《非常6+1》《我爱记歌词》《想挑战吗》《超级女生》《我型我秀》《咏乐汇》等。

2. 艺术传播类节目的受众期待

艺术传播类节目主要满足观众自己的调节性需求，即心理上、精神上的调节与消遣。那么，在这方面，再现类电视艺术节目与创造类电视艺术节目有哪些不同呢？

对于再现类电视艺术节目，受众期待在于电视能够"汇天下之精华"，把各个艺术领域中的优秀的艺术作品都呈现于荧屏之上。如中国电视晚会最初的样板——《笑的晚会》的创办初衷，就是电视台领导想让观众看到他们在影院、剧场想看但买票也看不到的内容。现在《周末喜相逢》作为一个栏目，可以把全国各地的相声明星甚至港台的演员全都请到演播室，为电视观众奉献精彩节目。因此，对于艺术再现类电视节目来说，电视首先要做到的就是对原有艺术的忠实呈现。

对于艺术创造类电视节目，受众的期待在于电视带给观众不同于其他艺术的艺术消费、娱乐满足。电视剧就是为观众以视听语言创作的长篇故事，这就好比长篇小说的功能，同样是视听语言叙事，电影的篇幅使其不擅长也不能承担大容量、大跨度、大题材的长篇叙事，而电视剧显然就扬长避短，利用电视剧的传播优势发展出了连续剧和系列剧。电视娱乐节目（以真人秀为主）除了它天生的娱乐性之外，其参与性与互动性越发成为其主要特征，观众不但能够身临其境，更能够参与其中，原来作为看客自己也能成为荧屏上的明星，这在很大程度上满足了观众的追名逐利的心理。

二、关于艺术传播类节目的思考

艺术，是电视最擅长传播的内容。因为，无论是采用哪种媒介创作的艺术样式，都是只作用于人的视觉和听觉器官，所以艺术才有视觉艺术、听觉艺术、视听艺术之分，而电视传播的手段，一是作用于视觉的画面，一是作用于听觉的声音，这与艺术的视觉形式与听觉形式形成了天然的沟通关系。所以，电视呈现艺术性内容，成为电视非常乐此不疲、极度热衷的内容和领域，正是因为擅长，所以热衷。

就其所有的艺术来说，电视也并非对所有艺术样式类型都很擅长，其实电视最擅长表现的是时间艺术和时空艺术，而不擅长空间艺术，擅长表现动态艺术而不擅长静态艺术，尤其是以声音为手段的时间艺术，如音乐、曲艺、戏剧、小品、相声、电影、电视剧，而空间艺术如雕塑、建筑、书法则很难表现。大家可以看到电视歌手大奖赛历经二十多届而长盛不衰，新创办的电视相声小品大赛也非常活跃，《非常6+1》《梦想中国》《星光大道》《超级女声》等，都是以歌曲作为比赛项目。而曾经创办的中国电视书法大赛、舞蹈电视大赛后来都无疾而终，其中一个主要原因就是书法无法发挥电视视听传播的优势，而舞蹈也只有视觉上的传播优势，而缺少声音这样一个关键要素。

电视表现艺术，也并非是简单地把艺术作为一个呈现的对象，而更多的是将其作为一个创造的对象。即使在再现类艺术节目当中，电视对于美术、舞蹈、音乐、文学等的再现，也是发挥电视的主要手段——画面和手段的艺术表现潜力。如《电视诗歌散文》栏目，一直是以画面的魅力，来不断地弥补诗歌、散文体裁本身所存在的较难进行电视化传播方面的缺陷，但无论如何弥补，都难以弥补诗歌、散文作为这个社会时代中一个弱势的文学样式。《美术星空》《舞蹈世界》《经典》《CCTV 音乐厅》等都存在这个问题，就是艺术种类本身的社会影响和地位直接决定了此类节目在荧屏上的受众群体的规模，即使电视挖空心思对其进行表现，受众规模也无法实现很大的提升。所以，此类节目往往会因为受众面不断缩小而遭遇收视率的压力，《美术星空》退出舞台就是这个原因。

在创造性艺术节目中，形成了一大批只有在电视艺术中才存在（而在其他艺术门类不可能存在）的艺术样式，如电视剧、电视晚会、电视娱乐节目等。

同样是讲故事，电视剧无法与电影比画面精致、场面宏大，也无法适应非常具有现代感的"时空错乱"式的复杂叙事。在这种情势下，电视剧在历史发展中选择了将长篇故事作为主要表现对象，把连续剧和系列剧作为主要体裁样式，从而形成了篇幅巨大、故事丰富、叙事娴熟的长篇连续剧和长篇系列剧，而在这方面恰恰又是电影所不能企及的。在这个过程中，电视剧选择性地放弃了短篇甚至中篇电视剧，以及早期曾经探索过的哲理电视剧、新闻报道剧等电视剧样式。正是这种有所选择的扬弃，使得电视剧将更多的精力放在了如何讲好一个好故事上，而不是创造一个独特的样式，由此发展到至今的电视剧才呈现出如此庞大的规模和繁荣的局面。

诸多的电视娱乐节目更是如此，游戏类、选秀类、益智类最能体现独特性，它能创造电视所独有的娱乐性内容。在娱乐节目中，电视成了无所不能的甚至是万能的，无论什么样的内容，都可以成为供观众放松、消遣的信号。一个《超级女声》曾经创造了中国电视红火一时的辉煌局面，它发动了遍及全国的少女们都雄心萌动勇敢地参与其中，将儿时的梦想和出名的冲动在"想唱就唱"名义上释放自己的个性与才华，这是其他艺术样式所不可及的。所以，对于电视来说，这些创造性艺术类节目的存在是电视艺术之所以成为一种独特的艺术样式的重要基础。

三、个案考察：青春偶像剧的十年记忆

1998年，在《快乐大本营》《还珠格格》红遍大江南北之后的第二年，一部后来被誉为中国第一部经典青春偶像剧的《将爱情进行到底》走进了全国观众的视野，引起了年青一代的追捧和发自内心的喜爱，当时就有不少"粉丝"将其与日本经典偶像剧《东京爱情故事》相提并论，正是这一部剧，成就了李亚鹏、徐静蕾至今不衰的人气。尽管在此之前，由王志文、江珊主演的《过把瘾》在实质上已经完全具备了青春偶像剧的特质，但是当时由于没有青春偶像剧这一概念，《过把瘾》失去了成为中国第一部经典青春偶像剧的机会。

十年后的2007年，一部号称为青春励志剧的《奋斗》在大江南北相继播出，被观众和市场誉为"80后必看剧"，一时间成为观众和网络空间中的热点话题。而在此之前的2006年，一部号称为"红色偶像剧"的《恰同学少年》在央视一套播出，标志着青春偶像剧从此在"CCTV-1"黄金时段拥有了一席之地，尽管这部"红色偶像剧"并不是纯粹意义上的"青春偶像剧"。

屈指算来，从1998年到2007年，从《将爱情进行到底》到《奋

斗》，青春偶像剧悄然间已经走过了十年的曲折历程。展望未来，十年的历程只是短暂的一瞬间，但是这十年对于正在发展的电视剧、正在成长的青年一代，其意义又是何等重大。十年间，青春偶像剧给观众带来过惊喜，也带来过失望，同时引发过热潮，也引发过争议。但是无论怎样，青春偶像剧为正在高速发展的大陆电视剧打下了深刻的青春印迹，为正在成长中的青年观众留下了难忘的青春记忆，可以说，一部部青春偶像剧已经成为他们人生经历和社会经验的重要标记。如果说要用一个词来形容大陆青春偶像剧十年历程的话，可以借用2007年一部青春偶像剧的名字，那就是——“奋斗”。

我们可以粗略梳理一下十年间给观众留下深刻印象的青春偶像剧与明星偶像剧：《将爱情进行到底》（又名《爱相随》）《新闻小姐》《红苹果乐园》《永不瞑目》《一场风花雪月的事》《你的生命如此多情》《拿什么拯救你，我的爱人》《玉观音》《网虫日记》《海滩》《男才女貌》《天一生水》《粉红女郎》《好想好想谈恋爱》《动什么，别动感情》《别了，温哥华》《女才男貌》《我们遥远的青春》《美丽分贝》（《超级女声》）《美女也愁嫁》《一米阳光》《奋斗》，等等。此外，还有中外电视台联合制作、中外演员联袂出演的《北京，我的爱》《白领公寓》等。如果抛开现代都市背景而单纯从偶像角度来论，像《情深深雨濛濛》《金粉世家》这种以民国为背景的爱情大戏也可以列入青春偶像剧的行列当中。十年期间，青春偶像剧成为青年演员在一夜之间变成偶像明星的最佳选择，李亚鹏、陆毅、黄磊、陈坤、刘烨、夏雨、胡兵、佟大为等，徐静蕾、赵薇、周迅、李小璐等，相继借助在青春偶像剧中的出色表演走出默默无闻的境地，成为目前演艺界当仁不让的红人。

盘点十年历程可以发现，大陆本土青春偶像剧远不如表面的和想象的那样风光，曾经一时的喝彩与喧嚣不能掩盖先天的不足与后天的劣势，偶像明星的光芒代替不了作为一个电视剧类型的羸弱。总之，大陆青春偶像剧目前面临着诸多“成长的烦恼”，具体有以下几个方面：

首先，青春偶像剧生产数量较少，进入黄金时段数量很少，在电视剧类型格局中尚处于弱势地位。1999 年，大陆本土电视剧年生产总量才为 6227 集①，而最近两三年，电视剧年生产量维持在一万三千集

---

① 贾磊磊：《中国电视剧的现状与历史》，《文艺研究》，2001（6）。

至一万五千集的规模，但其中的青春偶像剧的部数、集数都屈指可数，相对于少则三四十集，多则七八十集的历史正剧、戏说剧、家庭伦理剧来说，青春偶像剧的单部集数也时常处于下风。曾经因为《将爱情进行到底》，市场和观众一度对青春偶像剧寄予厚望，但是后来出现的几部青春偶像剧的糟糕表现，又让市场和观众对其失去了信心。因为没有过硬的艺术质量，青春偶像剧一度被认为黄金时段的“票房毒药”而敬而远之，只是排在白天时段或深夜时段。没有量的明显增长，就没有质的根本突破。在接下来的几年来，虽然时有精彩的青春偶像剧出现，但总体上还是处于弱势地位，毕竟任何市场的冲动和艺术的冒进，代替不了尴尬的现实。

其次，青春偶像剧播出后引发的社会争议普遍较大。几乎每一部青春偶像剧的播出之时，都会引发广泛的关注，但同时引发一些不必要的社会争议，甚至有的观众还上纲上线，横眉冷对。争议的方面很多，比如题材单一，节奏拖沓，人物单薄等，再如香车宝马，花前月下，脱离国情，不符合实际；“克隆”模仿、严重抄袭等，指责《将爱情进行到底》抄袭了日剧《爱情白皮书》，《好想好想谈恋爱》抄袭了美剧《欲望城市》等。笔者认为，要正确对待本土青春偶像剧，首先要检视我们对待青春偶像剧的态度。我们不得不承认，有太多人想在青春偶像剧这个问题上充当导师的角色，不分青红皂白的一味指责青春偶像剧的种种不是，这显然是一种不负责任的做法。笔者此处也无意充当“马后炮”，但仍然认为，大陆青春偶像剧固然有这样那样的毛病，但姑且聊胜于无，这是其一；第二，青春偶像剧是一个值得积极发展的类型。纵观亚洲地区几个国家的电视剧发展史，起到重大转折作用的、使本国电视剧和流行文化一同扬名四海的，恰巧都是青春偶像剧。目前有差距，是因为大陆青春偶像剧发展的时间实在太短，正因为有差距，所以大陆青春偶像剧仍需努力，对于前景广阔的青春偶像剧，不能因为这些差距就将其“一棍子打死”，不留它一丝希望；第三，具有原创色彩，颇有观众缘的本土青春偶像剧已经崭露头角，如《奋斗》《动什么，别动感情》等。

再次，大陆青春偶像剧，一直遭受着韩日剧的冲击与压制。社会对青春偶像剧争议的一个根源，就是大陆青春偶像剧与韩剧、日剧之间不明不白的关系。不得不承认，大陆本土青春偶像剧首先是学习了韩剧、日剧，其次又学习了港台剧，比如《将爱情进行到底》确实与日剧《爱情白皮书》有若干的相似之处，《好想好想谈恋爱》与美剧《欲望都市》的叙事方式、故事结构、人物设置有着千丝万缕的联系，等等。总之，首先要承认大陆青春偶像剧不是像历史剧那样是一个土生土长、根红苗正的电视剧类型，而是一个“舶来品”，“克隆”、“模仿”是青春偶像剧在早期获得生存地位最基本的手段。但是同时我们还要看到，大陆青春偶像剧在“模仿”的基础上，还是做出了许多独创的努力，目前已经从最初的“克隆”以及后来的“模仿”行进到了目前的“创新”阶段，这一点应以《动什么，别动感情》《奋斗》为标志，对此我们绝对不能无视。如今，要正确对待本土青春偶像剧，关键是要克服那种唯韩日青春偶像剧是从的态度。目前许多人已经习惯于在评价本土青春偶像剧时首先是把它放在韩剧、日剧的天平上进行称量，这显然也是不公平的。应该看到，韩、日青春偶像剧与韩、日很早就已经发达的经济发展水平是相适应的，而且韩、日青春偶像剧本身的积累也由来已久，目前韩、日青春偶像剧也都面临着各种各样的问题：韩国青春偶像剧的主要问题是叙事套路的模式化，而日本偶像剧为寻求发展，近年来一直尝试在题材上大胆突围，甚至不惜向禁忌领域进军，如师生恋、老少恋、同性恋等，这样的做法使原本“浪漫”、“温馨”的青春偶像剧变身成了“争议不断、哗众取宠”的“社会问题剧”。也就是说，相对于韩、日青春偶像剧，大陆青春偶像剧还在路上，所遇到的问题都是发展中的问题，需要在发展中逐步解决，对此我们应该保持清醒的头脑。

在未来，大陆青春偶像剧有着什么样的前途与命运，中国观众到底需要什么样的青春偶像剧，这些问题可以归结为三个关系：即历史与未来的关系、模仿与创新的关系、现实与浪漫的关系。对这三对关系的思考，是在“十年”这个节点上，关注大陆青春偶像剧的人们需要加以理性思考的问题。

1. 随着中国城市化进程的推进和都市化程度的提高，大陆青春偶像剧的发展空间会越来越大

思考大陆青春偶像剧未来前景的首要问题，就是它在大陆这个社会环境中有没有前途：是在“口水”中就此夭折，还是仍像目前一样无足轻重，还是通过“奋斗”获得一个光明的前途。展望未来有必要从青春偶像剧诞生的中国背景说起。

作为“舶来品”的青春偶像剧具有鲜明的都市文化的特征，这一点毋庸质疑，无论是《过把瘾》还是《将爱情进行到底》，都是在社会主义市场经济体制初步确立的背景下而诞生的，青春偶像剧的“十年”正是中国城市化进程加速推进和都市化程度加速提高的十年。在中国，曾经在很长一段时间内，只是有城市，而没有都市，即使在北京、上海的老百姓都难免油盐酱醋磕磕碰碰，20 世纪 90 年代随着社会主义市场经济体制的确立，经济得以迅猛发展，新的社会群体、社会阶层开始出现，公司白领、外企精英、小资一流等等他们人数虽少但多数充当着“舆论领袖”的角色，其消费理念与生活方式往往引领风潮之先，成为时尚潮流的创造者与引领者。他们的生活对于整个社会来说是新鲜的，社会有借助电视剧这一艺术样式来体验这种生活的需求。这样的生活和需求正是大陆青春偶像剧的诞生和发展的土壤。

但是还必须清醒的是，目前中国社会还远没有达到欧美、韩日那样的发展水平，白领精英毕竟还是少数，大多数老百姓毕竟仍然是收视的主体。认识到这一点，就可以理解青春偶像剧所面临的“姥姥不疼，舅舅不爱”的处境。本来充满艺术幻想的导演们是冲着“80 后”、精英、白领、小资们以及新新人类等青年人群去的，特意把青春偶像剧拍得浪漫一些、飘渺一些，但是这些在老百姓看来纯粹是“扯谈”，脱离现实生活的“无根之花”，比如《奋斗》中陆涛刚刚走出校门就能获得常人难以获得的机会，都是他们所不能理解的。这固然和老百姓的普遍心态有关系，但更为重要的是，这与中国经济与社会发展水平有直接的联系，所以未来大陆青春偶像剧的命运，其实也就取决于中国城市化进程和都市化程度的推进程度。相信随着中国经济与社会发展水平的提高，大陆青春偶像剧的艺术发挥空间一定也就越大。

2. 打造中国风格的青春偶像剧，是大陆青春偶像剧的远大目标

在认定有着光明前景的基础上，大陆青春偶像剧还要有一个清晰的目标和实现这个目标的路径。韩、日青春偶像剧之所以在全世界尤其是中国得以流行，是因为鲜明的风格。对于这一点，大陆青春偶像剧要善于学习，应该说过去的十年，大陆青春偶像剧已经从韩、日剧学习了不少东西，但这个阶段应该过去，大陆青春偶像剧还要树立远大的理想，要着眼于打造具有中国风格的青春偶像剧。发展有很多的策略与途径，也有很多工作要做，但其中一个就是类型策略的选择。

在类型策略上，青春偶像剧要善于走“超类型”与“跨类型”的路线。青春偶像剧作为电视剧的一种类型，有其内在的类型的规定性，如以现代都市为背景，以男女主人公的爱情为主线，并且配有漂亮的画面、亮丽的服饰等。按照这个类型的标准拍摄出的青春偶像剧属于纯粹的青春偶像剧，许多韩、日青春偶像剧的成功也得益于这一点。

但是，在目前中国现实环境下，青春偶像剧要想获得观众的普遍认可，确实需要一些生存智慧。目前中国电视剧出现一种趋势，那就是“类型化”，但是与“类型化”相反，“超类型”、“反类型化”是许多电视剧取得成功的原因，如《大宋提刑官》融悬疑、涉案、侦破、传奇于一体，而《任长霞》则融主旋律、涉案于一体等。在青春偶像剧的类型范围之内，海岩剧无疑是最为成功的个案。除去早期的《便衣警察》外，海岩相继创作了《永不瞑目》《一场风花雪月的事》《玉观音》《你的生命如此多情》《拿什么拯救你，我的爱人》《一米阳光》《平淡生活》等一系列融爱情、涉案、悬疑于一体的电视剧。

提倡青春偶像剧走“超类型”、“跨类型”路线，并不意味着青春偶像剧要放弃自身类型的规定性，而是要坚持青春偶像剧的时尚性、潮流感和偶像的前提下，避免把它仅仅理解成“谈情说爱”、“风花雪月”，而要充实进更多的社会内容与丰富内涵，这样青春偶像剧才能“演之有物”。

3. 青春偶像剧要善于表现有积极意义的题材和有励志精神的形象

从古到今的中国读者与观众，无论是读书，还是观演、观影，都有着一个共同的倾向，都是“由书观人”、“由戏观己”，只要遇到打动心扉的情节与人物就能感动以至潸然泪下，凡是与视野范围内大相径庭或者相差较远的内容，则一律斥之为“虚假”，等等。从这一点可以看出，中国观众从骨子里所具有的现实主义精神和实用主义的态度，现实主义美学原则之所以在中国文学艺术中占据主流，与中国读者与观众的这种心理倾向有着极密切的关系。

青春偶像剧的创作与制作也是如此，那就是坚持现实主义的创作原则和态度，比如社会背景的合理性、人物的丰富性、故事的真实性等。但是，坚持现实主义的创作并不意味着青春偶像剧要一味地贴近现实，一笔一画地描摹现实，如果真是这样的话，青春偶像剧就与一般的“都市情感剧”、“家庭伦理剧”、“平民剧”甚至是“苦情戏”之间没有区别了。青春偶像剧无论是故事情节的编织，还是人物形象的塑造，都要在尊重现实的前提下超越现实，要对现实生活有所“适当的提升”，也就是说，要适当地具备一点“浪漫主义精神”。

中国观众的可爱之处还在于，他们对文学艺术中有积极意义的内容和有励志精神的形象是非常热衷的，青春偶像剧的“浪漫主义精神”大可以往这个方向做更多的努力。在这方面，已经有不少青春偶像剧获得了成功：2005 年《大长今》在中国流行的一个重要原因，就在于长今永不言败、勇往直前的“励志”精神。在大陆青春偶像剧中，有《将爱情进行到底》中的杨铮、《情深深雨濛濛》中的依萍、《北京，我的爱》中的杨雪、《奋斗》中的陆涛等。

第五节　知识传播类节目的受众期待与满足

知识大体上可以分为日常生活经验知识和科学文化知识。所以知识传播类节目可以大致分为以日常生活经验为内容的知识传播类节目和以科学文化知识为内容的知识传播类节目。

一、知识传播类节目的形态及其受众期待

1. 知识传播类节目的形态形式

电视生活类节目:《天天饮食》《生活》等;

电视服务类节目:《为您服务》《中华医药》《健康之路》等;

电视科普类节目:《走近科学》《科学之光》《人与自然》等;

电视教育类节目:《当代教育》《空中课堂》等;

电视法制类节目:《今日说法》《法律大讲堂》等。

2. 知识传播类节目的受众期待

对于这两类节目，受众收视的出发点都是这些知识对于自身的直接有用性。对于前者，受众的期待重点在于对“他山之石”的借鉴与学习。对于后者，受众的期待重点在于对科学文化知识需求的满足，在现实生活中，每一个人都有非常切实的经验借鉴的需求，电视作为“惠而不费”的媒介手段，充当满足这种需求的主要渠道，但是这种状况目前已经面临比较大的挑战。

二、知识传播类节目的困境与解决途径

无论根据经验，还是数据统计，都显示知识传播类节目的传播动机与传播效果之间往往存在一定甚至很大的差距。究其根本在于，满足受众的充实型需求，观众可以有许多种方式可以选择，甚至其他手段可能比电视这条途径更有效，所以电视制作知识传播类节目在满足充实型需求的时候，始终面临着社会需求与媒体供给不一致的问题，这一问题的本质是电视被外在赋予的社会责任、媒体的自发动机与受众需求并不存在严格一致所导致的。具体来说，表现在以下几个方面:

一是与时代发展和需要有关。最初的电视服务类节目的创办，一个初衷是让生活水平还比较低下的老百姓利用有限的资源过上有滋有味的生活，《电视大学》《空中课堂》的创办是为了满足许多观众因为时代原因没有上学、更没上过大学的现实需求。但是改革开放以来，中国各项事业迅猛发展，人民生活水平有了很大提高，尤其随着我国

九年义务教育的普及和高等教育事业的快速发展，文盲、半文盲越来越少，知识分子越来越多，人们选择电视来学习科学文化知识的可能性越来越少，在电视发展之初，电视主动承担起教育的功能，纯粹是一种社会的需要和社会责任的体现，那么如今这种社会需求越发微弱，电视这种功能也就越发地退化。所以现在知识传播类节目经常面临一个比较尴尬的问题，即节目做给谁看的问题。

二是与知识的个人化与专业性有关。一般来说，生活服务类节目传授的日常生活经验知识具有一定的个人化色彩，如烹饪、生活小窍门、小偏方等，这种个人化的东西，并不一定为更广范围的受众所接受，所以就会导致受众群体的小众化。而科学文化知识具有相对的专业性和抽象性，专业性意味着一个某专业性群体才可以接受和理解。无论个人化和专业性的知识实现大众化传播，一旦这个问题解决得不是太好，这类节目都会存在受众面狭窄、收视率很难得到有效提升的问题。这就要求电视节目生产，要不断开拓新的选题、新的知识领域，对于天天播出的节目，相关领域的知识和经验总有一天面临着枯竭的问题，所以，这也是现在知识传播类节目目前面临的第二个难题，即做什么的问题。

三是电视进行知识表现时总是有所选择的问题。满足受众充实型需求主要来源于知识，经济知识、科学知识、法律知识、生活知识、道德知识等，因为大多数知识是有逻辑体系的，很少拥有适合电视传播的视听表现形式，所以，并不是所有的知识都可以被电视所选择，也不是所有的知识都适合由电视进行传播。所以大多数知识在传播的时候，都要经过“电视化”这一关，“电视化”获得成功，这种知识的电视传播才有可能有相应的效果，而不能进行充分的“电视化”的知识传播，往往会出现事倍功半的结果。另外，在电视娱乐化浪潮的冲击之下，作为娱乐工具出现的电视，很难再给知识传播类更大的节目空间，所以知识传播类节目的空间萎缩成为一个不争的现实。在创建科教频道之初，许多栏目的规划设计是相当理想的，如《百家讲坛》《走近科学》，但最终两者都是在走向新的定位、新的叙述策略之后，收视和品牌影响力才得以改观。再如，装修类节目《交换空间》的宗旨很是简单，向观众展示如何装修、装修风格，如果按照以往的节目制作手法，那就是找一个设计师教大家如何装修房子，但显然这样无法取得很好的收视效果。为了取得更好的传播效果，《交换空间》就进行了大力度的电视化改造，如运用真人秀的理念，让两个家庭互相交换房子进行装修，使节目产生了竞争的要素，另外装修资金由节目组提供，吸引了更多观众的参与，两个家庭的装修过程中绞尽脑汁争取以巧取胜的悬念感，还有两个家庭成员蒙着眼睛回到自己的家中的那种期待感，使得整个节目妙趣横生。

三、个案考察:《走近科学》

1998年，在“科教兴国”的背景下，中央电视台科学教育频道（CCTV－10）应运而生，一批类似《走近科学》的科学教育类栏目涌现荧屏。10年过去了，在科教频道的舞台上，已经有不少电视栏目折戟沉沙、销声匿迹，但像《走近科学》这样不但依然活跃于荧屏，而且能够进入频道的晚间黄金时段的电视栏目，其生存发展之道是颇值得耐人寻味和仔细研究的。

2001年的时候陷入困境的栏目如何起死回生，并走向成功的呢，这得益于2004年《走近科学》的改版与转型。这次改版，《走近科学》主要成功解决了科学知识如何进行有效的电视传播的问题。

众所周知，电视在本质上是一个传播媒介，而且在中国是目前占据强势地位的“第一传媒”，它所要传播的内容在理论上是关于这个世界的各种信息，包罗万象。由于现实社会的道德、法律、伦理等方面的约定，有些信息是禁止传播或者在有限范围或针对特定对象进行传播的，如色情内容。在准许传播的内容方面，有些对象和内容由于其自身内在的规定性，对所依托的媒介是有一定选择性的，如以文字所表现的内容，更倾向于选择报纸和书籍作为媒介。对于媒介来说也是如此，媒介对其所要传播的内容和对象也是有所选择的，就电视而言，有些内容是天生适合进行电视传播的，如故事，有些内容则是天生不适合电视传播的，如个人的内在心理活动。为什么电影、电视剧、体育、流行音乐等内容收视率高，而科学、教育、道德、伦理等相对而言较少有收视率，这和电视媒介传播的选择性有着一定的关系。在世界电视以及中国电视的发展历史上，目前在电视荧屏上占据主导地位的节目类型，其实是电视经过多年不断的选择而优胜劣汰的结果。不过，不适合电视传播的内容通过形式和手段的创新可以部分实现。所以，我们在选择电视作为传播媒介时，一定要先研究并掌握电视的传播规律，根据传播规律进行有“目的性”的选择，其次掌握符合电视传播规律要求的传播方式和传播手段。

其实，有关“科学”的内容是应该归于不适合电视传播的内容之一。对“科学”的解释，《辞海》认为是“科学是运用范畴、定理、定律等思维形式反映现实世界各种现象的本质和规律的知识体系，是社会意识形态之一”。同时，科学也是崇尚真理和真实的人们永无止境的探索和实践，阶段性地趋于逼近真理，解释和揭示真理的阶段性、发展性、历史性、辩证性、普遍性、特殊性、信息性等特点，尽可能不包含自相矛盾的知识体系。简单一点说，科学是运用范畴、定理、定律阶段性地解释和揭示世界真理的知识体系，在思维的运用方式上是抽象的、理性的、逻辑的，而这些特征与电视传播所需要的形象的、感性的，以及电视传播擅长的情节、悬念、故事、人物等是相互背离的。自1998年创办至2004年改版之前，《走近科学》之所以经历了很多曲折，甚至面临末位淘汰的危险，其中的一个主要原因就是没有解决好科学知识与电视传播的矛盾。

而2004年年底通过竞争上岗的制片人张国飞上任后所要解决的中心问题也是这个问题。比照此之前的节目，2004年之后新版的《走近科学》是从选题来源及标准、叙事策略与手段、电视元素运用以及系列化策划上等几个方面着手解决这一问题的。

1. 选题来源及标准

在选题的出发点上，《走近科学》改变了以往为普及某一方面的科学知识出发，而是先从身边的日常生活、社会的焦点热点出发而寻找选题。所谓从生活中去找选题：这在科普理念上是一个重大转变，在栏目制片人看来，科学不是远离生活的，是时时刻刻运用于日常生活起居之中的，探究日常生活中的科学就成为重要的选题来源，这方面的选题如《减肥的怪圈》《沉重的睡眠》《植物人做妈妈》《十年猫腻》等，事实也都取得了不错的收视效果。所谓从热点中去找选题，这也是科普理念的一个重大转变：即科学不是冷冰冰的，科学和社会生活的热点焦点问题紧密相连，如栏目制作的《SARS疫苗人体试验》《生死六昼夜》等都是紧追社会热点，只不过把落脚点落在揭示这些过程中的科学知识上。另外，《有案可查之古代探案传奇》系列是从当时热播的电视剧《大宋提刑官》那里得到启示的，它选材于有文字记载的古代秘案，而着眼于揭秘古代探案中的破案技术。

在选题标准上，新版的《走近科学》更多将“新、奇、特”作为取舍内容的重要标准，编导的主要工作专注于对所叙述对象的揭秘和探究，这一点从某些节目的题目就可以看出来，如《功夫大揭秘》《变脸揭秘》《木牛流马之谜》《中国UFO调查》等。

2. 叙事策略与手段

在叙事策略上，《走近科学》改变了从科学开始讲知识为主的做法，而是讲述有情节、有悬念的故事，揭秘其中隐含的科学知识的叙事套路，也正所谓“寓教于乐”。《走近科学》要求编导首先要把一期节目做成一个故事或者转换成具有情节性的内容，因为故事是观众最爱观看的内容，因为故事是电视传播最为擅长的内容，这也正是电视剧为何在电视上大行其道的原因。所以栏目走故事化的传播路线成为目前众多栏目的不二选择，其中也不乏新闻栏目，而《走近科学》就是极为成功的一个。

同样走故事化路线，《走近科学》的最大特点是用贯穿悬念叙事。这一点是现实需要，毕竟在一集或者上下集的较短篇幅讲述一个故事有些局限，必须通过其他手段来弥补，那就是构建节奏较快、以悬念为核心的叙事策略，即构建由总悬念、大悬念、小悬念构成的悬念叙事体系。即在栏目片头之前通过设问的方式，即从疑问出发，设定全片的总悬念；在主持人的开场白以及过渡段之中设定一个叙事片段的悬念，即大悬念；而在具体的镜头表现和解说词中设伏一些小悬念，总之通过连续不断的悬念勾引着观众持续向下观看，直到节目结束，结尾处观众才恍然大悟。这样就把观众学习科学知识置换成享受叙事的过程，而栏目的功能也从单纯的普及科学知识走向在娱乐中普及知识的复合身份。另外，栏目组潜心深入研究了一大批像《肖申克的救赎》等一类悬疑推理性质的好莱坞电影以及像《Discovery》的优秀纪录片等，深刻把握了其中悬念叙事的技巧与规律，应该说这对编导的提高和节目的“好看”起到了直接效果。

3. 电视元素多元化

为适应悬念叙事的需要，《走近科学》在主持人、道具以及画面等方面，主持人一改以往在演播室一身西装、正襟危坐、字正腔圆播报的形象，而是着一身休闲装、站着为观众娓娓道来。甚至在系列节目《祖先的生活》中，主持人还打扮成原始人的模样，展开跨越时空的对话，令人耳目一新。另外，在道具演示的环节上，丰富多样的道具是使“抽象”变“形象”的一个重要手段，效果很好。同时，《走近科学》比以前大幅度增加了节目的外拍量，使镜头表现更加丰富多彩，画面的节奏感更为突出。

4. 系列化策划

在改版成功之后，《走近科学》开始制作了一批有影响的系列节目，如《祖先的生活》《有案可查之古代探案系列》《揭秘江湖骗术系列》《中国 UFO 调查》《功夫大揭秘》等系列化策划。这在集中培养一段时间内观众的连续性收视习惯发挥了很大的作用。

科学知识需要普及，科学知识的普及更需要有效的电视传播。选择一个合适的传播方式，有时甚至比传播什么样的内容更为重要。新版的《走近科学》在选题创新、叙事创新、形态创新以及手段创新上大胆尝试，并取得成效，这一点无疑是值得借鉴的。

2004年至2007年，《走近科学》在以收视率为核心指标的评价体系的重压之下，并没有显出疲态，反而依凭节节上升的收视率得到了台内领导和观众的认可，并进入科教频道的黄金时段，成为该频道的主打品牌栏目。

但是，就在栏目准备大展宏图的时候，有关《走近科学》的争议首先从网络迸发出来，其中最具代表性的是一篇网络文章，题目为《CCTV-10〈走进科学〉还是走近白痴》。该文以18期具体节目为例，绘声绘色地描述自己的观看感受，其中所指责的问题，如"故弄玄虚"、"伤人自尊"、"智商低下"、"搞怪离谱"、"偏离科学"，等等。仔细对照一下节目，网友所指出的问题不能说《走近科学》是不存在的，针对《走近科学》的批评也并非完全没有道理。综合其他报刊文章以及网友文章，针对《走近科学》的批评和争议，归纳起来可以集中为两个方面：

第一方面是针对选题的争议：选题是不是具有科学性，即将缺乏科学性的东西拿来作《走近科学》的传播内容是否合适的问题。这又包括两个方面：一是将科学淡化，二是将科学泛化。所谓将科学淡化，即节目所讲的故事从生活中取材，从历史中取材，淡化科学的专业性，增加贴近性。但将科学淡化，并不等于不要科学，毕竟科学尽管不是出发点，但它也是落脚点。在遭受争议的节目中，可以看到确实有在大段的精彩叙事之后，编导才勉强地将所谓的科学知识给端出来，显得矫揉造作，很不自然。所谓将科学泛化，即把本来不是科学的事件或与科学非常牵强有关的事件，都拿来作为科学成为《走近科学》的传播内容，如关于灵异事件的节目，有可能给部分观众带来收视的恐惧，还如一些因为人们认识的片面性而产生的生活误会现象等，让观众感觉"《走近科学》变成了一个筐，什么都可以往里装"，显然这也不是好事。

第二方面是针对叙事的争议：其中的焦点是不断制造悬念是否有"故弄玄虚"的嫌疑。叙事从本质上说只是一种手段，它是为传播内容服务的，但是一旦叙事超越内容而凌驾于内容之上，那么手段与宗旨之间的地位就会发生互换，这样就导致为了叙事而叙事、叙事一枝独秀的格局。改版成功之后，《走近科学》积累了一套成功的以悬念为核心的叙事模式，即把类似的素材和题材摆放其中皆能达到相应的收视效果。并且，事实证明这套叙事模式在满足观众的收视需要、抓住观众眼球方面确有独到之处，这样就形成一种不好的局面：一个极为简单的事情，甚至三两句话就能说明白的事情，编导偏偏要费尽心思，编造出不少的推理过程和情节，让观众坠入云里雾里，但节目最后一旦揭开谜底，观众就会有种受骗上当的感觉。这也是值得注意的。

可以看出，观众争议的这两点其实就是为成功改版立下汗马功劳的两个重要方面。如果仔细分析一下，其实这两点争议又可以归结于一点，那就是《走近科学》到了成熟阶段之后过分强调发挥电视的传播特性，以至于有滥用电视表现手段的嫌疑，而忽略了传播对象本身的特性，即科学的理性、抽象以及创新的本质特征，或者说《走近科学》这个以“普及科学知识，启迪科学智慧”为宗旨的栏目，恰恰缺少了“科学”所需要的科学精神。因此，在电视传播特性的过度支配下，“科学”失去了理性的光辉和智慧的锋芒，使得《走近科学》的某些节目成为猎奇和把玩的场所，原来的科学知识普及的功能定位有些让位于以科学知识为“供品”而进行新型的娱乐和消遣的迹象。过分强调电视特性带来的一个直接危害就是媚俗，显然这一点也是危险的，引发争议也在情理之中。

所谓的“科学精神”，首先就是实事求是的精神，其次是探索创新的精神。目前，《走近科学》在“叙事创新”、“形态创新”上做得已经很好，也就是说在发挥电视特性方面，探索创新的精神，这一点从节目不时给人一种耳目一新，哪怕一个环节、一个道具，这至少证明栏目和编导们都在努力，但是现在相对欠缺的是科学精神首先要求的“实事求是”的精神，即尊重客观事实的理性精神。当然，强调这一点并不是要栏目彻底回归到创办之初，单纯地为了科学知识普及而做节目，应该是在目前“叙事创新”、“形态创新”的基础上，实现发挥电视特性与张扬科学精神的有机统一。由此，《走近科学》才能避免争议和批评，才不有违于科教频道所坚守的“科学品质、教育品格、文化品位”的“三品定位”，也才有可能在目前反“三俗”（庸俗、低俗和媚俗）的荧屏净化工程中取得主动，也才有可能在赢得专业好评的同时赢得更多大众的口碑。事实上，我们注意到《走近科学》已经在做出这样的努力，在“国庆特别节目”《我爱发明》中积极吸收观众参与其中，给予普通群众参与展示小创造小发明的机会，并且在“2008春节特别节目”策划中也沿用了这一策划策略。

虽然，坚持发挥电视特性与弘扬科学精神的有机统一，并不是一次两次特别策划就能够完全解决的事情，对已经习惯于故事化叙事的栏目来说，树立科学精神的宗旨已经不是一件容易的事情，毕竟“电视”与“科学”之间存在不可逾越的“鸿沟”，还要落实到具体的每期的节目创作中显然更是一个较为漫长的过程。正如2004年改版是对栏目初创时期的一次“革命”一样，实现电视特性与科学精神的有机统一虽然不具有“革命”的性质，但也是栏目在内涵和品质上的一次良性的校正和改良。

第七章

电视受众的定位与错位

第一节　电视受众与电视的定位

随着电视受众欣赏要求的日益多元化，中国电视出现了栏目化、专业频道化的发展趋势，这也意味着中国电视正在从“广播”向“窄播”的方向不断发展。电视“广播”的特点是电视面向所有受众，希望自己提供的节目能够满足绝大多数受众的需求，也就是实现“雅俗共赏”，但是，事实上近年来受众雅俗分流的趋向已成为电视传媒不可忽视的重要问题。虽然，把拥有最为广阔的观众群作为电视明确的方向是电视的大众媒介性质所决定的，但时代发展的现实和电视观众的现状却加速了观众分流的状况。

一、电视受众定位细分的原因

近十年来，中国电视业的发展步入了快车道，电视的栏目化特征日渐突出，并且出现了频道专业化分工的趋势，不仅栏目的类型不断扩展，同类型的栏目之间内容、形式等也形成丰富的层次，为广大观众提供了丰富多样的选择空间。人们从中可以看到当代中国电视正在经历这样一个发展趋势：电视传播正由受众“信息共享”模式逐步向“信息共享＋信息分享模式”转移，即不再是千万人共同接受同样的信息，而是承认受众群体、个体需求的差异性，受众不断被分化为越来越小的受众群。这就是中国电视从“广播”到“窄播”的发展趋势。

1. 电视对受众进行细致的划分，首先是因为观众的需求日益多样化

随着社会的不断发展，作为电视受众的群体在社会生活中所处的经济、文化、社会角色等差异在逐渐拉开，这些受众在社会层面上已经被划分为不同的群体。随着中国社会、经济结构的调整与转型，社会化大生产和科技进步使社会分工越来越细，人们所从事的工作越来越专业化，不同专业的信息内容越来越新鲜丰富，不同专业的人员所需求的信息也大不相同，人们基于自身特色对精神生活和文化的需求也越来越多样化。

由于当代社会向消费社会、大众文化社会的方向急剧发展，整个中国电视受众群多样化的信息需求都得到了广泛的满足，而信息的急剧膨胀和迅速传播促进了人们思想的变化，多样化的信息要求得到满足反而进一步促进了受众信息需求的多样化。受众越来越希望能够在电视中得到更符合自己需求的形式和内容，原来面对所有受众的电视频道及其所提供的节目内容，一方面越来越难以适应受众的多方面和不同层次的需求，另一方面也难以适应不同受众不同的专业性、对象性的特殊需求。因此，作为整体的电视受众面目是模糊的。可是作为一个个具体的受众群体，人们的需求又是很鲜明的。当代电视要能够更好地服务于受众的需求，就需要提供更专业的信息、更有效率的服务，赢得各具体受众群体的认同就是赢得广泛的电视受众的认同。

此外，中国人家庭电视机拥有情况的变化也进一步促进了这种分化的实现。21 世纪以来，中国家庭电视机拥有率已经超过了 95%，逼近 99%，其中，不论是城市家庭还是农村家庭的电视机拥有率都达到了 96% 以上。从整体层面上说，中国电视是为几乎所有的中国观众服务。与此同时，调查发现，城乡家庭中拥有两台及两台以上电视机的家庭比例超过了 30%，而且，在农村地区拥有两台及两台以上电视机的家庭比例高于城市地区。

这个数据的变化，说明了当代中国电视受众对象虽然仍然是以家庭为主体，但是也已经进入到了家庭的内部。这个状况进一步促进了电视受众的分化，这意味着遥控器的掌控权正在分散。在一个只有一个遥控器的家庭中，谁掌控遥控器，谁的意志就能够成为这个家庭的收视意志。在中国的传统家庭中父亲担任家长的角色，传统家庭中父亲掌握着遥控器的掌控权。在这种情况下，电视的受众定位看起来是定位于“家庭”，实际上是定位于“父亲”，在那种情形下，电视节目如果能够让掌握遥控器的中年男子们喜欢，基本上就能够得到广泛的认同。但是，随着中国城乡居民生活水平的提高、电视的进一步普及，当一个家庭拥有两台及两台以上电视机的时候，遥控器的掌控权便不再集中在“父亲”手中，电视也就真正能够定位于家庭中每个个体的需要，而不仅仅是“家长”的需要。电视节目的受众因而也更加具体化、个性化起来，原先被家长意志掩盖的个体意志、被家庭要求掩盖的个人要求，都需要在电视中得到释放与实现。

2. 电视对受众进行细致的划分，也源自电视市场化发展的需求

电视通过“窄播”系统，详尽地满足受众对某一特殊领域的内容或特殊形式的需求，这种改变的内因不完全是电视已经形成了服从、服务于受众的意识使传播更加“以人为本”，事实上，更多的情况下这是电视也不得不进行的被动选择，是当前媒介竞争环境下的必需。

近十年来，中国电视的商业发展趋势越来越显著。过去，中国电视业主要以政府拨款为主体，这种运行机制能够钝化人们对受众的需求与反应。但是随着中国电视业机制改革的深入，中国电视业的发展越来越向商业发展的运作模式发展。目前，中国电视的主要盈利渠道是广告收入，这也意味着各电视台都要努力争夺广告商。资本的流动总是高度理性的，广告商要让自己的广告费物有所值，通常都希望在潜在消费群最集中的时间段播放自己的广告，于是，不同的受众群体作为商业市场中的不同的消费群体的特征就充分体现出来。因此，电视业面对的不仅仅是受众对信息、对电视的形式与内容要求的多元化，也是受众作为消费者的消费结构多元化。

随着中国市场经济的发展，中国人的消费能力、消费习惯差距已经拉开，对于企业来说，自己的消费人群是明确而固定的。例如，购买名牌汽车、名贵手表的人群通常不是购买洗衣粉的人群。对于广告主来说，名贵手表广告重要的不是让购买洗衣粉的人看到——哪怕这群人在社会人群中占绝大部分，而是让购买名贵手表的人群看到——哪怕他们在社会人群中占极小部分；也就是说广告主追求的不是在整体市场上取得较小占有率，而是在一个或几个小市场上拥有较高的市场占有率。因此，电视通过明确的定位，能够有效地吸引住自己特殊的受众群体，也就是吸引住特殊的消费群体，从而能够吸引以这些受众群体为目标的企业，吸引资金的进入。

因此，对于依附市场经营的电视而言，“市场化”的条件下，细分受众也是一个不得不的选择。

二、受众定位与电视的品牌营建

由于当前电视受众的需求日益多元化，电视媒介就更需要在明确频道、节目或栏目的属性与目标，了解与掌握其目标受众的大概范围与层面，了解目标受众的信息需求、价值及审美取向等基础上，确立恰当的经营方针与行为策略，也就是对节目进行受众定位。

一般来说，电视节目的定位是根据受众的性别、年龄、地域、文化、经济收入、社会角色等不同的标准来划分自己的受众群，根据这些受众群的特点来制定节目的内容、形式、审美风格。

准确的节目定位通常能够带来节目的成功。

例如，根据CSM媒介研究2006年基础研究结果，目前中国内地年龄在4岁及以上的电视观众规模达到11亿9900万人，其中男性观众占50.3%，女性观众占49.7%，考虑到中国内地人口构成中男女比例分别是51.53%和48.47%，可见，虽然从绝对数量上看中国电视的男观众比女观众多，但从相对数量上看女观众更多些。即使是绝对数量，在城市与在农村也是有区别的：城市中男性观众比例为50.3%，女性观众比例为49.7%；在农村电视观众中，男性占49.8%，女性占50.2%——这个数据与人们在现实生活中形成的女人喜欢看电视的印象是吻合的。此外，调查还发现男性受众偏向喜欢电视新闻节目、体育节目；而女性受众更喜欢影视剧、综艺节目、音乐节目，排斥体育节目。从男女两性在选择电视节目上的不同，就能够清楚地证明电视受众根据各自的性别、年龄、地区、文化背景、职业收入等因素，有着各自不同的需求，而这种需求与电视受众在日常生活中的职业、社会身份、文化认同等因素有很大的关系。可见，以这些特点为标准进行受众细分、并据此进行根据不同受众的欣赏特点来进行节目定位是可行的。

当前中国各大中城市的新闻综合频道或新闻节目的定位是比较鲜明的。这些节目中的广告大多以男装、剃须系列、汽车等男士用品为主，很明显，是与这些节目的定位群相适应的。目前新闻节目和新闻频道的受众定位是30～45岁、大专以上文化程度或受过良好教育、收入在中上水平的人群，尤其是男性人群。一般来说，这个年轻、高学历、高收入的群体，常常具有思维活跃、思想开放的特点，对社会事物的变更反应灵敏，对事物的认识有一定的深度，对社会的政治、经济、文化等现象有自己的看法，他们更倾向于在电视上接受具有丰富信息广度和思想深度的电视节目类型，而且希望这样的节目能够与自己的人生观、价值观、审美观乃至消费观相适应。新闻节目恰恰具有这样的特征，能够以集中、强大的信息帮助人们了解社会动态、周边局势，乃至具体的行业信息，因而这种节目类型很能够吸引上面描述的人群。因此，新闻节目把自己的目标受众定位为这么一群人也就不足为奇了。反过来，当新闻节目确定了这个定位之后，会在节目内容的选择、编排、观点上更加贴近这个群体的要求与思想，从而提高节目对定位人群的吸引力。

根据调查，在中国观众的年龄构成中，最高的是45～54岁的观众，其次是35～44岁，在成年观众中，15～24岁、55～64岁和65岁及以上的观众比较少。从这组数据结合男女观众性别比例的数据，我们可以得出这样的结论：中国最主要的观众是35－54岁的女观众。与此同时，调查发现男性受众倾向于信息资讯类节目和体育类节目，收视时体现出更多的理性色彩；而与此同时女性对电视节目的选择明显显示出了感性特质，偏爱影视剧、综艺节目、音乐节目，可见女性电视受众收看电视的主要目的倾向于休闲娱乐、获得情感的满足。与欧美相比中国国产电视剧中至今都没有科幻类电视剧，最多的是言情题材和家庭伦理题材就很能够理解了：很明显，中国电视剧的这个题材选择与电视剧的受众定位有关，中国电视剧的主要观众是35－54岁的女观众，而35－54岁的女观众比较偏爱的题材是休闲娱乐类型的轻松题材。

电视的成功定位，不仅能够为一两个电视节目或栏目带来成功，如果把细分受众、定位受众的观念推广到整个频道，为整个频道打造出明确的形象，能够帮助这个频道形成良好的品牌效应。

湖南卫视的成功就与受众定位思维有关。

当前中央电视台已经形成了10多个专业频道，全国30多个省市也都有了自己的卫视频道，加上每个地区的地面频道，中国观众现在基本上都能够接收到40个以上的电视频道。在这些电视频道中，中央电视台、尤其是CCTV－1以国家台的权威信息比较容易得到受众的认同；另一方面，地面频道也容易以信息、风格的贴近性赢得受众的喜爱。相比之下，各省卫视基本上都是综合频道，差异不大，不容易在别的地区打开受众群，尤其不容易培养出稳定的受众群。但是，在众多卫视当中，湖南卫视却以鲜明的特色与风格在众多省级卫视频道中赢得了令人瞩目的成绩。

湖南卫视的成功与这个频道一贯坚持的观众定位相关。长期以来，湖南卫视的频道定位准确定位在年轻人这个特殊群体上，正如其台

“我们正年轻”和橙红色的台标所表白的那样，湖南卫视以“年轻”为其核心内容主题，让受众为之耳目一新的同时也能不断地感受到青春的力量、情感的冲击，从而全力营造出了一种“快乐中国”的氛围。湖南卫视几乎所有的栏目、节目都围绕着年轻群体进行设计、维护，进而形成了频道的独特个性，“年轻”已经成为湖南卫视的品牌，也成为其品牌中所凝集的文化向心力。

围绕这个特点，湖南卫视几乎所有的节目都体现出年轻人的个性特征，不仅娱乐“造星”的《超级女声》等节目体现出了与年轻人气质相应的快乐、积极、梦幻的特点，谈话类节目的《零点锋云》虽然以高端内容、思辨色彩为特色，但也体现出年轻人的勇敢和激情。这档节目试图在政治、经济、文化领域乃至民间，发掘新锐的思想者，虽然是荟萃精英主体的文化，但在湖南台，这个精英文化节目的定位却是“青年思想沙龙”。节目中的嘉宾们主要是70后、80后乃至90后的新秀，在文化话题的讨论中还注入了时尚的元素，让人们在文化节目中也能感受到娱乐的快感。当这些嘉宾酣畅淋漓地表达自己的想法，尤其是与主流观念不完全相同的想法时，事实上也体现出了年轻人特有的真实、本色、随性。所以，虽然这是一档在湖南卫视大环境下有些“另类”的文化节目，但整体风格上还是符合湖南卫视“年轻”的整体定位。在众多卫星电视频道中，这个特殊的个性使湖南卫视风格在可持续发展中保持一致，以不断稳定、扩大甚至影响受众群。

三、电视定位与受众需求分析

对电视受众进行细致定位，需要对各种人群的喜好、要求以及生活习惯有比较细致的了解，包括对各时间段的受众特点进行分析。

湖南卫视以年轻为特色塑造了自己的品牌，吸引了特定的人群，但同样是年轻人群在不同的时间段也有自己的细致区别。《零点锋云》的首播时间在星期一的零点，这个时间的主要人群虽然同样是青年人，但已经形成了自己的特色：一般来说，在这个时间段看电视的主体人群是当前习惯于晚睡的青年知识分子，他们主要包括大专院校的在校学生、自由职业者和一些习惯于夜生活的高收入人群，这个人群共有的特点除了年轻外，还有高知、生活方式自由等，这些特点往往又导向思想自由、喜欢思辨。因此，针对这个时间段的人群的特点，安排学术沙龙，是吻合这个时间段的受众特点的。可见，《零点锋云》选择高端人群作为自己的主要定位人群，是根据这个时间段收视人群的行为习惯进行分析之后形成的定位选择。

在进行电视节目的定位时，通常首先要考虑的就是不同频道、不同时间段下受众的主要构成和这部分受众的主要需求，以吸引观众的注意。

随着对受众的细分，人们发现电视受众的收视行为与收视习惯在发生变化。传统上的电视受众收视行为比较统一，20 世纪 80 年代人们习惯于在晚饭之后看电视，那时候甚至于工作日的白天也没有什么电视节目可看。但是从 20 世纪 90 年代以来，随着社会的发展，越来越多专门化的社会生产和社会服务造成人们工作时间的多样化，这也意味着不同行业、不同社会阶层、不同文化层次的受众的闲暇时间正在日益多样化。因此，电视播出机构大一统的“黄金时段”的“含金量”正在降低。不同的受众群体有不同的集中收视时间，也就是自己这个群体的“黄金时段”。例如，一般从事体力劳动的人晚上睡觉时间比较早，晚 7 点到 9 点是这一群受众的黄金时间段；而从事脑力劳动、收入较高、文化程度较高的人普遍存在着晚睡的习惯，对于这一部分人来说 21 点 30 分之后，甚至是 22 点、23 点之后才是真正的黄金时间段；而离退休的中老年人却更多地选择在白天看电视。日常生活中我们也看到，休闲类的节目大多安排在白天，而纪录片、科技题材、思辨主题的作品通常放在晚十点之后，这都与各时间段的人群作息有关。

除了顺应受众的习惯外，如果能够把握得住特定人群的特点，通过适合的节目编排，也能够创造出特定的收视人群，帮助电视节目达到最好的效果。

20 世纪 90 年代初，绝大多数电视新闻都安排在晚间时间段播出。但是 1993 年以来，以中央电视台《东方时空》为代表，中国在早间时段推出了大量电视新闻节目。这个行为对当时的观众来说是很具有挑战性的，它打破了观众接受新闻的习惯，在当时的背景下这个节目没有已经成熟的、特定的受众群。但是，事实上，这个在当时看来非常冷僻的时段正契合了当时中国社会变革的需求。90 年代以来，随着城市的扩大、人们社会生活节奏的加快，大量上班族不一定能够赶在晚七点收看电视新闻，而早上的《东方时空》恰恰填补了人们晨起至上班出门之前的电视节目空白。随着这个节目以及其他早间新闻节目的出现，事实上电视媒体塑造了一批新的新闻受众，塑造了一个新的新闻收视时段。可见，只要参考各个时间段人们的主要社会生活方式和不同社会活动中的主体人群构成，并对这个群体的各方面的特点进行归纳与总结，就能够找到电视节目的定位。

四、受众定位与电视的大众化

虽然电视栏目、电视频道为了提高收视率都需要讲究受众的定位，但与此同时也需要考虑电视受众的大众化问题。

一般来说，中国人比较喜欢故事，中国的电视受众也比较喜欢故事性强的电视节目，如电视剧和电影。在实际生活中，我们经常会发现同样一部电视剧在不同地区播放时受众的反应和收视率是不同的。20世纪90年代初，电视剧《渴望》在北京地区收视率据说超过了90%，可同样这部电视剧在长江以南的反应却相对平淡得多。同样，近年来东北电视剧异军突起，电视剧《刘老根》《马大帅》《东北一家人》等电视剧从电视市场看，在北方、特别是东北地区收视率很高，但是，在南方，特别是在江浙和广东吸引力明显不足，远远达不到北方那么热播的程度。这些电视剧在人们的评论中出现了明显的褒贬不一，赞赏者认为这部电视剧很有"民俗"气息，贬低者却认为这不是"民俗"而是"粗俗"。"民俗"还是"粗俗"的评价标准事实上是不同地区受众的文化背景、欣赏习惯、方言口语之间的差异造成的。也就是说，在中国电视受众这个群体中，南方受众与北方受众的差异是比较鲜明的。

这种鲜明的差异对于任何地方电视台来说，也许是提高竞争力的契机，但是对于中国国家电视台来说，这就成为一个难以协调的问题：国家电视台站在国家的立场不应该鲜明地表现出对某一特定地区受众的偏颇，但事实上，由于南北方受众地域文化的差异，电视的节目总会体现出一定的偏颇。

在日常生活中，很多南方居民会抱怨中央电视台"北方化"的程度比较高，尤其是"北京化"和"东北化"。很明显，在中央电视台春节晚会这个中国观众最多的电视节目里，作为重头戏的小品大多是由北方演员、尤其是东北演员表演的，主要内容也以北方生活内容为主体。在2009年的春节小品中，唯一出现在小品中的南方人形象是到北京结婚的一对广东小夫妻。在这个小品里无论是他们的语言还是他们夸张的行为，都是处在被调侃的地位上。这种对南方人以及南方人行为方式、南方文化的揶揄与调侃现象反映了历年来这些全国性的春节晚会中隐含着的观众定位：以北方观众为主体受众。

这种情况的出现与中国电视受众的分布是相关的，事实上这是一种隐含着的"定位"思路的结果。虽然对于家庭来说，遥控器掌控权在发生变化，不再有掌握家庭遥控器的人存在，但是对于整个电视受众群体而言，仍然有“掌握遥控器”的人存在。有关调查数据表明，中国各地区受众的收视时间有长短差异：华北、东北地区的居民收看电视时间最长，其次是西北、西南地区，观看电视时间最短的是华南地区和华东地区。从这个分布上看，北方地区的居民看电视的时间从整体上看明显高于南方居民。作为全国性的晚会要照顾到全国“大多数”电视观众的需求、符合大多数观众的审美习惯、文化习惯，而这“大多数”很明显是北方观众。因此，中央电视台作为一个全国性的电视台却把中国的北方观众隐含的目标受众来安排自己的节目定位也就不足为奇了，而南方的观众在这种隐含的定位下，也日益在除夕夜逐渐离开了春晚的荧屏，这个趋势逐渐形成恶性循环，直到近年来观众定位与实际收视情况出现了明显的对应关系，而与此同时中央电视台春晚的收视率也在一路下滑，尤其在南方地区下滑的越来越明显。

从中央电视台春晚在南方地区收视率下滑的过程可以看出，虽然准确的定位能够形成电视各栏目、频道的品牌风格，但目前情形下，彻底聚焦“小众”人群，对中国当前大多数电视频道来说却也是有一定风险的。当前，人们对电视的认识仍然是“大众媒介”，亦即为大众而存在的媒介，满足着大众的口味和需要是当代中国电视的核心责任，其实质仍然是“大众性”。

近年来，在电视“窄播”的呼声越来越高的背景下，一直都有一部分电视节目甚至电视频道在进行“窄播”的探索，以小众人群作为自己的主导人群，但事实上这些探索大多以失败告终。

最先在中国观众面前出现的例子是阳光卫视。2000 年 8 月 8 日，阳光文化网络电视控股有限公司旗下的阳光卫视频道正式开通，当时担任董事局主席的杨澜与美国电视媒体 A&E 公司签约，以三年为期付费与收入分成的办法，每年从 A&E 公司的历史与传记频道获得 300 小时的文化及历史节目。从此，对于大多数中国电视观众来说，第一个不播放电视剧而专门播放纪录片、尤其是美国制作的人文纪录片的频道走入了人们的视野。这个以人文纪录片、人物访谈为主要形式的电视频道，以历史、人文题材为主题，在很大程度上满足了人们的求知欲和其他理性需求，观众定位比较高端。但是，事实上虽然阳光卫视在高校等一些地区得到了人们的好评，整体上的运营却很不理想，频道、公司几易其手。对于绝大多数电视观众来说，这个没有电视剧的电视频道离自己比较远。

与“阳光卫视”形成整体呼应的另一个典型，是中央电视台科教频道的《百家讲坛》栏目。《百家讲坛》于 2001 年 7 月 9 日开播，在

2004年之前，这是一个汇集名家名师的讲座式栏目，其宗旨是“构建时代知识，享受智慧人生”，即借助于电视媒体从事知识和学术传播。此时，这个栏目的受众定位与“阳光卫视”的受众定位相似，都是具有较高文化水准和知识背景的“精英”。在这个定位的主导下，2001年到2004年的主讲人主要是全国知名的学者或教授，甚至包括杨振宁、李政道等学术名流，探讨的内容也都是一些最新的专业性较强的学术成果。但是，从2001年到2004年末，这个节目虽然也是在高校等高端人才集中的地方受到好评，但一直在大众中默默无闻。随着中央电视台收视率末位淘汰制度的推行，这个节目几乎濒临末位淘汰的边缘。

这个尴尬的状态与中国的观众文化构成有关。据统计，从文化程度上看，中国城市观众以初中及以上文化程度为主，所占比重接近80%，而农村观众以初中及以下文化程度为主，占81.2%。这是中国观众的现实。

另一方面的事实是，中国电视业虽然正在朝向分众的方向发展，但观众接受电视节目的方式仍然是传统的。中国大部分电视频道是免费频道，即使有一些付费频道，通常也是采取众多频道打包在一起集中付费的方式，中国的观众尚未养成为某一个特定频道专门付费收看的习惯。这个习惯也导致了中国的电视频道难以像国外的一些电视频道那样专门面对特定人群，而是不得不面对整个大众人群。因此，即使某个特定的群体的绝对人数并不少，但在受众群体中却仍然是少数。因此，如果节目定位过于小众，失去了与大众之间的相关性，就会表现为低收视率，低收视率的节目很难在当代电视媒介环境中生存。《百家讲坛》在2004年之前面临的尴尬处境就是这个结果。

2004年后，《百家讲坛》进行了一次定位上的突破，将收视对象从原先定位的具有大学本科以上学历的精英群体（如大学生或高校教师）向具有初中以上文化程度的普通电视观众的转换。这是从专业性的小众到广泛性的大众转换。此后，《百家讲坛》推出了一系列普通大众能接受的传统文化和文学、历史内容，如阎崇年《清十二帝疑案》、刘心武《解密红楼梦》、易中天《品三国》和于丹《论语心得》等系列，这些系列降低了观众的“准入门槛”，即可以让大众在不需要更多必备的知识储备和文化修养的条件下也能接受的内容，虽然仍然具有专业性、学术性，但是这些主题与大众的相关性却得到了迅速提升，对于大众来说，这些主题不再是脱离人们日常生活的研究成果，而是人们有兴趣的内容。

“门槛”的降低让一部分中老年人以及文化水平较低却又渴望知识的观众成为这个节目的主收视群。改版后的《百家讲坛》的主受众群成为初中文化程度的观众，这与中国电视受众的整体文化程度是吻合的。此后，《百家讲坛》一下子从曲高和寡的节目变成了大家喜闻乐见的节目，甚至一跃成为央视名牌栏目，并创造了科教类节目收视率的奇迹。

从《百家讲坛》前后的变化可以看到当前中国电视业的现状：明确的受众定位固然能够为电视节目带来品牌形象，赢得一部分电视受众的喜爱，但是在当前情形下，中国电视仍然是“大众”的电视，真正“小众”的电视时代尚未到来。因此，电视在处理电视与受众的关系的时候，既要有明确的受众定位，能够吸引理想受众的关注，吸引核心受众群体并把它们发展成为稳定的受众群，同时也要明确当前中国电视仍然是大众媒介，它的目标受众群仍然是大众群，如果只有鲜明的定位而没有一定的辐射效应，也很难在当前的电视业中立足。

第二节　电视接受中的错位

一、电视接受中的错位现象及其内因

虽然当前中国各电视节目、栏目、电视剧都有明显的受众定位，但事实上，在实际的传播结果上却经常有“错位”的现象发生。也就是某些电视节目、栏目或频道的实际受众并不是制作者原先预期的目标受众，其他群体成为自己的核心受众群。

电视的接受错位现象是经常存在的。一般来说，接受错位会出现两种类型的结果：

首先是正错位。这是一种“歪打正着”式的错位。当电视接受的正错位出现时，电视节目的受众虽然并非原先节目主要定位的目标受众，但节目却得到了另一个受众群体的广泛认同，甚至有时候这个实际的受众群体比原先定位的受众群体更庞大。电视接受中的这种错位现象常常能够帮助扩大观众圈，提高收视率，对电视接受起正面效果。

例如，中央电视台的《鉴宝》栏目，受众定位是收藏爱好者，但是事实上离退休人员却成为这个节目最重要的实际收视人群。收藏爱好者在人群中占的比例很小，而离退休人群却是很大的一个收视人群。《鉴宝》得到的高收视率与得到这个人群的支持有密切的关系，是正错位的典型。

电视接受的错位也有可能是反错位，即实际受众不符合原先的定位设计，节目没有成功吸引影响目标受众，也没有得到其他受众的青睐，从而影响了电视节目的收视效果。很多收视率不高的节目存在着类似的反错位现象，虽然这样的节目通常也由自己的受众定位与根据定位而进行的节目设计，但是事实效果却不能切中预想中目标观众的实际需求，从而导致节目的失败。

造成电视接受反错位的原因有许多，其中，没有掌握电视受众的真正需求是一个比较重要的原因。此外，放错时间段也有可能会造成电视接受的反错位。当代人的精神需求丰富多样，要防止反错位的出现，便需要对电视受众进行仔细、深入的研究。与此同时，仔细分析电视接受中的正错位的现象，也能够为电视制作者提供很多有意义的信息。

电视接受之所以会出现各种错位，是因为电视节目提供的是一个丰富、立体的内容体系，受众对电视节目的需求除了各种审美需求（包括感官需求、感情需求、理性需求）之外，也包括各种非审美的需求，例如，受众对电视节目除了有审美需求之外还有大量的对资讯信息的功利性需求，二者的关系，也就是受众的实际需求与电视提供的实际内容之间的关系存在着很大的偶然性。

当电视人对受众进行定位的时候，事实上是在构筑接受美学意义上的“理想受众”，也就是说，电视节目定位的目标受众是事实上脱离实际的“理想受众”；而事实上，电视的实际受众是由不同年龄、不同区域、不同性别、不同文化背景下的活生生的人组成的自组织系统。即使某个特定的定位人群，这个人群对电视的需求也不仅仅是静态的、理想状态的需求，除了作为“理想受众”所具有的需求之外，作为活生生的接受个体，他们还有众多其他的需求。窄播化让人习惯以阶层、收入、年龄或性别等为标准划分受众，然而，由于当代生活方式的多元化以及多媒体时代的背景，已很难以上述标准界定服务对象。一个“知识精英”在大多数情况下看电视的主要目的可能是获取知识或寻求审美，但也有可能是寻找最简单的娱乐节目来放松自己疲惫的身心；一个老人除了喜爱老年节目之外也可能因为关心儿孙前程而关注考学服务节目……不论如何“细分”，电视受众不是单向度的人，每一个人在社会中都在承担着多种角色，在不同的时期会有不同的需求。电视受众面对一个丰富的电视节目的时候，各种理性的、非理性的、审美的、功利的需求混合在一起，受众自身不能把他们截然区分开来，不能强迫自己在某一时间段用某种眼光来审视节目、用电视来满足自己某种类型的需求。同样，电视节目想把最符合理想受众需求的信息提供给目标受众，但因为目标受众与理想受众之间不能完全画等号，它提供的也不完全是最符合目标受众需求的信息。

所以，电视受众面对电视节目时的情况是：怀着丰富、多元的需求的受众，面对具有丰富、多元内容的电视。电视接受的事实发生是电视作品表面和深层的所有内容、观念、价值判断、审美倾向、文化理念、人生理想组成的复合体与电视受众的全部需求结合并发生心灵或情感、情绪共鸣。因此，电视接受就很有可能发生以下几种情况：

情况1：电视提供的主要内容被目标受众接受

情况2：电视提供的次要内容被目标受众接受

情况3：电视提供的主要内容被目标受众之外的非目标受众接受

情况4：电视提供的次要内容被目标受众之外的非目标受众接受

除了情况1是完全实现了电视节目的定位，其他三种情况事实上都是电视接受的错位。可见，这些错位现象是很容易发生的。

二、次要内容与目标受众

1998年开始，中国电视业刮起了一阵“娱乐风”，各地电视台纷纷涌现出了许多娱乐节目，其中，各种“速配”类节目是后来被人诟病最多的一种娱乐类型。在20世纪90年代末，以凤凰卫视的《非常男女》和湖南卫视《玫瑰之约》为代表，各地电视台纷纷效仿，出现了很多“电视相亲”性质的节目。在这个娱乐浪潮中，上海东方电视台也推出了一档以爱情为主题的娱乐综艺节目《相约星期六》。十多年后，《玫瑰之约》等相似的“速配”节目早已纷纷落马，《相约星期六》却仍然是东方电视台收视率最高的栏目之一，这个奇特的现象与这个栏目的接受错位有关。

《相约星期六》的例子很有代表性，说明了产生接受错位的一个重要原因：电视节目的审美因素与其他功利因素的接受错位。发生在《相约星期六》这个节目上的情况就属于情况2：电视提供的次要内容被理想受众接受。

《相约星期六》栏目开播的时候是一个模仿《非常男女》《玫瑰之约》的娱乐节目，在节目里面引入了大量的娱乐元素，用以吸引年轻观众。但是，娱乐仅仅是形式，它的内容是婚恋主题。当绝大多数“速配”类节目关注节目形式的创新、节目形式的娱乐功能之余，恰恰这个节目是以其内容真正打动了上海地区的年轻观众。上海地区的年轻观众除了具有一般年轻观众的共性，喜欢轻松、休闲的娱乐节目之外，还具有自身的特殊性：随着经济的进一步发展，全国各地高素质人才在不断向上海聚拢，他们中的绝大多数在上海没有亲人，甚至很多人没有多少朋友、同学，在上海的人际网络比较简单，婚恋成为他们一个比较迫切的现实问题。另一方面，就像当前很多人都已经意识到的，大都市“白领”们由于工作繁忙、工作压力大，无暇进行广泛的社会交往解决婚恋问题——而这个问题早在十年前的上海，这个现代化都市中，就已经有所表露。十年前，这些问题并没有很受人关注，也很少有地方电视台专门为这个问题设置的服务型节目，但从当时到现在这些问题在上海地区的青年群众就已经有了比较突出的社会性。恰恰此时，一个原本以娱乐为目的的综艺节目切入了这个青年人实际关心的问题，虽然节目的形式是当时最流行的娱乐节目，但恰恰是这个主题契合了上海这个国际化大都市人群的特殊性。所以，当众多地方台都在作类似的“速配”节目，并把它当做一个娱乐元素吸引人们眼球的时候，很多上海的年轻人真的把这个节目作为了一个具有现实意义的服务类节目来看待。《相约星期六》节目之后，嘉宾男女的婚恋成功率几乎达到50%，在全国各种婚恋节目中是非常高的。可见，这个节目之所以没有随着“娱乐化”大潮的退去而退出舞台，反而至今仍然是上海地区一个重要的高收视节目，正是接受错位起到的效果：一个原本定位为年轻受众的“娱乐节目”，恰恰打中了这个城市年轻受众的实际生活需求特点，成为“服务类”节目被接受。虽然两者是大致相同的同一批目标受众，但目标受众真正最关注的不是节目的主要内容——各种娱乐元素，而是节目的次要内容——嘉宾的素质，因为这些嘉宾能够成为自己婚恋对象的可能性。娱乐元素这个节目的主要内容被目标观众当做了次要因素，而婚恋内容这个节目的次要内容却正符合目标受众的需求，因此，当这个节目希望被人们当做娱乐节目的时候，人们恰恰把它当做服务类节目接受了下来，这种接受的错位使得这个节目能够长久保留下来。以至于现在东方电视台已经明确了自己的定位，干脆就把这个节目定位为“服务类节目”。

三、主要内容与非目标受众

产生接受错位的另一个原因，来自对受众实际需求判断的不准确。

当电视制作方进行节目定位的时候，通常会有对受众的判断，这个判断往往是根据各种社会因素对受众群形成的综合判断，但事实上，正因为受众是一个立体、多元的个体，这些综合判断常常因为各种原因是不准确的。原先没有被定位为目标受众的受众群，有时候也能够完全接受电视节目的主要内容，成为目标受众。

2007 年电视剧《士兵突击》的“意外成功”就是这种情况的一个典型例证。

《士兵突击》的最初发行并不理想。这是一部没有一个女性角色，没有爱情，没有明星的“三无”电视剧，被人戏称作“和尚剧”；这是一部军旅题材的电视剧，却没有此前《DA 师》《垂直打击》等军旅题材中的现代军队高科技演习的大场面，也没有《历史的天空》《亮剑》等电视剧中获得“大成功”的英雄，而明星、大场面、英雄、爱情甚至多角爱情一直是电视剧收视率的保证，一般情况下人们普遍认为这些因素是观众选择电视剧的主导因素。

与此同时，这部电视剧的内容主体又显得过于“崇高”而且“传统”。这部电视剧讲述了一个“傻里傻气”的特种兵许三多和他的战友们在军营中的成长故事，里面的内容情节、人物角色几乎完全断绝了人们在电视剧中看惯了的争名逐利、勾心斗角，在军营这个相对与世隔绝的空间里，所发生的故事几乎没有金钱利益的纠葛，因此，一般演绎故事的基本元素在这个电视剧中几乎完全看不见。相反，电视剧还构筑了多个“理想化”的人物形象和情节、细节。从一开始老马班长不肯掠人之美，到史今班长以自我牺牲的方式帮助许三多完成至关重要的转变，再到伍六一、高城、乃至白铁军等人对许三多无私的帮助，袁朗、吴哲等人对他精神上的帮助和经济上的援助，乃至马小帅在选拔场上不领高城的人情为了荣誉主动弃权，从主要角色到次要角色都体现出单纯的伟大——而人们对当代人的理解与判断恰恰是拒绝意义、拒绝崇高、拒绝单纯。近年来电视荧屏上不断走红的各种快餐节目似乎也都印证了这一点，人们通常看到的现实是当代电视观众、尤其是青年观众宁可去看刺激人们一夜成名愿望的选秀节目，而不会喜欢这部歌颂传统的努力、奋斗、人生价值的电视剧。

但此剧播出的实际情况恰恰相反。2006 年 12 月 24 日《士兵突击》在陕西省电视台 2 套首播，的确收视率平平，此后又于 2007 年初在广东台、上海台、西部四省和黑龙江台的频道播出，反响也是平平。就在这些收视率几乎要证明此前人们对电视受众的判断无误的时候，恰恰是最被人判断为“拒绝意义、拒绝崇高、拒绝单纯”的青年观众群体在网络上开始炒热了《士兵突击》。观众们在“百度”上开设了“士兵突击吧”，以网络的方式彻底炒热了这部电视剧，评价《士兵突击》的帖子超过 71 万条，名列所有影视剧排行榜首，引发了互联网上的收视狂潮。在新浪网上一项名为“美国剧《越狱》与国产军旅剧

《士兵突击》哪一个更好看”的调查中，《士兵突击》超越了网上风靡已久的美剧《越狱》，以高达85%的支持率取得完胜。

据网友自发组织的《士兵突击》年龄调查显示，年龄最小的观众是10岁的小学生，年龄最大的已过古稀之年，20~30岁的观众群数量最多，职业分布广泛。在传统的受众观念中，20~30岁的观众群最偏爱的是偶像、爱情、商战、武侠，人们认为80后拒绝价值、拒绝意义、拒绝崇高，完全不属于这部《士兵突击》的理想受众。可偏偏是80后们看完这部以意义、价值、崇高见长的作品，顿时觉得“沦陷，完全是一场沦陷”。

《士兵突击》的意外成功成了2007年中国电视界一个耐人寻味的现象，这部电视剧用自己的成功向人们揭示了：人们对受众的分析有可能是错误的。原先被排斥在目标受众之外的受众，很有可能会成为真正的“理想受众”。

对受众的误判也是多种原因造成的。

根据心理分析，人的意识与潜意识往往是相反的。这意味着，在意识中人们看重机遇，但在潜意识中人们却可能更认同于执著；在意识中人们羡慕那些灵活、懂得社会生存法则的人，在潜意识中人们却更倾向那些不够聪明的人，并且在内心深处情愿相信这些不够聪明的人同样可以获得成功，甚至比那些聪明人获得更多、更大的成功。电视剧《士兵突击》中的所有表面环节没能契合当代电视受众意识层面的主要要求，却恰恰契合了这种具有反智特点的潜意识。

与《士兵突击》相对应的，是东方卫视在同年推出的电视情景喜剧《莱卡青蛙王子》。《莱卡青蛙王子》是2007年3月东方卫视推出的一档由人气“好男儿”担任大多数主要角色，以都市青年白领为主要收视对象的青春偶像剧。该剧编导在创作上追求感性层面上的娱乐，在审美上体现了对崇高感、悲剧感、使命感、责任感的放弃和疏离，定位非常明确，彻底告别文化上的精致，突出“利润最大化”的制作原则，拒绝承担任何文化价值和精神内涵。因此，故事强化了年轻一代的无责任感和“不承担”意识，用世俗梦想和游戏代替了道德关怀、价值焦虑、诚信、人生困境与责任义务，把娱乐性发挥得淋漓尽致。

2007年东方卫视为了推动《莱卡青蛙王子》进行了各种很吸引年轻人的造势活动，除了传统的开通短信热线投票外，还以当代年轻人的追星欲为诱饵，开通彩信平台，让“好男儿”的粉丝们把自己的照片以彩信方式发送至666688从而收到与偶像的合影彩信，还许诺其中形象气质最为搭配的合影照片将在本节目中公布。这种宣传方式有助于挑动年轻人的各种幻想，可谓为提高该剧的收视率倾尽了全力。可是，这部电视剧的影响却非常有限，短暂的热炒之后就是迅速的销声匿迹。

这是一个有意义的反正。不能说《莱卡青蛙王子》在制作之初的观众定位不准确，这部电视剧启用的都是观众自行选出来的“好男儿”，故事情节也是不给观众造成沉重负担的轻松故事。但是，这样的定位只顺应了人们表层的需求，而没能进入观众的内在需求。它只是把人们的普通白日梦换了个形式重新包装之后再拿到观众面前——稍微具有理性的观众自己都能看到这个梦幻的不切实际。因此，这个看似最符合受众需求的电视剧却被受众鄙弃。相反，《士兵突击》却反映出了隐藏在现代人人格中的另外一面，为社会生活中长久戴着敏感、虚伪的面具生活的普通人增添了一份信心与亮色，也带给普通人以希望和平和。也就是说，虽然在现实生活中人们不愿意成为老马、史今、许三多这样的人，甚至更愿意成才，但是在潜意识层面，人们仍然向往着许三多，不愿意接受自己与“成才”之间明显的关联，因而，这部让许三多成功的作品契合了人们潜意识层面的需求，获取了突出的成就。而《莱卡青蛙王子》这样的作品放大了人们意识层面的内容——恰恰也是潜意识层面人们拒绝接受的内容。

由此可知，受众的需求在各个时期不是一成不变。电视受众的意识层面和潜意识层面都对电视节目有一定的要求，由于意识内容与潜意识内容的区别，这些要求往往也有很大的区别，但它们也像人类意识和潜意识的关系一样，不是截然区分的，而是处在一个动态平衡的状态中。因此在一定的条件下，人们不同层面的需求也是可能转化的。这就表现为也许在很多情况下人们因为某种电视节目满足了某种特定需求而喜欢这种类型的电视节目，但是在长时间高频度的同一种类电视节目的狂轰滥炸下，这种需求被过度满足，反而会催生出人们潜意识中与之不同、甚至相反的别种要求。喜欢阳春白雪的偶尔也会喜欢下里巴人，喜欢下里巴人的也在渴望着阳春白雪，电视接受的错位也就总是难以避免。

针对这种接受错位的现象，人们对现实受众的分析不能一成不变，而必须根据各种综合因素来考量现实的受众更容易受哪种意识的影响，更需要什么样的节目。事实上，从 2007 年之前《大长今》的热播中，已经透露出了人们对“平民”、“励志”、“坚持”等传统价值的回归期待，尤其是《大长今》的故事结局中，女主角不是成为高高在上的皇后而是成为成功的女医生，这足以看出人们对“平民式成功”的渴望；

从2007年“草根名博”、“草根学者”“草根歌手”等整体流行的“草根”现象中也已经透露出了人们对“草根英雄”的向往，《士兵突击》这么一个表现“草根人物”通过努力、坚持，获得“平民式”的成功的故事能够取得如此轰动的效果，也就不难预测了。

虽然在《士兵突击》以及其他一些节目中，由于人们意识和潜意识的动态平衡导致的接受错位造就了意外的成功，但更多情况下，这种错位现象容易引发电视节目的失败。一些地方电视台对农节目不受农民的喜爱就是这种现象的结果。

传统上，人们认为农民更愿意收看与农村有关的电视节目，尤其是能够帮助农民科学致富的节目。但事实上并非如此，一些完全聚焦在农业科技上的节目并没有受到农民的热衷。这是因为长期以来农民被看做观念落后、信息闭塞、文化较低、思想保守的人群。在这种定位下，电视媒介常常以信息传播主体地位自居，自居“精英”的角色，主动承担对农民的“启蒙”的责任，而事实上这“启蒙”是主观认定农民需要什么样的节目。因此，中国当代的对农节目大多向农民发布各种科技信息和致富信息，期望这些先进农业科学技术能够帮助农民脱贫致富，而忽略了农民的真正特点和真正的需求。

事实上，农民对电视最主要的需求并不是农业科技。一方面，在中国农村经济以家庭经营为主的背景下，农民虽然有采用技术提高收入的愿望，但是家庭资本的有限性不但使农民很难承担技术更新的成本，更无力承担技术投资的风险，很难真正通过农业科技节目完成科学致富的愿望。而且，相对于政府主导的各种农业科技站，电视明显不存在能够与之相比的权威性、可信性。在采取新科技这个有一定风险、成本的问题上，农民对电视中的各种科技的信任度明显不高、积极性不大也就完全是可以理解的。因此，电视中提供的科技信息往往并不是农民们真正需求的，农民并不把电视看做与他们现实利益紧密相连的发展工具。事实上，农民看待电视的态度与其他城镇居民的态度有很多相似，甚至于信息相对闭塞的农民更把电视作为一个观察、认识外部世界的窗口，文化生活相对贫乏的农民也更把电视作为一个提供娱乐的主要渠道。忽视农民的这一要求而臆测他们都把电视看做了经济生活的帮助手段，是对农民的真正需求的误解，出于这种误解，这些对农节目得不到农民的欢迎也就不足为奇了。

当前电视的从业者大多身处城镇，文化、收入也通常处在社会的中上层，这使得电视从业者很习惯于用自己的理解来臆测社会其他层面的人群的需求，而不是真正去对各种人群真实的需求“感同身受”。

例如，人们常常呼吁电视要符合平民的欣赏需求，要为平民提供能够让他们喜闻乐见的电视节目，很多人进而认为充斥电视荧屏的“皇帝”“格格”“老板”远离人们的现实生活，与平民的实际生活需求无关、与平民的审美需要相背离，不是普通人喜闻乐见的作品。但是，如果细心观察我们就会发现，街头小餐馆、杂货店、发廊里的普通服务员、小店主，最喜欢看的电视剧恰恰是皇帝格格、豪门恩怨，而未必喜欢看下岗工人的酸甜苦辣。究其原因，后者的内容离他们艰辛的真实生活太近，不但不能给他们提供逃避现实生活重压的空间，反而会一再刺激他们联想起现实生活中自己真正的烦恼、压力与苦难，不但得不到休闲与放松，反而会刺激人们的精神，人们出于自我保护的需要反而会排斥这样的电视作品。相反，那些离现实生活遥远的豪华场景，可以为电视机外的普通观众提供一个真实的幻境，让人们从中得到娱乐、休息，缓解现实生活中的压力。所以，精英知识分子常常会指责的别墅豪宅、酒店宾馆、高档写字楼与娱乐会所虽然脱离现实，却恰恰是普通的无缘于这些豪华场景的普通受众好奇、向往的，是很多普通受众借以代入的真实需要；而认为只有真实反映社会底层真实生活的作品才能够得到处于底层的弱势群体真实的喜爱，才能被称为“贴近群众”的推断是站在精英立场来进行的，很多时候只是电视制作者自身所处的社会中产阶层良好的愿望，而与底层平民的真正需求有一层隔膜。

正是这种隔膜，造成了电视自认为关心农民实际需要的对农节目不受农民的喜爱。相反，《乡村发现》《金土地》等具有娱乐元素的对农节目反而能够得到相当一部分农民和城镇居民的喜爱。

电视节目的主要内容没能真正传达给自己的目标受众，反而被目标受众之外的受众接受，这种情况看似是一种电视接受的错位，实际上是没有真正掌握电视受众的需求，是定位不准确。

四、次要内容与非目标受众

电视接受错位的第三种情形是电视节目提供的次要内容成为目标受众之外的受众的关注点。

电视提供的信息是丰富的，电视制作者除了有意识地针对目标受众的需求，为本节目/栏目/频道的主要目标受众提供相应的信息和审美价值外，也会在有意识或无意识的层面提供次要内容。只用定位思维去考虑电视的生产时人们容易忽略这些次要内容的意义。从电视作品影响受众的过程、方向和深度考虑，我们会发现不论电视节目的定位如何，如果它的核心内容和附属的周边内容能够与更广泛的受众结合在一起，实现内容相关的最大化，受众就越容易认同这样的电视节目。现阶段中国电视业最能够体现这一特征的就是那些定位过于狭窄的专业栏目、专业频道从一开始就处于边缘位置，前面提过，这种情形的发生不是这些栏目没有找准定位人群，而是相关性过于狭窄，难以被更多人接受。

相反，另外一些节目恰恰可以通过相关性赢得更多的观众。这些节目在有明确定位、有明确主要受众群体的前提下，如果内容、主题涉及的覆盖面更广、形式与主题之间也能够突破传统的关系，就能够拓展信息的相关性，获得更多的关注。河南电视台《梨园春》就是由于这个原因而获得成功的一档节目。

近年来，戏曲不景气是一个广泛的问题，即使中央电视台的戏曲频道，收视率排名也列在央视众频道中偏低的位置。但是，河南电视台的《梨园春》节目却引发了一个“梨园春”现象。这个栏目的平均收视率达 25.85%，最高收视率达到 37.48%，在观众中的满意度评价也很高，连续几年收视率在全国省级媒体中位居第一位，而且收视群体遍布河南、北京、山东、河北、陕西、湖北、安徽、新疆、辽宁、吉林、黑龙江等 18 个省、市、自治区甚至海外，每期固定收视人群达 1 亿人左右，综合收视人数达 3 亿左右。一个地方戏曲节目能够获得全国性的影响，观众群超越了河南地区，广泛辐射到了方言相通的中国北方各省市甚至方言不通的江苏、上海等南方省市，《梨园春》这么一个以地方戏曲为主题的电视节目却得到众多观众的认可，的确是一个值得关注的现象。

《梨园春》参与卫视台竞争的主要内容是河南的戏曲资源。河南是个戏曲大省，地方戏非常繁荣，有 200 多个专业演出团体，数万名戏曲人才。《梨园春》主要锁定的就是豫剧、越调等河南剧种。由于河南话具有中原“中州话”的方言优势，这个节目得到了同方言区的广泛认可。与此同时，《梨园春》引入了京剧以及其他地方戏曲剧种，进一步吸引了戏曲爱好者的介入。可见，这个节目的目标受众非常明确，是以喜爱豫剧的河南观众为主体，兼顾其他剧种的戏曲爱好者，戏曲爱好者是它的核心受众群。

《梨园春》真正的成功在于它新颖的形式。1999 年，《梨园春》进行了一次改版。改版之后的节目加入的擂台赛、直播热线、专家点评、戏迷参与等环节与因素，这是当时其他以中国传统文化、尤其是戏曲文化节目所没有的。过去，人们习惯于以传统的形式对应传统的内容，以流行的形式对应流行的内容，《梨园春》却突破了这种传统的思维，形成了“流行形式+传统内容”的组合，而且成功地调和了二者的关系，没有让流行与传统两种思维相互冲突，反而借助流行元素培养了一批潜在的受众群。这些流行的形式最初是以次要内容的方式进入人们的视野，但是这些次要内容没有与《梨园春》的核心内容产生冲突，于是，随着次要内容被人们接受，《梨园春》的核心信息也日益被人们接受。

这种电视接受的错位充分证明，电视传播不仅仅要有受众定位的意识来迎合受众的需求，还可以通过次要内容的方式来吸引更多人，培养自己的受众。

第八章

电视生产对电视受众的审美回应

人类认识、掌握规律的根本目的，是为了彰显人类的实践能力，体现创造价值，更好地满足人类生存与发展的需要。通过电视受众审美研究，深入揭示电视受众审美心理奥秘，进一步确立电视审美的接受机制，不仅有助于更加全面深刻地掌握电视审美规律，而且将更加有效地促进电视生产对电视受众做出积极的审美回应。

电视生产的审美回应，是指电视生产以受众审美心理为起点和基础，遵循电视审美规律，满足受众审美需求，提升电视审美趣味，塑造电视审美品格，引领电视审美风尚，建设健康的电视审美文化。

电视生产的审美回应是审美创造主体对接受主体审美期待的一种主动应答。只是满足与体现电视人作为生产主体的审美情趣与审美理想，而没有以受众审美心理的满足为起点和基础，势必会遭遇到排斥和拒绝，难以唤起受众的审美兴趣，满足审美需求。只有电视生产主体与审美主体之间建立起电视美的应答与回响，电视审美才可能拥有源源不绝的生命活力。可以说，电视审美回应彰显着电视生产主体的姿态与立场。

电视生产的审美回应是审美创造主体对审美策略的精心设计和有效应用。电视审美文化是一种多元的综合文化，不同审美主体的审美情趣和喜好，具有鲜明的审美文化倾向性。主流文化强调思想性和艺术性的结合，精英文化则要求独创性、新鲜，大众文化追求通俗性、时尚感、可视性。所谓“投其所好”，这意味着电视人需要根据不同审美文化定位确立相应的审美策略，其效果的优劣，取决于审美策略的精心设计、巧妙应用。因此，电视审美回应体现着电视生产主体的智慧和眼界。

电视生产的审美回应是审美创造主体对电视审美价值的积极引导与构建。审美趣味、审美品格、审美风尚、审美文化，是电视审美价值的基本构成。面对电视受众的多元化审美需求，电视生产担负着提升电视审美趣味，塑造电视审美品格，引领电视审美风尚，建设健康电视审美文化的重要职责。在这个意义上，电视审美回应预示着电视生产主体需要在“引导与迎合”、“适应与满足”的关系处理上，积极引导和建构合乎媒介传播规律、电视审美规律的审美价值观。

第一节　日常化与陌生化：电视审美体验的基本模式

一、受众审美体验类型与电视生产模式

作为电视节目生产与传播机制中最活跃、最具传通力的中介，收视体验表征着受众对电视传播过程的投入状态，决定了电视内容传播质量和效果实现的程度。同理，电视内容审美理想和审美效果的实现，电视受众审美期待和审美诉求的满足，也必然是以电视审美体验为中介来实现。作为电视受众收看电视内容时的心理过程，电视审美体验对于电视生产与接收具有不可替代、不可或缺的重要作用。在这层意义上说，电视生产的直接对象不单单是影像、音响、文字等语言要素，也不单单是人物、故事、情节等内容元素，而是经由荧屏呈现与传播的庞大影像堆积的审美体验，电视堪称当今最活跃、最深入的审美体验生产场域。

关于电视审美体验类型划分，存在着这样几种维度：一种是以电视内容为主体，根据电视内容的审美形态，以优美、崇高、悲剧、喜剧、荒诞等风格来对电视审美体验类型予以划分。另一种是根据电视审美主体的心理活动过程，以感知、想象、情感、理解等要素来勾勒电视审美体验的发生进程。还有一种是以受众收看电视的情绪和情感类型为基础，以人类心理反应的“七情六欲”来界定电视审美体验的情感基调。比如，中国古代儒家提出了七种情感——“喜、怒、哀、

惧、爱、恶、欲”①，西方心理学家概括了七种情绪——“兴趣、快乐、惊奇、痛苦、恐惧、愤怒、轻蔑”②。

成长源于模式，就电视生产而言，为了适应受众感知的变异规律，电视人创造了一系列有规律的构形手段。当某种构形手段经历了一定时间筛选后凝结为某种固定化、普遍化的审美规范，就固化为所谓的模式，或曰程式、模板、规制等。与传统审美创造不同的是，电视生产是天然追求规模化传播效应的，类型化的生产方式是电视生产的必然选择。因为唯有如此，电视生产才能达到标准化、规模化的电子复制。“反复观看这些实际上是惊人相似的节目，它们的人物塑造及故事线索都具有可预测性，构成了电视的趣味”。③ 从经济效益看，模式的价值在于可重复性；电视趣味的形成与可重复体验，正是电视生产模式的价值体现：通过内容结构上的相似、相互模仿以及受众可预见的表现形式，以标准化的重复满足受众对于电视内容的套路、发展轨迹与结局的期待与想象。

不可否认，上述这些已有认识，有助于我们在审美心理学层面更深地理解电视审美体验的发生机制与内部构成。但是，如果进一步在模式层面探寻电视审美体验与电视生产之间的对应性关系，我们就会发现，目前电视审美体验基本类型与现有电视生产模式之间存在着不同程度的错位与断裂。一方面，电视审美体验的类型分析仍然只是停留在受众接受的视域内，停留在审美心理的内部解析上，审美体验类型与生产模式之间互动性不足。另一方面，电视生产模式建立的标准依然是内容与形式的配比关系，受众的审美需求只能在信息、文化、娱乐、教育等大类别上有所呼应，而在同一类别中的精确对位，还比较模糊和困难。因此，如何从电视审美心理机制的诸多感性类型中提纯审美体验的本质类型，进而据此形成电视生产的主导路径和模式，将是电视生产对电视受众做出审美回应的关键所在。

二、日常化与陌生化：电视审美体验的本质类型

虽然电视受众包含着不同教育水平、不同文化层次的各阶层受众，但是，从中国当前国情和电视受众整体状况来看，电视受众不仅是大

① 《礼记·礼运》。

② 章柏青、张卫：《电影观众学》，91页，北京，中国电影出版社，1994。

③ [美] 隆·莱博：《思考电视》，葛忠明译，206页，北京，中华书局，2005。

规模，更是普通大众，也就是所谓的常人。“所谓常人，是指那些天真朴素，没有受过艺术教育与理论，也没有文艺上任何主义及学说成见的普通人。他们是古今一切文艺最广大的读者和观众”。①

常人面对着的是这样一种电视内容：既有电视剧、综艺节目等虚构类电视节目；也有电视新闻、纪录片等非虚构类电视节目，还有大量混合着虚构和非虚构的节目。如此多元的复杂内容构成，是否会导致电视受众的心理接受机制产生诸多差异？作为以接受为前提的传播活动，电视受众的审美接受心理直接影响着电视生产。

明确了这个前提，那么，常人收看电视的心理机制具有什么基本特征？研究发现，常人接受艺术作品存在着一种矛盾的心理：“常人要求的文学艺术是写实的，是反映着生活的体验和憧憬的。然而这个‘现实’却必须笼罩在幻想诡奇的神光中。”② 再有，这些常人是以什么样的心态和标准去衡量文艺作品呢？“常人真能了解和爱好的艺术，是那些接触到他生活体验范围内的生命表现”。③

这说明，作为常人的普通受众，他们对于电视节目的审美接受是遵循着这样一种规律：第一，电视节目传达的内容、情感要与他们的生活经验、生命体验相契合。有了这种契合与共鸣，观众才能具有心理接受的可能。当然，只有熟悉的生命体验显然还是不够的。第二，观众还是怀有求新的心态，希望具有独特性、极致性，以满足日常生命体验所不能企及的。比如对于电视剧的需求，为什么会剧情至上，故事要大于场面，观众对于内容的关注要大于形式。

一方面是寻求熟悉和认同，另一方面是喜新厌旧，追求新奇。人类，作为所有艺术接受的受众，接受心态就是这样一种矛盾的统一体。这一点，已经被心理学的研究证实——“只有那些与他们熟悉的事物有所不同，但是又可以看得出与他们有一定联系的事物，才能真正吸引他们。这就是说，只有那些不是与心中的图式完全雷同和完全无关的形式，即与内在图式具有一定差异性的图式，才能引起人的敏锐的知觉”。④

电视受众这种既要求新鲜又追求熟悉的矛盾审美心理，在具体的电视审美体验中，区分为两种本质类型：一种是在趋同性审美心理指

---

① 宗白华：《意境》，167页，北京，北京大学出版社，1987。
② 宗白华：《意境》，169页，北京，北京大学出版社，1987。
③ 宗白华：《意境》，167页，北京，北京大学出版社，1987。
④ 滕守尧：《审美心理描述》，57页，成都，四川人民出版社，1998。

引下，追求贴近性与熟悉性，构成了日常化的审美体验模式；另一种是在求异性审美心理指引下，追求新鲜、奇特、不寻常，构成了陌生化的审美体验模式。日常化与陌生化，形成了电视审美体验的两大本质类型。所以，电视生产的审美创造，一方面不能离开生活真实感，高度真实；另一方面还要不断地提供新内容、新感觉、新体验、具有新奇的吸引力。这种日常化和陌生化的矛盾统一体，贴近生活和制造惊奇，对于电视审美创造产生了直接的影响和制约。

三、日常化与陌生化的理论来源与概念辨析

应该说，日常化与陌生化的这一对审美体验的基本范畴，并不是电视审美所独有的，而是人类审美体验的一种本质类型，有着丰富的理论来源，也存在驳杂的概念，需要加以辨析和阐释。

1. 日常化的审美体验

本书曾在第一章专门论述过电视审美的日常性属性，指出电视审美体验的日常化本质属性，并没有对日常性与日常化的理论来源进行梳理和表述。实际上，日常化是具有丰厚理论来源的哲学范畴和美学范畴。

作为人类生存的自然状态，日常生活维系着人类衣食住行的生存需要，见证着人类生老病死的自然过程，日复一日，年复一年，"它那特殊的质也许就是它缺乏质。它可能是那不为人注意、不引人注目、不触目惊心之物"。[①] 或许正是因为日常生活的平淡无奇、重复持续、习以为常、细碎琐屑，所以，在20世纪以前，与宗教的精神世界、艺术的审美世界以及科学的认知世界相比，作为世俗世界存在着的日常生活，长期徘徊在人类视野的边缘，被看轻、被忽视。

其实，早在人类刚刚进入20世纪，日常生活就从边缘置换到了中心，成为西方哲学与美学研究关注的焦点，黑格尔、胡塞尔、海德格尔、韦伯、哈贝马斯、列斐伏尔、赫勒、马尔库塞、阿多诺、本雅明、卢卡契……几乎所有著名的哲学家和理论家都曾对日常生活阐发哲思，作出理论回应，形成了日常生活的基本理论体系，这就是20世纪影响深远的"日常生活转向"。

近些年，随着审美文化的兴起，审美与日常生活的边界不断移动与消融。审美生活日常化与日常生活审美化的双向位移与渗透，深刻

① ［英］本·海默尔：《日常生活与文化理论导论》，王志红译，5页，北京，商务印书馆，2008。

影响了当代艺术和文化的生存与发展，更导致了当代人类审美活动在本体论层面发生质的转换。在这样的语境下，日常化和日常生活开始被越来越多地提及与关注。

什么是日常生活、日常性，其本质是什么，如何改造日常生活？这一系列核心问题在诸多理论家们的沉思中构成了日常生活的问题史。我们无意条分缕析地梳理这一浩繁的问题史，而是从界定“日常化”这一概念的需要出发，希望廓清作为日常化的母体，日常生活是如何规定了“日常化”体验的本质和属性？

（1）日常生活的概念界定

法国哲学家列斐伏尔认为，“日常生活，从某种意义上说是剩余的，通过分析把所有独特的、高级的、专门化的、结构的活动挑选出来之后所剩下的，就被界定为日常生活”。[①] 显然，在列斐伏尔看来，日常生活意味着平庸的、低级的、在总体性上呈现着持续的重复性。

“日常生活通常是指世俗的、习惯的和常识的，且支撑和维系着我们每天生活之脉络的惯例行为”。[②] 在费瑟斯通看来，日常生活具有一种“理所当然性（taken-for-grantedness）”，意味着个体对一种来自实践惯例的遵从和接受。

赫勒分析了日常生活的基本结构和一般图式的特征，“日常生活具有重复性，是以重复性思维和重复性实践为基础的活动领域。日常活动具有自在性，是以给定的规则和归类模式而理所当然、自然而然地展开的活动领域。再次，日常生活具有经验性和实用性”。因此，我们日常生活的本质特征可以归纳为：日常生活是一个重复性思维和重复性实践占据主导的领域，是一个依靠习惯、经验和传统维持的领域，是一个强调生命个体感性生存的领域。

（2）日常生活的两大理论流派

在对日常生活本质的认识中，形成了两大理论流派：

一种是压抑派，代表人物是韦伯、海德格尔、阿多诺等人，压抑派更多的是看到了日常生活的异化和压抑。韦伯以“铁笼子”为喻来指称现代日常生活的压抑和禁锢；海德格尔认为，日常生活是异化和沉沦的，人只有摆脱了失去本真本质的“常人”状态，才有可能“诗

① 周宪：《文化现代性与美学问题》，63页，北京，中国人民大学出版社，2005。

② ［英］迈克·费瑟斯通：《消解文化——全球化、后现代主义与认同》，杨渝东译，76页，北京，北京大学出版社，2009。

意的栖居”。

另一种是批判派，以胡塞尔、卢卡契、赫勒、列斐伏尔、海默为代表。他们的可贵之处在于，不仅看到了日常生活的异化和压抑之处，而且肯定了日常生活中蕴藏着否定和颠覆的力量。胡塞尔提出回到日常生活世界，“最为重要的值得重视的世界……是通过知觉实际地被给予的、被经验到并能被经验到的世界，即我们的日常生活世界”。①

由此，我们可以看出，不论是压抑派，还是批判派，思想家们的共同看法是，日常生活“是对特异的、富有个性和创造性生活的剥夺，现代日常生活趋向于平均的、规范的和循规蹈矩的状态”。②

（3）日常化的多重含义

日常性、日常化就是在这样的时代语境中，从日常生活的母体中孕育而出的现代概念。在霍尔看来，日常性是平民主义的要素之一，是“对日常生活的关注，大众阶层的日常生存”。③ 关于日常化，先贤们在对日常生活发表见解的时候，并没有对这一概念进行界定和辨析。其实，日常生活的多义性赋予了日常化的多重内涵。

作为一种日常经验的日常化，指的是以生命个体为核心，在生活实践基础上形成的稳定认知系统，具有强烈的经验认同性、习惯性和自在性。应该说，人类首先通过日常化经验确认自身的存在，因此，日常化维系着日常生活的平稳与恒定，传递出一种安定和安全感，强化着对生活秩序的遵从。

作为一种艺术经验，或者审美体验的日常化，有两种理解：第一种在传统艺术领域中，日常化意味着生活化、熟悉化、通俗性。对于那些伟大的艺术作品，“通俗性并不妨碍它们本身价值的伟大和风格的高尚，境界的深邃和思想的精微。所奇特的就是它们并不拒绝通俗，它们的普遍性、人间性造成它们作为人类的‘典型的文艺”。④ 这里，日常化指的是像日常生活一样自然、熟悉、贴近，现实主义、写实主义，绘画中的印象派都是突出生活化的，因此在传统艺术理论中，“生活是艺术的源泉”长期拥有至高无上的尊严。第二种是在现代艺术观

① ［德］埃德蒙德·胡塞尔：《欧洲科学危机和超验现象学》，张庆熊译，58页，上海，上海译文出版社，1988。

② 周宪：《审美现代性批判》，389页，北京，商务印书馆，2005。

③ ［英］斯图尔特·霍尔：《表征：文化意象与意指实践》，徐亮译，103页，北京，商务印书馆，2003。

④ 宗白华：《意境》，166页，北京，北京大学出版社，1987。

念中，日常化指的是平常性、平面化、无深度，意味着习以为常、可重复的、习惯性的。从解构主义立场看，日常化是一种对艺术化的反拨，从塞尚的便壶开始，现代艺术通过直接取材日常生活来达到拼贴重写生活的目的。

2. 陌生化的审美体验

众所周知，陌生化是俄国形式主义所提出的重要理论主张，在西方现代文艺理论中产生过深远的影响。所谓"常事不书"，陌生化显然是对日常化而言，是对日常生活、日常经验、日常体验的改变、创新，在形式主义看来，艺术的本质就是陌生化。

（1）陌生化的理论渊源与脉络

但是，如果梳理陌生化的理论渊源，俄国形式主义并不是陌生化的原创者，早在亚里士多德时期，亚氏在论述悲剧和史诗剧时提出了"惊奇给人快感"①，惊奇感使观众从情节的"突转"和"发现"中获得不寻常的审美体验，这实际上就是陌生化。从此，惊奇感成为西方文艺理论中非常重要的一个诗学传统，绵延不绝。

"众所周知的东西，正因为它是众所周知的，所以根本不被人们所认识"。② 在形式主义大张"陌生化"旗帜之前，美学大师黑格尔对惊奇感的本质意义和发生做出了重要的理论先导，"艺术家的使命在于能找出两件最不相干的事物之间的关系，在于能从两件最平凡的事物的对比中引出令人惊奇的效果"。③ 可以说，黑格尔对于惊奇感本质的理解直接影响了什克洛夫斯基陌生化理论的形成。

代表陌生化理论高峰的有两大流派，一派是以什克洛夫斯基为代表的俄国形式主义所提出的陌生化理论，另一派是德国戏剧家布莱希特提出的"陌生化"戏剧改革主张。同一面旗帜下，他们提出了各具特色的理论主张。

（2）作为艺术本体论的陌生化：俄国形式主义的理论主张

1916年，什克洛夫斯基发表了俄国形式主义最重要的理论文章《作为手法的艺术》，在文艺理论史上第一次提出了"陌生化"的理论观点："那种称之为艺术的东西的存在，就是为了要恢复生动感，为了

① ［希］亚里士多德：《诗学》，见伍蠡甫等主编：《西方文艺理论名著选编》上卷，85页，北京，北京大学出版社，1985。

② 张黎编选：《布莱希特研究》，205页，北京，中国社会科学出版社，1984。

③ ［法］巴尔扎克：《论艺术家》，见伍蠡甫等主编：《西方文艺理论名著选编》，100页，北京，北京大学出版社，1985。

要感觉事物，为了使石头更像石头。艺术的目的就是提供一种对事物的感觉即幻象，而不是认识；事物的‘陌生化’程序，以及增加感知的难度和时间造成困难形式的程序，就是艺术的程序，因为艺术中的接受过程是具有自己目的的，而且应当是缓慢的；艺术是一种体验创造物的方式，而在艺术中的创造物并不重要”。①

从以上主张中可以看出，俄国形式主义提出陌生化的初衷是为了打破人们习以为常的经验模式，“事物经过数次感知，开始为认识所接受：事物摆在我们面前，我们知道它，但是却对它视而不见”，② 这就是所谓的自动化——“动作在变为习惯的同时也就成了自动的”。③ 而艺术的功能就在于最大限度地把言辞“突出”（解释：即使其十分明显）。突出是“自动化”的反面，即是说，它是一种行为的反自动化。一种行为的自动化程度越高，受意识支配的成分就越少。突出的比例越大，受意识支配的程度就越高。客观地说，自动化使一事件程式化，“突出则意味着对这种程式的破坏”。④

应该说，尽管俄国形式主义有着鲜明的“为陌生而陌生”的机械倾向，但是不可否认他们的理论贡献在于割断了从亚里士多德以来一直固守的“艺术对生活的模仿和再现”，其实质是通过一种反常、甚至是艰涩极端的形式，促使受众从平淡无奇的日常生活中，从习以为常的审美体验束缚中解脱出来，焕发出新感性、新体验。所以说，俄国形式主义的陌生化理论具有艺术的本体论的价值和意义。

（3）作为艺术认识论的陌生化：布莱希特的戏剧改革

在俄国形式主义之后，20 世纪 30 年代，德国著名戏剧家布莱希特又一次亮出了“陌生化”的戏剧改革旗帜。

从出发点来说，布莱希特与俄国形式主义不同的是，他是想要强化戏剧的认识和批判社会的功能，改变资产阶级话剧诱发的观众共鸣和沉醉。而打破这种共鸣状态的手段和审美策略就是间离效果，也就是陌生化。所谓间离效果，“就是一种使所要表现的人与人之间的事物带有某种触目惊心的、引人寻求解释，不是想当然的和不简单自然的

---

① ［苏］什克洛夫斯基：《作为手法的艺术》，见程正明、曹卫东主编：《20 世纪外国文论经典》，30 页，北京，北京师范大学出版社，2004。

② 同上书，31 页。

③ 同上书，30 页。

④ ［捷］穆卡洛夫斯基：《标准语言与诗的语言》，见程正明、曹卫东主编：《20 世纪外国文论经典》，13 ~ 14 页，北京，北京师范大学出版社，2004。

特点”。[①] 在布莱希特看来，陌生化效果（V-Effekt）不仅是一种艺术手法，更是一种认识论。“陌生化的反映是这样一种反映：对象是众所周知的，但同时又把它表现为陌生的”。[②] 至于如何达到间离效果，布莱希特认为“对一个事件或一个人物进行陌生化，首先很简单，把事件或人物那些不言自明的，为人熟知的和一目了然的东西剥去，使人对之产生惊讶和好奇心”。[③] 从中，我们可以看出从黑格尔到布莱希特的理论接续，也就是人们常说的“生活中不是缺少美，而是缺少发现美的眼睛”，善于发现，善于借助艺术手法，打破人们对审美对象的固化认识，去日常化，形成一种新质的审美体验，是布莱希特陌生化理论的精义。

在以上对陌生化理论进行梳理的过程中，我们可以发现，以艺术手法创新为起点的“陌生化”的生命力和价值，贯穿了整个西方艺术史的发展进程，成为推动艺术本体论、认识论以及批判论创新的重要理论。概括起来，陌生化的多重含义包括：第一种是作为艺术手法的陌生化，“在结构层面适应了公众对震撼式效果（惊奇）的欲望。新异性成了一种有意制造的效果”。[④] 自亚里士多德肇始，这种以创造惊奇效果为目的的艺术创造理论观念一直延续。第二种是作为艺术本体论的陌生化，俄国形式主义认为陌生化是艺术的本质。第三种是作为艺术认识论的陌生化，布莱希特认为，陌生化是一种间离效果。第四种是作为艺术自律性表征的陌生化，如马尔库塞的“解放美学”、阿多诺的“否定美学”、本雅明的“震惊美学”等。

我们的理解，陌生化，对于创作者而言，是一种艺术手法的使用，体现艺术创造性与审美化；对于作品而言，是一种艺术效果的追求；对于受众而言，是一种审美体验，具有独特性、差异性的新鲜感受。

3. 日常化与陌生化审美体验的辩证关系

“通过相同性的背景才能看出差异性。我们把相同性看成是通过差

---

① [德] 贝·布莱希特：《布莱希特论戏剧》，丁扬忠等译，83页，北京，中国戏剧出版社，1990。

② [德] 贝·布莱希特：《布莱希特论戏剧》，丁扬忠等译，22页，北京，中国戏剧出版社，1990。

③ [德] 贝·布莱希特：《布莱希特论戏剧》，丁扬忠等译，62页，北京，中国戏剧出版社，1990。

④ [德] 彼得·比格尔：《先锋派理论》，高建平译，133页，北京，商务印书馆，2002。

异性而始终坚持的某种东西。要认识到这两者中的任何一方，我们都需要它的对立面”。① 日常化与陌生化是连续和中断的关系：日常化是连续的，而陌生化是一种中断，与已有形成差异和落差，是对立与统一的矛盾辩证关系。日常化与陌生化，构成了人类经验中的最基本的矛盾统一体。

（1）互相需求。日常化需要陌生化的介入、中断和促进，陌生化需要日常化的映衬和支撑；彼此依存，不可或缺。只有日常化体验，审美将不再具有吸引力；只有陌生化体验，审美会脱离生活的轨迹。它们互相形成了形式主义所说的“前景和后景”。应该说，日常化是常态的，陌生化是非常态的。为了打破日常化的平淡，需要陌生化的冲击和震惊，带来瞬间的分散与中断，这样，重新建立起来的连续才更具强化意义，从而促使日常化经验获得螺旋式上升的提高。

（2）互相制约。日常化审美体验具有很强的惯性，强调的是重复性思维，同一水平的不断重复产生类似条件反射的习惯和适应，受众无需深度投入，虽然心理状态处于一种适应型的消极状态，但是可以较为轻松地接受。陌生化审美体验强调的是创造性思维，不断产生新鲜的感受和体验，具有较强的吸引力和接受的阻力，需要调动受众较为积极的心理状态。所以，日常化是对陌生化的平衡和限制，陌生化是对日常化的颠覆与超越。

（3）互相转化。日常化是一种平衡、规则与秩序；陌生化是一种失衡，打破了秩序与规则。正是日常化与陌生化构成了人类审美经验的连续性，任何经验起初都是陌生的，日久就习以为常，形成一种规制和模式，继而新的经验打破日常化，以新的陌生化延续螺旋上升的发展轨迹。如同流行与经典，任何一种艺术手法或模式刚亮相，总是带来很高的新鲜度；随之众多模仿者以及大规模的生产与传播，受众的感受随之归于平静与日常。所以说，人类的每一次经验过程都是始于陌生，终于日常，互相转化。视觉文化时代，在电子传媒时代，电视日常化和陌生化审美体验的转化速度正在越来越快。

---

①［美］诺曼·N·霍兰：《文学反应的共性与个性》，见［美］阿恩海姆等：《艺术的心理世界》，周宪译，43页，北京，中国人民大学出版社，2003。

第二节 日常化与陌生化：电视生产审美效果的两条路径

对应着电视审美体验的两种基本类型，电视生产相应的形成了以追求日常化审美效果和陌生化审美效果的两条基本路径。

从思维角度看，日常化与陌生化的路径代表了电视节目生产过程中不可偏废的两种思维方式：求同与求异。日常化路径遵循的是求同思维，它注重节目审美体验与受众日常经验、已有收视经验的同构和对接，适应受众接受心理的归属与认同感，以通俗化的方式引导受众跨越审美体验中的接受阻力。而陌生化路径遵循的是求异思维，它注重节目审美体验与受众日常经验、已有收视体验的异构与落差，满足受众接受心理求新求变的新异感，以陌生化的方式推动和修正受众接受的收视期待，从而实现对节目审美体验创新的认同。

从功能诉求看，追求熟悉的日常化路径与追求新意的陌生化路径似乎背道而驰，实际上都是“生活真实感”这一电视传播本质的变体。日常化路径是借助逼真性，近距离，甚至零距离地逼近日常生活，原生态地呈现日常生活，以熟悉、贴近的收视体验直接形成了生活真实感。而陌生化路径是借助假定性，不同程度地疏离日常生活，创造性地表现日常生活，以陌生感、距离感、新鲜感的收视体验间接地形成了生活真实感。两者最终都创造出一种基于屏幕现实的“生活真实感”。

一、日常化审美效果的基本路径

日常化审美效果，是指以逼真性为基础，还原生活原生态、回归日常生活，追求不事雕琢，不着痕迹的“自然”之感，是求同思维的呈现。

1. 日常化审美体验的基本原则

从其效果追求看，生活化的效果追求意味着最核心的问题是如何缩短节目与受众之间的审美距离。拉近时空和心理距离，是这一生产路径的基本方向。其基本原则是相关性原则。

相关性原则是指节目内容与受众的心理需求、日常生活产生关联性，达到日常生活经验和审美体验、当下审美体验和以往审美经验的同一和贴合，由此产生熟悉感和亲近性。所谓三贴近——贴近实际、贴近生活、贴近群众，归结为一点，就是产生相关性，避免产生距离感、疏离感，这就要求“从生活中来，到生活中去”，强调生活是艺术的源泉，艺术应该为生活服务。借用这种表述，从生活中来，意味着从生活中发现、选取与普通大众的生活有关联的题材内容；到生活中去，意味着即使那些与日常生活关联不紧密的题材，也可以通过“贴近生活，回到生活”的方式，实现生活化、通俗化。体现为地域上的接近性、时间上的当下性、规模上的普遍性等。

2. 日常化审美体验的基本方式

还原与同构：逼真性指的是电视内容要真实地呈现生活，达到生活真实感。逼真性赋予日常化审美体验以真实的力量。如何达到逼真性？主要是通过还原和同构。还原是直接呈现，通过非虚构的手段，以纪实为主要方法，形成了电视屏幕现实对于生活的高度逼真，忠实于生活原貌，还原原生态。同构是按照日常生活的逻辑来实施同质同构，或异质同构，尽管是主观表现的，但是依然真实地传达生活的场景与氛围，真实的展现生活中人的生存、人与人的关系。两者的共同之处在于人为加工的痕迹越少越好。虽然都是一种假定，但却是一种不事雕琢，不着痕迹的“自然”。

简化和稀释：简化和稀释是根据传播对象的已有知识水平、已有收视经验，对传播内容进行删繁就简的处理，使得受众能够调动已有经验基础，方便认知和接受。当然，简化和稀释并不意味着都是浅入浅出，它的前提是题材本身具有足够的容量和分量。“有效传播的一个秘密是把一个的语言保持在听众能够适应的抽象程度上的能力，以及在抽象范围内改变抽象程度的能力，以便在具体的基础上谈论比较抽象的内容，使读者或听众能够不感困难地从简单熟悉的形象转到抽象的主题或概括上来，并在必要时能够再回到原来的形象上去”。[①] 通过形象对抽象的内容进行稀释、简化，转换为生活经验可以感知，常识可以解释的内容，这就是形成日常化效果的基本方法。

二、陌生化审美效果的基本路径

电视陌生化，是指通过疏离、对生活进行提纯和变形，超越日常生活，就是对日常生活进行假定和变形，从而改变、创造新的收视体验和经验。

那么，电视是如何产生陌生化效果和体验的呢？

---

① [美] 威尔伯·施拉姆、威廉·波特：《传播学概论》，陈亮等译，98～99页，北京，新华出版社，1984。

（1）重构时空关系，呈现出新奇性

新的媒介，带来了对世界的新的尺度。这种改变必然是一种新的感知方式的形成，这是一种技术的能力。电视的陌生化效果在于对现实的一种介入，这种“闯入”产生的陌生感与其他艺术形态的陌生感的差异，恰如本雅明用外科医生和巫医所作的比拟：“巫医与病人保持天然的距离，可是——借助他伸出的手——多少缩小了这种距离，可是——借助他的权威性——又扩大了这种距离；而外科医生则相反。他——通过深入到病人内部——大大缩小了与病人的距离，而——随着他的手在病人器官中的谨慎操作——又多少扩大了这种距离。”①

究其根本，电视的陌生化一方面来自电视语言的技术呈现，“特写镜头延伸了空间，慢镜头则延伸了运动。使用放大镜，并不单单为了看清楚‘反正’看不清楚的事物，而是要使该事物的全新构造呈现出来，同样道理，慢镜头所显现的并非只是人所共知的运动主题，而是在这些熟悉的主题中发现完全陌生的运动主题”。② 另一方面，蒙太奇的语法规则。作为电视语言的基本语法，蒙太奇将生活的场景进行有机分解，按照一定的法则再重新组接起来，因此，电视对于生活中令人熟悉的场景表现就具有新鲜和陌生感，创造了无法想象的观看方式。“这种信息在什么样的情况下为我们所熟悉，又在什么情况下是陌生的呢？当它作为一种表象呈现在银幕上的时候，当它作为一种司空见惯而不再被注意的经验时，它是我们所熟悉的。然而，即使是最常见的经验，一旦分解为元素，它就变得陌生了。所谓陌生的东西就是耐心的观察过程和无法在笼统的整体中看到的一个过程的各个细部。所谓陌生的东西，就是独特具体的物质细节……所谓陌生的东西，还有形成概念的感性事实、与形式对立的结构、与平静对立的冲突和貌似平凡的场景所具有的张力。一言以蔽之，所谓陌生的东西，就是与无序现象对立的内在规律”。③

（2）陌生化审美效果的基本原则

陌生化差异性原则指的是与受众的已有心理期待和预知产生落差，

① ［德］瓦尔特·本雅明：《机械复制时代的艺术作品》，王才勇译，71 页，杭州，浙江摄影出版社，1993。

② ［德］瓦尔特·本雅明：《经验与贫乏》，王炳均译，284 页，天津，百花文艺出版社，1999。

③ ［匈］伊莱特·皮洛：《世俗神话——电影的野性思维》，崔君衍译，111 页，北京，中国电影出版社，1991。

陌生就是去熟悉化，将平常的外衣剥去，露出不为人知的新质，所谓揭秘。

差异性原则主要体现为对独特性的追求。常言道："人无我有，人有我优，人优我特，人特我专。"说明独特性是差异性的本质。独特意味着唯一、稀有、不可替代，有三种含义，一是独特的节目题材、资源、独家新闻、独家材料，意味着节目资源的稀缺性和极致性，这可以称之为先天优势。二是独特的开发加工能力，指的是对材料进行处理加工时的独特视角和方式。在媒体触角如此发达的今天，要想拥有独家资源，难度很大，最终引领创新获得竞争优势的，往往是独家开发加工的能力。"筛选事实的'标准'、展现事实的角度、解读事实的逻辑和方法、组合事实的结构"。① 三是个性。个性很难被替代，比如主持人，像《南京零距离》的孟非、《传奇故事》的金飞、《阿六头说新闻》中的阿六头，都是独具个性化的主持人。

（3）陌生化审美体验的基本方式

美学大家朱光潜先生曾对"距离化"提出了几种基本形式："①空间和时间的遥远性；②人物、情境与情节的非常性质；③艺术技巧与程式；④抒情成分；⑤超自然的气氛；⑥舞台技巧和布景效果。"② 这无疑对于电视生产的陌生化效果是有启示的，陌生化审美体验的基本方式包括时空陌生化、人物形象的陌生化、故事情节的陌生化、表现手法的陌生化、场景情境的陌生化等。

改写经验：就是对人们熟视无睹，已经习以为常的题材、经验、传统进行有意识的修正、偏离、倒置。改写最极致的是颠覆。反其道而行之，打破传统，比如戏说体，对于历史上的人物和事件，按照现代人的习惯加以编织，其中既有像《还珠格格》《戏说乾隆》这样的敷衍成篇，也有像《武林外传》这样的后现代拼贴，还有综艺娱乐节目中对传统文艺欣赏的颠覆，以互动方式进行文娱。

改变规则：根据社会大众的心理需求调整和改变节目播出和制作的规则，尤其是受众参与的规则，就容易聚焦社会的注意力资源，产生陌生的新鲜感。像平民选秀节目之所以能一夜间红遍全国，关键是"在游戏规则方面进行了适应这种社会时势改变的革命性改造，让观众的意志、情感和话语表达有了一个可以展开的平台和对象，营造了一

① 喻国明：《传媒的"语法革命"：解读 Web 2.0 时代传媒运营新规则》，序言第 2 页，广州，南方日报出版社，2007。

② 朱光潜：《悲剧心理学》，31～38 页，合肥，安徽教育出版社，2006。

种'我在现场'的感觉，因此，这种游戏规则的魅力在于造就了受众和超女之间的互动和参与，改变了过去观赏式的传受关系，并且突破了以往单一化的审美标准”。①

第三节　日常化与陌生化之变：电视生产审美效果的四种模板

上述电视生产审美效果的两条路径，只是为了便于区分而作出的基本划分，应该说，极端的日常化或陌生化效果虽然存在，但并不是屏幕上电视内容的主流和主要构成，也不是电视生产的常态。大多数的电视生产是在日常化和陌生化的两极之间摆动，或偏向日常一些，或偏向陌生一些。因此，如何将这种偏移合理地控制在一个恰当的“度”内，形成“熟悉的陌生人”，“似曾相识”、“他乡遇故知”般的既陌生又熟悉的最佳状态，恰恰是电视生产与传播的艺术所在！

从采集—加工—呈现这三个电视节目制作的基本环节来看，并不一定都是熟悉的、生活化的题材才能让受众感到日常化；陌生的题材经过生活化处理，同样能够达到日常化效果；产生陌生化体验的也不一定就是闻所未闻的事件，来自生活的原生态常常也有新鲜感。换言之，以日常化为主，并不意味着排斥陌生化的元素；以陌生化为主，也不意味着缺乏日常化的构成，常常是你中有我，我中有你。正是电视内容在题材、内容的属性与效果之间存在着正向或反向差异，才为日常化和陌生化的合理偏移提供了空间。所以，从生产一端的题材选择与内容处理，到接受一端的审美体验，日常化与陌生化可以形成四种基本模板：日常化题材，可以形成日常——日常化，日常——陌生化两种模板组合；陌生题材，可以形成陌生——陌生化，陌生——日常化的两种模板组合。

需要指出的是：第一，四种模板是从电视生产的实践中提炼概括出来的基本模式，不可能涵盖当前电视所有的生产线条，是相对客观的理论模型，而不是绝对全面的终极定论。第二，四种模板之间并没有绝对的优劣高下之分，每一类模板都有成功的典范，都有取得最佳传播效果的可能。关键在于生产者如何量体裁衣，依据电视受众的审美心理，选择最恰当的生产模板，最合适的，也就是最佳的。

① 喻国明：《传媒的“语法革命”：解读 Web 2.0 时代传媒运营新规则》，27页，广州，南方日报出版社，2007。

一、日常题材的两种效果模板

日常题材指的是为受众所熟悉的、或直接来自现实生活的选题和内容，具有普遍性与浓郁的生活气息。

1. 日常题材——日常化效果

表面看来，日常题材似乎不需要加工，直接呈现就可以达到日常化效果。日常化效果进行加工处理，保持生活气息，直接呈现原生态纪录。选取生活中看似日常，实则新鲜的内容，感觉好像身边人、身边事。充分体现了电视逼真性、客观纪录，体现着创新者发现生活的眼力和智慧，以一种真诚的质感打动观众，吸引观众。

古人所推崇的艺术创造笔力的境界在于“不着一字，尽得风流”。这一模式的难点在于如何保有题材原先的材质、风格、特质，淡化加工痕迹，却又能在平淡中显出不凡，显示出吸引力与可视性。

最能代表这一模板的是纪录片，它依靠的是生活本身的魅力来吸引、打动观众。纪录片将镜头对准平凡的小人物，选取他们日常生活中的时光片段，尽量完整地呈现给观众，长镜头、同期声，客观表现，“摄像机从来没有如此直接和真实地反映生活。纪录片语言本身在那个年代对我们的好奇心是一种满足”。① 如果用一句话来概括电视生产日常化效果的本质，就像《生活空间》的宣传语：“讲述老百姓自己的故事”。纪录片是需要讲故事的，但是，这种讲述不以情节取胜，而是以生活中的原生态产生力量，生活中的无奈、波折、对抗，包括在时间之流中的波澜不惊。因此，很多时候，纪录片首先突出的主体和对象是普通老百姓——电视最主要、最重要的受众，贴近这一目标对象的需求和心理，通过展示生活、描述生活、发现生活，确认“自己”存在与归属的认同感。

回头看，以《南京零距离》为代表的民生新闻的成功，关键就在于“零距离”。不可否认，在民生新闻之前，中国电视新闻的格局是由时政新闻、财经新闻、文体新闻、社会新闻构成。什么是社会新闻？那些没有归到时政、财经、文体新闻类别中的“其余”是也。不仅比例较少，而且关注的是社会，个体、个性化的内容很少出现；即使出现，也是作为典型人物、典型事件来报道。民生新闻的突破在于，直接呈现市民身边正在发生的新鲜事，镜头中的人物和事件都是琐碎小

---

① 时间、吕新雨：《在理想与现实的错位中——时间访谈》，见吕新雨：《当代中国新纪录运动》，157 页，北京，生活·读书·新知三联书店，2003。

事。民生新闻的本体从面向群体、普遍存在的公共服务性话题转向关注民生个体生存，就与受众建立起了相关性，与生活经验形成了对接。“新闻利用它们的形式把新鲜或新奇的事件置入熟悉的框架之中；新闻故事的熟悉性是新闻限制策略的关键”。①

施拉姆列举了读者选择新闻的因素：“新闻同读者接近的程度如何；新闻在读者看来有多大意义，多么激动人心，多么重要；新闻表现出来的严肃性或趣味性如何。”② 以方言节目为例，重庆电视台《雾都夜话》、杭州西湖明珠频道的《阿六头说新闻》名列 2004 年中国国际广播影视博览会评选的“全国百佳栏目”，“以方言播报主持节目，具有浓重的地域特色、个性化特征鲜明、拥有高收视率”，③ 所以，方言播报得到本地受众的喜爱就不足为怪了。

生活化似乎是电视剧的天然优势，尤以家庭伦理剧为长。从《渴望》开始，《贫嘴张大民的幸福生活》《激情燃烧的岁月》《中国式离婚》《空镜子》《结婚十年》《浪漫的事》《阳光的快乐生活》《金婚》等，一路数来，凡是热播叫好的剧作，都是在还原生活、描述生活、发现生活方面实现了“像生活一样”的日常化效果。以家庭生活为主场景，剧中人物大多平凡，没有惊奇和曲折的情节，却总是令人感慨。包括那些在中国热播的韩剧，大多也都是家庭、情感为主题，采用散文化的叙事，淡化戏剧性的情节，塑造生活原生态中自然平凡之人，家长里短的琐屑小事，平平淡淡才是真，比拼的是生活的容量和质量。

2. 日常题材——陌生化效果

这一模板的要义是对看似平常的内容、大家已经熟知的内容进行陌生化处理，产生新鲜感。“只有大规模的差异才能产生把我们从熟悉的境况中拉拽出去的震惊和火花”。④ 这需要透过现象看本质，从生活的表象入手，从现实生活的突发事件，生活细节入手，建立起个体与整体的关联性，个体生活经验与收视经验的关联性，挖掘出背后的科学认知，探索奥秘。

---

①［美］约翰·菲斯克：《电视文化》，祁阿红等译，426 页，北京，商务印书馆，2005。

②［美］威尔伯·施拉姆、威廉·波特：《传播学概论》，陈亮等译，118～119 页，北京，新华出版社，1984。

③ 俞虹、金姗姗：《直面方言播报主持》，《现代传播》，46 页，2005（1）。

④［英］本·海默尔：《日常生活与文化理论导论》，王志红译，87 页，北京，商务印书馆，2008。

比如经典重拍与改编。经典的价值不仅仅在于艺术精湛，更在于为广大受众所认知、接受与喜爱。随着时代的变迁，经典不断地被添加新的解释“一个经典不会是封闭的、绝对的系统，因此，它是一个动态的、发展的事物，它可以重新开放，重新解释和重新塑造”。①

电视生产曾经的一条成功之道是对文学经典的改编，比如20世纪80年代的四大名著改编的电视剧。其后，另一条路径，是电视内容本身的经典节目。电视剧、纪录片都曾经产生过对社会有重大影响的艺术经典，比如纪录史诗大片，从《话说长江》到《再说长江》，从《丝绸之路》到《新丝绸之路》。重拍经典，关键是处理好变与不变的关系。创新与延续，精神的连接，固然有题材的约定，还需添加时代性元素，因为时空的关系，产生了距离。“时间和历史，总会不断在前代经典和当代观众之间开掘着新的理解深度”。②

再比如谍战剧。虽然内容是历史风云，但是这一类题材已经在新中国成立以来的影视剧中得到了充分的表现，《羊城暗哨》《51号兵站》《永不消逝的电波》《黑三角》等，包括中国第一部电视连续剧《敌营十八年》，都是凸显共产党地下工作者的英雄和智慧，成为日常化了。但是从《暗算》开始，新型谍战剧开始了新一轮的陌生化创造。《暗算》赋予了谍战片神秘、神奇的传奇色彩，具有天赋神奇听力的瞎子阿炳竟然破获了敌台的所有频率，钱之江将情报刻在佛珠上，以生命危险送出禁区。同样是牺牲，钱之江的死与以往谍战片中主人公的英勇就义截然不同；更别说阿炳和黄依依，竟然都是极端的生活拐点。智慧的较量，悬疑的精心铺设，构成了新型谍战剧的陌生化体验。

《潜伏》则又为人们提供了新的陌生化体验。其一是人物的反差：表情呆滞的余则成，书生，文静；大大咧咧的游击队长翠平，扮演的假夫妻。这一对反差极大的“假夫妻”，构筑了冷峻中夹杂着常人温情的潜伏故事。其二是坚硬的内核：信仰的传递，余则成在左蓝手中接过了信仰，在翠平的鼓舞下成为坚定的信仰者，然后他又传递给了晚秋。其三是谍战技术，从斗勇转向斗志，与今日的办公室政治勾连起来。其四是结局的反差，没有大团圆，而是没有尽头的潜伏。

还有，近年来火爆荧屏的真人秀。作为一种全新的游戏方式，真人秀将平凡之人置于一个游戏规则营造的陌生环境或情境中，“把另一

---

① 周宪编：《文化研究关键词》，36页，北京，北京师范大学出版社，2007。

② 余秋雨：《观众心理学》，193页，上海，上海教育出版社，2005。

种生活置于我们的生活的近旁，把另一个世界置于我们的世界的近旁”，① 创造非日常的神圣感、仪式感、规则感。在本质上，游戏节目吸引人们参与其中的原因就是“游戏是我们心灵生活的戏剧模式，给各种具体的紧张情绪提供发泄的机会。它们是集体的通俗艺术形式，具有严格的程式”。②

“游戏只是游戏，而且存在于某个由目的的严肃所规定的世界之中”。③ 游戏世界是不同于生活秩序，这种严肃就是游戏的规则造就的。游戏规则通过赛制、评委等建构了一个严格无情的可以超越生活的限制。因此，陌生化就在于不断改变规则，利用规则的变化来加强陌生化情境的出现。

规则创造的是情境，游戏世界与生活世界，如果完全隔绝，只有赛场，没有幕后，那么，这种游戏只能靠频繁地换选手来继续。因此，《幸运52》《开心辞典》的可持续性就显得不足。而后起的选秀节目，《超级女声》为演播室引入了幕后故事、成长故事、家庭抒情等纪实性内容，催泪效果明显。《加油·好男儿》突破演播室空间，让选手进入到现实时空去行动，参与公益慈善活动。《绝对唱响》推出配对赛，男女歌手互相配对，形成组合，这样随着赛制的推进，压力的增大，组合之间的合作默契程度表现就为节目增加了很多的戏剧性因素。这样，台上的舞台秀，台下的情感故事，使得情境更加丰富。

同样的原则，凡是有创意的发挥，会产生意想不到的效果。英国才艺选秀节目《英国达人》，只是单纯的剧院舞台，选手、评委、观众，节目元素并不复杂，主要靠选手的意外表现来显现惊奇效果。2007 年，其貌不扬的手机营销员保罗·波茨（Paul Potts）依靠专业歌剧演员的嗓音，震惊四座，“我希望那些因为总被人欺负而变得不自信的人要看到自己的灵感源泉，走出自己，尝试一些冒险活动”。保罗身上的巨大反差构成了极大的陌生感。2008 年，苏珊也是如此。这说明，相比于情境下的人性反差、角色反差，更有震撼的是平凡小人物的神奇表现。

① [德] 汉斯·罗伯特·姚斯：《审美经验和文学解释学》，顾建光等译，8 页，上海，上海译文出版社，2006。

② [加] 马歇尔·麦克卢汉：《理解媒介——论人的延伸》，何道宽译，293 页，北京，商务印书馆，2000。

③ [德] 汉斯—格奥尔格· 伽达默尔：《真理与方法——哲学诠释学的基本特征》（修订译本），洪汉鼎译，144 页，北京，商务印书馆，2007。

二、陌生题材的两种效果模板

所谓的陌生题材，有两类，第一类是时空上和现实生活有距离的，受众不熟悉的、稀有的、闻所未闻的题材内容。比如自然中的神秘现象、历史之谜，激发求知欲、探索欲。这也是一种原汁原味的原生态。还有一类是有专业门槛，少数人掌握，大众不了解和掌握的，比如历史人文、文化经典等方面的题材。

比如，青歌赛中的少数民族歌手被冠以“原生态”歌手，他们大多身着民族服饰，与以往的民族歌曲不一样，他们演唱的歌曲就是日常生活中的劳动之歌、相恋之歌、喜悦之歌、悲怆之歌，不像曾经一段时期的少数民族歌曲，基本上都是模式化的。这种原生态，本来就为世人所不知，就这样本真登台，不曾听过的乐符，没有审美化的艺术加工，这种原汁原味创造了一种陌生感。

1. 陌生题材——陌生化效果

陌生题材处理成陌生化效果，应该是顺势而为，保有题材本身的新奇神秘。其方式主要体现在两个方面：

（1）在内容处理上，通过探秘来设置悬念，使受众产生好奇、收视的欲望。由于是广大受众未知的内容，必然存在着诸多未解之谜，那么，以揭秘的方式带动叙事线索，以悬念引导受众的收视兴趣，很容易起到引人入胜的效果。

（2）在制作手段上，采用新的制作技术手法，打造视听盛宴。比如在前期摄制阶段，应用超常规视角摄影技术，比如逐格、延时、水下、针孔、红外摄影等特殊手段，形成了现实常规视角无法替代的视听体验。还可以在后期制作室，应用3D数字编辑手段，设计动画与实景合成，制造亦真亦幻的视听奇观。人们常见的好莱坞灾难大片中，就大量运用了这些制作手段，营造了难以想象的灾难时刻。近年来的纪录大片中，也都因高科技手段的应用，而深受受众赞许。比如《故宫》中俯视运动的镜头，极具冲击力；《1405：郑和下西洋》中明朝浩荡的船队航行海面，气势壮观。总之，使用高科技新手段，就是为了达到更精致、更震撼、更有冲击力的效果。

2. 陌生题材——日常化效果

陌生题材希望达到日常化效果，需要对不熟悉的内容进行贴近性处理。以熟悉的形式来引导观众产生兴趣，处理好抽象和具象的关系，建立题材与受众之间的联系，采取稀释、简化的原则，让受众领略历史之美、知识之美、科学之美。具体说来：

（1）建立历史与现实的关联，拉近内容与受众的时空距离

历史文化经典如何进行大众传播?《百家讲坛》堪称近年来文化经典通俗化传播的一个突出案例，于丹、易中天、曲黎敏等学者将文化经典与现实生活结合起来，讲故事，讲体验，达到通俗贴近的效果。常规来说，学术讲座如果突出学术，会用严密的逻辑推理和思维；如果突出专业性，会用大量的术语作为语言构成。于丹和曲黎敏各有特色，于丹走的是以实化虚之道，曲黎敏行的是以虚化实之路，一位煲的是心灵鸡汤，一位开的是祛病良方，都是文化传播。该类节目的审美策略都是与观众的现实生活建立联系，从而使观众觉得自己与文化息息相通。

于丹讲述《论语》时，她的语言表达既不是书面语言的晦涩和抽象，也不是生活中口头语言的随意和冗长，而是介于两者之间，她将诗化语言的感性和生活智慧故事的知性构成别具一格的讲述方式，传递出一种感悟《论语》的质感。所谓的温度，应该说，这样的表述样式和语言风格，使得《论语》这样高度抽象的哲学文化经典成为亲近常人的“心灵鸡汤”，常人“所能把握、所能感受刺激引起兴奋的是那活泼的真实的丰富的生命的表现。他们虚心的期待着接受着这‘感动’，以安慰自己的生命，充实自己的生命”。①

其他包括以《探索发现》《发现之旅》为代表的历史人文纪录片，“通过转换视角，实际上是通过模拟具体历史人物的视角，通过他的视角与我们今天的视角形成的对照和反差，把历史的内涵——容易被我们今天的视角所忽略的内涵，加以具体化、新鲜化，使之显现出来”。②

（2）建立专业知识与大众的关联，消除专业门槛，跨越知识鸿沟

近年来，知识类节目在电视内容中的比例逐步加大，很多优秀的节目通俗易懂，深受受众喜爱，而有些节目在“去专业化”方面经验不足，手法简单，传播效果不佳。

总的来看，专业知识大众传播良好效果的取得，不仅需要遵循电视传播的一般规律，更重要的是要准确定位受众的接受水平线，处理好已知和未知的关系。如果内容都是受众已知的，自然无人喝彩；如果内容大部分都是受众未知的，过高的专业门槛当然无人问津。可能恰当的比例是三三制：三分之一未知，三分之一已知，三分之一一知半解。

① 宗白华：《意境》，168页，北京，北京大学出版社，1987。

② 吕新雨：《当代中国新纪录运动》，190页，北京，生活·读书·新知三联书店，2003。

日常化与陌生化的四种变化组合，是顺向和逆向思维的辩证关系的体现。作为一种基本的组合关系，四种模板基础提供了电视生产在多个层面可以延展的模式思路：比如在人和事的组合上，围绕着如何处理题材真和假的关系，可以形成真人真事、假人假事、真人假事、假人真事的多种组合。围绕着题材和内容的处理，可以形成大人物小事件、小人物大事件、小人物小事件、大人物大事件等多种配比。围绕着内容和形式的新与旧关系处理，借用瓶和酒的比喻，酒是内容，瓶是形式，可以构成旧瓶装旧酒、新瓶装新酒、旧瓶装新酒、新瓶装旧酒等多种变化。围绕着表达策略的深和浅关系处理，可以形成浅入浅出、深入深出、浅入深出、深入浅出等多种效果。

应该说，日常化和陌生化的四种模板为电视生产提供了基本的“配方”和“魔方”。思维无定势，生产有规则，如何配伍和搭配，体现着审美创造者们的智慧和见地。如同中医开药方，主药辅药的功能、寒凉温热平的药性，都要辨症配伍、对症施治。所谓合适为宜，电视生产同样要因时制宜、因地制宜、因题制宜、因对象制宜。

第四节　电视生产的审美偏差与调控

在接受美学中，受众已有的“经验图式”构成了接受、评价审美对象的一种“前在结构”；由此，电视审美体验中日常化或者陌生化，主要取决于节目收视体验和受众前在结构或经验图式的重合情形。这种重合情形可以分为局部交叉、完全重合、完全不同三种。局部交叉是相对理想的状态，在此范围中，如果是存异求同，就会偏向日常一极，形成熟悉的日常化体验；如果是存同求异，就会偏向陌生一极，形成新鲜的陌生化体验。这个偏移的范围，就是电视内容审美体验变化的“阈值”。

如果电视内容体验与受众的经验图式重合比例接近边界，更有甚者，等同或超出了这个限度，那么就会出现审美偏差——过度。常言道“过犹不及”，过度有两种情形，一种是过于日常，节目内容与形式与受众的经验图式完全重合，或接近完全重合，没有或很少为受众提供新的感知内容，接受过程没有一点阻力；自然形成不了刺激和挑战，过于熟悉、缺乏新鲜感和审美期待，难免会产生审美疲劳。一种是过于陌生，节目内容、形式与受众的经验图式距离过大，完全不同，或接近完全不同，受众缺乏感受的基础，完全未知，对受众的“前在结构”与审美期待构成威胁、挑战，接受起来的阻力比较大，结果造成一种审美暴力。

一、过度日常化

日常化是对受众心理的一种贴近，但是，拉近距离、零距离并不等于距离的完全消融，常言道“距离产生美”，应该在贴近中依然保持距离感，这是电视日常化审美体验得以确立的前提。而过度日常化的问题主要是，在追求从物质现实到心理时空贴近生活、贴近实际、贴近受众的过程中，丧失了距离感，出现了所谓“忠实纪录”、“零距离”、“原生态”、“通俗化”，这其实是对电视传播日常性审美属性的一种误解，是对电视逼真性传播优势的一种滥用。

1. 所谓“忠实纪录”

在纪实类节目中，过度日常化表现为一种所谓“忠实纪录”的庸俗纪实风：“简单的长镜头拍摄，不假思索的同期录音，无逻辑的堆砌式剪辑……这种‘庸俗纪实风’最后几乎沦落为‘玩技巧’”。① “以为越没有主题越好，……以为关注的人物越微小越好，关注的事件越一般越好，关注的人群越平凡越好”。② 这样的结果是，纪录片在抓住生活碎片同时，也迷失了生活的方向。如果纪录失去了烛照人心的主体意识投射，只是流连于生活的庸常、碎屑，原生态，必将从平常沦为平淡、平凡，人物、故事、思想都归于平凡，导致纪录片出现失重。这种对纪实手法的简单化理解，机械化、极致化运用，曾被讥为“跟腚派”。从跟随到跟腚，为纪实而纪实，纪实主义走向了纪实的反面，表达着对纪实的肤浅理解，甚至是误解。

2. 所谓“零距离”

在民生类节目中，过度日常化表现为镜头对于现实日常生活的“零距离”，节目主体内容被家庭争端、邻里纠纷等家长里短的负面报道与问题新闻充斥着，一地鸡毛、琐屑细微，片面追求新闻的趣味性、娱乐性，放大生活中的细小矛盾和偶然事件。这种以偶然的碎片方式拼凑出的社会图景，脱离了日常生活的真实本源，观众的生活经验必然要对收视经验产生质疑：我们的日常生活真的就像电视荧幕上那样混乱无序吗？这从根本上脱离了“民生”的本意。

---

① 孙玉胜：《十年：从改变电视的语态开始》，第54页，北京，生活·读书·新知三联书店，2003。

② 魏斌：《纪录片：在中国的栏目化生存》，见吕新雨：《当代中国新纪录运动》，221～222页，北京，生活·读书·新知三联书店，2003。

3. 所谓“原生态”

在法制类节目中，过度日常化表现为“过分‘展示（客观纪录）’，缺乏主体意识与判断”，① 追求所谓案件的“原生态”复原。对于血腥、丑陋、暴力、惨不忍睹的犯罪场景不加处理，直观呈现出来，有的不惜完整地展现作案细节和程序，堪称犯罪教科书。同样的问题在电视剧表现更为明显，主要以涉案剧为典型代表，极力“正面的、写实化地表现淫秽、暴力等低俗化的倾向内容，详细地展示凶手入室作案杀人以及绑架、抢劫、纵火等作案过程，以达到感官刺激的直观真实效果”。②

4. 所谓“通俗化”

在以知识讲述为主的文化讲坛类节目中，有时为了强化历史文化等专业领域内容的通俗化、生活化，借用现实话语、生活经验来诠释文化经典，出现了扁平化、幼稚化、庸俗化的问题，出现了迎合与媚俗的问题。难怪有人担心类似的讲坛类节目不仅没有传播真经，反而成了矮化人文精神的“魔鬼的床”，失去了经典文化大众传播的价值与意义。

在综艺选秀娱乐类节目中，过度日常表现为对于“俗”的主动迎合与极致展现。众多综艺节目内容格调低下，主持人与嘉宾频频使用“哥、姐、弟、妹”等生活中的私人称谓，庸俗媚俗、刻意煽情和渲染悲切情绪。不可否认，正是电视综艺选秀节目推动了欲望都市的感性风暴，进而掀起低俗、庸俗、媚俗的三俗浪潮。2007 年，以重庆卫视大型选秀节目《第一次心动》、广东电视台的整容节目《美莱美丽新约》、深圳电视台《超级情感对对碰》等一系列选秀、整容、变性等节目为巅峰。其直接结果是 2007 年国家广电主管部门抵制低俗之风行动在全国范围内的整治，其对象包括了上文提及的涉案剧、选秀节目、涉性节目、观众参与整容类栏目。③

二、过度陌生化

如同外界刺激之于人体生理耐受，耐受阈值会随着刺激的强度逐步加大，导致只有刺激大幅度的跳升，身体才能产生新感受。过度陌

① 胡智锋、尹力等：《电视法制节目特质、创作与开发》，176 页，北京，中国广播电视出版社，2003。

② 王伟国：《摄影机书写电视剧本体真实》，《现代传播》，2009（1）。

③ 参见国家广播电影电视总局网站。

生化，正是电视生产为了争夺眼球注意力、强调娱乐化、对新奇特等极端情形的追逐所产生的恶性循环。当前，过度陌生化的主要景观有：

1. 审怪——以异为美

这一类过度陌生化主要体现在，怀着猎奇的心态，刻意捕捉奇闻怪谈、怪诞之事，制造耸人听闻的事件和人物，希望通过视听奇观制造震惊效果。正如本雅明指出的，作为一种极端的陌生化，震惊效果虽然提供了一种独特的审美经验，但是它有着一种“与生俱来的困难，即它不能使这种效果永久化。没有什么比震惊效果的消失更快了”。①

比如知识类节目，尤其是科教类节目，过度陌生化体现为热衷制造各种悬念，种种怪现象。节目中大量充斥着各种怪病、奇异怪现象，科学知识常常被压缩、或被淹没在故事、情节、悬念的庞大包装中；在未解之谜的探寻过程中，“以猎奇为噱头、随意编制情节的过度‘戏剧化’的趋势，在一味追逐故事戏剧化的过程中丧失了科学的态度、求真的意念。科学成为可供娱乐的资源，被随意编制，被炮制成可资消遣的趣味。”②。

再比如遍地开花的情感谈话类节目，为了推高收视率，在过度陌生化中，尽力追求凸显曲折人生的“极致性”与悲惨境遇，挖掘个人隐私，刻意碰撞乱伦、婚外恋等边缘情感问题，有的甚至以情感的名义谈性，讲述耸人听闻的故事，行走在社会道德和伦理底线、边界，或打擦边球。其结果导致了2009年初国家广电总局对于情感类谈话节目再出调控禁令。

2. 审丑——以丑为美

“娱乐和游戏中总要产生一种使人震颤的神奇和欢快的感觉，这种感觉使非常死板的个人和社会十分可笑”。③ 这种“制造快乐”本是综艺节目的特色与价值所在，但是由于过度追求新鲜，张扬大俗即大雅，以丑为美、奇装异服、奇谈怪论，主持人之间、主持人与嘉宾之间以各种变形扭曲之事相互戏弄、讥讽、贬损、挖苦。“轻浮和狂喜就是游

---

①［德］彼得·比格尔：《先锋派理论》，高建平译，159页，北京，商务印书馆，2002。

② 杨乘虎：《中国科教电影的市场化生存刍议》，《电影艺术》，2007（4）。

③［加］马歇尔·麦克卢汉：《理解媒介——论人的延伸》，何道宽译，302页，北京，商务印书馆，2000。

戏孪生的两极”,[①] 中国电视娱乐节目的这种滑稽和戏谑正在逐步滑向恶搞,“所谓恶搞,从文化的角度看,是指对公众熟悉的人或事进行打破传统理解的,没有因果关系的大胆、夸张,具有颠覆意味的重新定义和诠释。它是对主流与经典的一种有意识的偏离,颠覆、‘矮化’是这种重新诠释中的主旋律”。[②]

3. 审新——以先锋为美

对于陌生化效果的追求,常常赋予了电视生产者追求独创、原创,求新的探索本能与期望。但是,“随着对创新的强调,产生了艺术家们自觉接受的一种思想,即认为艺术应当成为引路的先锋”。[③] 结果,为了体现先锋和探索,刻意打破原有的类型化体验、固化认识,却矫枉过正,过度陌生化,忽略了大众的接受可能。

电视剧《士兵突击》与《我的团长我的团》就是一正一反的两个典型个案,单从创新的角度看,两部剧都堪称创新之作。《士兵突击》是现实题材军旅剧,许三多,作为一名士兵,他平常之极,窝囊、笨拙,毫无军人的阳刚英武之气和智慧,完全不像以往同类题材电视剧中塑造的战士形象,唯一的特点就是像泥土般的倔强和坚持。然而,正是他的这种“不放弃不抛弃”,给人鼓舞,令人期待,感受慰藉和温暖。作为普通士兵的许三多,构成了杜威所说的“一个经验”,突破了人们对多年来军人形象的固化认识。

然而,由同一套人马本着再创新高的雄心推出的军旅题材剧的《我的团长我的团》,却遭遇了过度陌生化带来的冷遇与排斥。该剧包含了诸多实验的内容,以一种激烈颠覆传统的方式追求创新,在人物形象、结构、特技使用等方面大胆探索。有意味的是形成了两派截然对立的评价:通过碟片收看的,感觉震撼,称赞连连;通过电视收视的,纷纷中途退出,很少坚持看完。当然,对于电视节目收视效果的评价,应该还是以屏幕播出效果为主。忽视了观众的接受习惯。分析其失败原因,第一是场面大于故事,电脑动画营造的战争场景够炫,但是故事却没有吸引受众。第二是人物的夸张变形超出了常规与常识。

① [荷] 赫伊津哈:《游戏的人:文化中游戏成分的研究》,何道宽译,21页,广州,花城出版社,2007。

② 喻国明:《传媒的“语法革命”:解读 Web 2.0 时代传媒运营新规则》,43页,广州,南方日报出版社,2007。

③ [美] 丹尼斯·贝尔:《资本主义文化矛盾》,赵一凡等译,80页,北京:生活·读书·新知三联书店,1989。

团长龙文章的人物设置变形得超出了观众的理解和接受；或许，龙文章确有其人其事，但是在普通观众看来，这个人物怪诞不经，令人焦虑和不安，无法亲近，无法崇敬。

正所谓“独创性应该特别和偶然幻想的任意性分别开来。人们通常认为独创性只产生稀奇古怪的东西，只是某一艺术家所特有而没有任何人能了解的东西。如果是这样，独创性就是一种很坏的个别特性”。① 恩格斯所断言的“恶劣的个性”实在是应为以探索的名义进行创新的探索者们所记取。因为，创新本身就是一种具有风险的实践行为，如高空行走钢丝，只有掌握好受众已有审美心理与探索突破之间的平衡，方能享受“创新者”的桂冠。

三、电视生产审美偏差的调控艺术

1. 距离化：电视生产的传播艺术

不论是过度日常化，还是过度陌生化，审美偏差的共同原因在于电视生产与电视受众之间距离感的把握失当、失衡。

电视审美体验，究其根本是一种距离化的心理体验，电视生产其实就是距离化的传播艺术。到底是贴近些，还是疏远些？成功的秘密就在于距离的微妙调整。距离说的理论代表布洛曾说过：“在创作和鉴赏中最好的是最大限度地缩短距离，但又始终有距离。‘距离过度’是理想主义艺术常犯的毛病，它往往意味着难以理解和缺少兴味；‘距离不足’则是自然主义艺术常犯的毛病，它往往使艺术品难以脱离其日常的实际联想”。② 体现在电视生产中，过度日常化就是一种距离不足，过度陌生化就是一种距离过度。过度，是距离感的破裂，“审美距离的破裂意味着一个人失去了对经验的控制——即退回来同艺术进行‘对话’的能力”。③

因此，距离感可能是来自现实的外部时空距离，“一件本来惹人嫌恶的事情，如果你把它推远一点看，往往可以成为很美的意象”④。在时间之维，当下是已知的、熟悉的、日常的，历史与未来是未知的、

---

① ［德］黑格尔：《美学》，见伍蠡甫等主编：《西方文艺理论名著选编》，上卷，537 页，北京，北京大学出版社，1985。

② 朱光潜：《悲剧心理学》，27 页，合肥，安徽教育出版社，2006。

③ ［美］丹尼斯·贝尔：《资本主义文化矛盾》，赵一凡等译，166 页，北京，生活·读书·新知三联书店，1989。

④ 朱光潜：《谈美》，26 页，合肥，安徽教育出版社，1997。

陌生的；在空间之维，身边是已知的、熟悉的、日常的，远处是未知和陌生的。更多的距离感是来自审美主体内心的心理距离，心与身、人与人、人与社会、人与自然构成了心理距离的四个向度。外部时空距离和内部心理距离共同构成了距离感的整体维度。

“美和实际人生有一个距离，要见出事物本身的美，须把它摆在适当的距离之外去看”。① 所谓“适当的距离”就是电视生产对电视受众审美接受的把握，齐白石道出了中国艺术的精髓在于“似与不似之间”，似是具象，是日常与熟悉，不似是抽象，是陌生与间离，艺术的魅力就蕴藏着在这样一种微妙的感受中，体现在精妙的度的把握中，增之一分则长，减之一分则短，恰到好处，过犹不及。因此，距离感的掌控正是电视生产传播艺术的体现，它要求电视生产在无限逼近现实的零距离追求中，又时时不忘保持些心理距离；在疏离生活拉开距离时也不能忘记拉近心理距离。只有互相渗透、互相协调，既熟悉又陌生，才会带来不一样的感受，这就是电视生产者的智慧灌注和体现。

2. 合乎情理：电视审美偏差的调控之度

谈到距离化，有一种现象令电视生产者困惑，为什么有时电视内容与现实生活距离很大，却没有令人感到陌生而不可接受；而有时距离非常贴近，却令人拒之千里？

其实，在普通受众的内心情感接受机制中，之所以会宁可相信遥远的美好，也不会认同身边的丑恶，就是因为受众审美评价的中枢——合乎情理——在起作用。“曰理，曰事，曰情，此三言者，足以穷尽万有之变态”。②中国清代诗论家叶燮确立为艺术本源的“理事情”，概括出了千百年来各类受众接受评价艺术品的一个基本标准——合乎情理。“传奇无冷、热，只怕不合人情。如其离、合、悲、欢，皆为人情所必至”③。合乎情理，即使是奇景梦幻，受众也能觉得丝丝入扣，心有戚戚；不合乎情理，纵是真人真事搬演，也不能令人信服，因为“观看者总是会把自己对于‘现实’的一些看法带到观看过程之中，根据他们所知道的世界（既是虚构的也是真实的）来检验剧情的

① 朱光潜：《谈美》，25 页，合肥，安徽教育出版社，1997。

② 叶燮：《原诗·内篇》，见郭绍虞主编：《中国历代文论选》，第 3 册，346 页，上海，上海古籍出版社，1980。

③ 李渔：《闲情偶寄·演习部》，转引自叶朗：《中国美学史大纲》，416 页，上海，上海人民出版社，1985。

虚构是否‘合情合理’，并把他们个人的联想添加到播放的声音和图像上”。① 所以，艺术追求创新和探索的努力不能脱离情理的轨迹，意料之外，情理之中，唯有“体贴人情”②，才能入脑入心，广泛流传。

所谓“合”，就是符合生活的逻辑和规律，“一桩不可能发生而可能成为可信的事，比一桩可能发生而不可能成为可信的事更为可取”。③ 事理情，三者之间常常互相牵连。我们常说事多变化，其实仍然有原型之说，“原型故事挖掘出一种普遍性的人生体验，然后以一种独一无二的、具有文化特性的表现手法对它进行装饰。平庸的俗套故事则将这一模式颠倒过来，其内容和形式都贫乏得可怜”。④ 电视内容中，不论是新闻故事，还是生活故事，甚至是彻头彻尾的新编故事，都不可能脱离普遍性的人生体验，脱离不开人生体验之中包孕的情理内核。情理中既有恒定的人性、人情的基本原则和逻辑，比如惩恶扬善、追求幸福等；又具有与时俱迁的鲜明时代性、民族性、地域性。

从具体电视内容的合理性构成来看，主要体现为人物形象塑造的合理性（包括角色定位、性格基调、行动方式、情感特质等方面的合理性），故事环境的合理性（包括特定地域时空的合理性），故事发展轨迹的合理性（包括悬念与结局不可预测之中的合理性）。归结起来就是“电视屏幕上的情节、故事、人物关系，包括时代、季节、特定地域生活表征乃至人物的语言、服饰、道具等，都应当真实、可信、合情合理”。⑤

在电视生产与审美接受之间，审美需求对审美生产的审美期待，审美生产对审美需求的审美回应，共同构成了电视审美循环往复、生生不息的活力与动力。这样一种健康有力的良性格局正是电视受众审美研究的终极价值与根本意义所在，也是本书的旨归。

---

①［美］尼古拉斯·米尔佐夫：《视觉文化导论》，倪伟译，23页，南京，江苏人民出版社，2006。

② 王世贞：《曲藻》，见郭绍虞主编：《中国历代文论选》，第3册，99页，上海，上海古籍出版社，1980。

③［希］亚里士多德：《诗学》，见伍蠡甫等主编：《西方文艺理论名著选编》，上卷，85页，北京，北京大学出版社，1985。

④［美］罗伯特·麦基：《故事—材质、结构、风格和银幕剧作的原理》，周铁东译，4页，北京，中国电影出版社，2001。

⑤ 胡智锋：《中国电视策划与设计》，98页，北京，中国广播电视出版社，2003。

后记

近十年来，中国影视的市场化、产业化成为一个研究热点。不论是电影大片所牵动的电影市场的活跃，电影投资的高涨，还是电视收视所带来的市场份额、广告收益，不仅成为业界关注的焦点，也成为学界所关注的焦点。而与此同时，八九十年代影视研究的重心也逐渐从艺术美学研究转向市场与产业研究。但在市场、产业研究的热浪中，我们也同时看到社会对于缺乏文化支撑，缺少文化自觉，缺失审美追求而带来的影视过度市场化、产业化所引发的低俗化、媚俗化等现象的诟病。如果说八九十年代以及此前的传统影视艺术美学研究过多聚焦于影视艺术生产的前端，聚焦于影视艺术创作以及与此相关联的美学与文化等诸多问题，而相对忽略影视传播后端的诸如市场、产业和接受等问题。那么，最近十多年来，影视市场和产业研究的热浪又似乎走到了另外一个极端，或许过度重视了影视生产传播的后端，而忽略了影视生产传播的前端。经过这样的比较，我们现在应该进入影视研究的新的整合阶段，也就是把影视艺术美学等前端研究和影视艺术市场的后端研究进行整合。在对影视艺术生产传播的全过程的把控过程中，将影视艺术美学与影视艺术产业研究进行有机的整合。而链接影视艺术美学和市场产业的恰恰是影视受众。我们发现，对影视受众的研究既是影视艺术美学研究的终点，也是影视市场产业研究的起点。因此，当几年前，我的博士生导师黄会林先生提出影视艺术受众研究这一重大课题时，本人便愉快而充满期待地接受了本书的写作任务。

本人从八九十年代开始专注于电视美学的研究，出版了《电视美的探寻》《电视美学大纲》《电视审美文化论》等相关著作。这些著作更多着眼于电视艺术生产与传播的前端，即电视艺术生产过程中诸多美学问题的探究，尽管也涉及电视接受美学等后端问题，但由于知识积累和时间精力等主客观原因，总觉在影视受众研究方面还是蜻蜓点水，点到为止，没有更深入地予以开掘。接受本书的写作任务，一方面是对导师黄会林先生主持的这一宏大课题的积极响应，也是自己电视美学研究必然的延伸、开拓与深化的需要。几年来，围绕这一写作任务本人与博士生杨乘虎多次切磋，形成了初步的写作框架。今年年初，又吸纳了张国涛、江逐浪、赵曦、周建新等博士和青年教师通力合作，经过一次次热烈的讨论和相互的启发，在一次又一次的否定与重新建构中，确定了全书的框架与内容。

本书以受众审美心理研究为核心，从电视作为审美活动这一逻辑前提出发，围绕电视生产传播的各个环节，较为全面系统地梳理了电视受众的审美心理特质、功能、定位与错位，以及由电视受众审美心理引发的电视内容生产的诸多审美特征。本书各章节及著作者如下：

导论：杨乘虎；第一章电视审美活动及其特性：杨乘虎；第二章审美视阈中电视受众的特质：周建新；第三章电视受众的审美心理：周建新；第四章电视受众审美的起点——真实与假定：赵曦；第五章电视受众的审美需求：江逐浪；第六章电视类型节目的受众期待与满足：张国涛；第七章电视受众的定位与错位：江逐浪；第八章电视生产对电视受众的审美回应：杨乘虎。全书由本人及杨乘虎、周建新最终统稿。

在本书即将出版问世之际，我要向我尊敬的导师黄会林先生致以深深的敬意与谢意，没有黄先生的总体设计与催促，就没有这部书稿的完成。也要向北京师范大学出版社为本书所付出的劳动表示谢意。

关于电视受众审美心理的研究此前可资借鉴的成果不多，再加上时间紧迫，许多内容尚需进一步打磨，书中存在的不足敬请专家学者及广大读者批评指正。

胡智锋

2009 年 7 月 15 日于北京